일본학총서 19

일본열도의 사생관

사토 히로오(佐藤 弘夫) 저
성해준(成海俊) 역주

도서출판 **문**

「일본인은 뼈를 소중히 한다」 혹은 「일본에는 죽은 자가 살아 있는 사람 가까이에 머문다」는 것이 많은 사람들의 상식을 지배해 오며 관련 연구자들의 눈도 멀게 해 왔다. 본 서적에서는 이들 속설의 근원을 비판하며 일본열도에서 전개되어 온 사생관의 새로운 모델을 제시하고자 한다.

한국어판 서문

❖

사토 히로오

    사람으로 태어난 이상 누구에게나 죽음은 반드시 찾아온다. 죽음은 지역과 민족을 초월하여 세계의 종교나 문화형성의 중요한 동기였다. 그 때문에 학문의 세계에서도 죽음에 관한 다양한 문제를 둘러싼 방대한 연구가 축적되어 왔다. 또 한정된 지역이나 민족을 초월한 비교 문화론적 연구를 진행하려고 할 때에도 종종 죽음이 테마로 취급되기도 한다.

    그러나 지금까지의 죽음을 둘러싼 연구는 몇 가지 큰 문제를 안고 있다. 일본에 관하여 말하면「일본에서는 죽은 자의 영혼은 가까운 곳에 머물고 멀리 가지 않는다」,「일본인은 뼈를 소중하게 생각한다」라고 하는「일본문화론」의 통설이 지배적인 위치를 차지하고 있어 거의 모든 연구가 그것을 전제로 하여 왔다. 그러나 이 일본열도의「일본인」이 먼 과거로부터 현대에 이르기까지 일관되게 같은 영혼관을 가지고 있었다는 견해가 실상과는 너무나 동떨어진 것이라는 것은 실제 사료(史料)를 펼쳐보면 곧바로 알 수 있다. 우리는 이러한 상식적인 견해에서 벗어나 아무런 선입견 없이 일본열도의 죽음 문화에 대한 실태를 검증할 필요가 있다.

또 다른 하나의 문제는 죽음을 둘러싼 연구가 역사학·종교학·문학·철학·미술사학·민속학 등 분야별로 진행되고 있어 각각의 연구 성과가 공유되지 못하고 있다. 나아가 각 분야의 논의가 너무 전문화되어 있어 그 성과가 다른 분야의 연구자나 일반인들에게 환원되지 못하고 있다는 것이다. 오늘날 임상의학의 현장에서 터미널케어(terminal care, 말기암 환자 등 치유 가능성이 없는 환자를 돕는 일)의 문제를 고려할 때 각 지역의 전통적인 사생관을 언급할 필요성이 있다는 주장이 제기되고 있다. 그러나 현 시점에서 인문학 분야에서 이러한 주장에 응답할 수 있는 사생관에 관한 정리된 연구는 존재하지 않는다. 인간에게 가장 중요한 문제이기도 한 죽음에 관하여 인문학과·자연과학의 학문분야가 손을 잡고 전문 연구자 이외의 사람들도 참여시켜 폭넓은 논의를 하기 위해서는 사생관의 흐름을 알기 쉽게 종합적으로 제시하는 일이 꼭 필요하다.

본 서적은 이러한 과제를 염두에 두고 집필된 것이다. 우선 전자(前者)의 과제에 대하여 지금부터 1만 년 전의 조몬시대(繩文時代)부터 현대에 이르는 죽음의 관념을 자료에 근거하여 더듬어 가면서 일본열도에서 반복된 사생관의 변천 양상을 밝히려고 하였다. 또 후자(後者)의 과제에 대하여 죽음에 관련된 개개의 언설(言說, 말로써 설명하거나 그 말을 가리킴)과 장례의식의 배후에 존재하는 시대적 우주관에 주목하여, 눈에 보이는 의례·습속과 눈에 보이지 않는 정신문화의 양면에서 죽음의 이미지를 전체적으로 파악하는 것을 지향하였다.

서두에서도 언급한 것처럼 모든 인간에게 있어서 죽음은 피할 수 없는 운명이다. 그 때문에 복수 지역을 대상으로 하는 비교 문화론적 연구를 추진함에 절호의 제재(題材)가 될 수 있는 것이었다. 본 서적은 그 점을 강하게 의식하고 일본열도의 죽음과 관련된 문화 소개에 머물지 않고 그것을 타 지역과 비교할 수 있는 형식으로 제시하는 것을 염두에 두었다.

21세기에 들어오면서 한국에서 장례 의례의 극적인 변모양상의 속도 변화는 일본을 능가하는 것이 있다. 그 배경에는 어떠한 사생관의 변화를 발견할 수 있다. 그 변화는 한반도의 긴 사생관의 역사 가운데서 어떻게 위치 지을 수가 있는 것일까. 일본과 한국의 사생관을 비교하면 양자(両者)의 특색은 더욱더 확실히 부상할 것임에 틀림없다.

태고의 아주 오래 전부터 현대에 이르기까지 죽음을 둘러싼 유적·의례·습속·문헌을 풍부하게 남기고 있는 일본열도와 한반도는 사생관을 연구하는 데 있어서 질적 수준이 높은 연구현장이다. 다른 인문과학의 여러 분야와 같이 죽음과 관련된 사상이나 문화의 연구에서도 오늘날 패르다임(Paradigm, 지배적인 이론들)을 형성하고 있는 것은 구미의 학문이다. 그러나 기독교적인 이원론(二元論)을 베이스로하여 구축된 방법론을 다수의 신들이 공존하고 샤머니즘이 큰 역할을 담당하는 아시아 국가에 그대로 적응하기에는 상당한 무리가 있다고 할 수 있다. 일본과 한국에 더하여 중국·대만 등의 동아시아의 연구자가 각각의 성과를 모아 심도 있는 논의를 거쳐 거기서부터 구미의 학문을 상대화할 수 있는 성과를 창출하는 것이 나의 바람이다. 동아시아에서 구축된 학문 방법으로 유럽의 정신세계를 보았을 때 도대체 무엇이 보이는 것일까. 나의 관심은 거기에 있다.

이 서적의 출판을 계기로 한국의 연구자·종교가·지식인 여러분들과 창조적인 논의를 행하여 그것이 국경을 넘는 새로운 학문 창조의 계기가 된다면 더 이상 바랄 것이 없다.

끝으로 본 서적을 한국어로 번역한 동명대학교의 성해준 교수는 내가 담당하는 일본사상사연구실에서 박사학위를 받은 최초의 외국인 유학생이다. 그 후 성 교수가 열어놓은 고난의 길을 통하여 한국을 비롯하여 많은 해외 유학생들이 우리 연구실을 찾아오게 되었다. 또 성 교수와의 인연으로 본 연구실과 한국 학계와의 교류가 각별한 진전을 보이고 있다. 다방면에 걸친 성 교수의 폭넓은 노력에는 말로 표현할 수 없을 정도의 진심어린 고마움을 가지고 있다. 거듭 깊은 감사의 말씀을 올리는 것과 동시에 본 서적이 성 교수가 구축하는 또 하나의 한일학술교류의 장이 되기를 간절히 바란다.

2011년 4월 1일
대지진의 상처가 남아 있는 센다이에서
佐藤 弘夫

死者のゆくえ　韓国語版序文

佐藤　弘夫

　人間である限り、死は必ず訪れる。死は地域や民族を超えて、世界中の宗教や文化形成の重要なモチーフだった。そのため学問の世界でも、死に関わるさまざまな問題をめぐって、膨大な研究が蓄積されてきた。また個別の地域や民族を超えた比較文化論的研究を進めようとするときにも、テーマとしてしばしば死がとりあげられた。

　しかし私は、これまでの死をめぐる研究はいくつかの大きな問題を抱えていると考えている。日本についていえば、「日本では死者の霊魂は身近に留まって遠くへ行かない」「日本人は骨を大切にする」という「日本文化論」の通説が支配的な位置を占めていて、ほとんどの研究がそれを前提にしてきたことである。だが、この列島の「日本人」が遠い過去から現代に至るまで一貫して同じ霊魂観をもっているという見方が、いかに実態とかけ離れたものであるかは、実際に史料を繙いてみればすぐにわかることである。私たちはこういった常識的な見方をひとたび離れて、いかなる先入観も抱くことなしに日本列島における死の文化の実態を検証していく必要がある。

　もう一つの問題は、死をめぐる研究が歴史学・宗教学・文学・哲学

・美術史学・民俗学などの分野ごとに進められていて、それぞれの研究成果の共有化が進んでいないことである。さらに各分野の議論が専門化しすぎて、その成果を他の分野の研究者や一般の人々に還元できていないことである。今日、臨床医学の現場から、ターミナルケアの問題を考えるにあたっては、各地域の伝統的な死生観を踏まえる必要性があるという声が上がっている。しかし、現在のところ、人文学の分野でこうした声に応えることができるような死生観に関するまとまった研究は存在しない。人間にとって最重要の問題である死をめぐって、今後文系・理系の学問分野が手を携え、研究者以外の人々をも巻き込んで議論を深めていくためには、死生観の流れをわかりやすくす、トータルに提示した仕事が今後不可欠となってくるにちがいない。

　本書はこうした課題を念頭に置いて執筆されたものである。まず前者の課題に対しては、いまから１万年前の縄文時代から現代にいたる死の観念を、資料に即して辿ることによって、日本列島において繰り返された死生観の変転の様相を明らかにしようとした。また後者の課題に対しては、死にまつわる個々の言説と葬送儀礼の背後に存在する時代のコスモロジーに着目し、目にみえる儀礼・習俗と目にみえない精神文化の両面から、死のイメージを全体的に把握することを目指した。

　最初にも述べたように、すべての人間にとって死は避けることのできない運命である。そのため複数の地域を対象とする比較文化論的研究を推し進めようとするにあたって、格好の題材となりうるも

のだった。本書はその点を強く意識し、日本列島における死に関わる文化の紹介に留めることなく、それを他地域と比較できるようなフォーマットとして提示することを心がけた。

　今世紀に入ってからの韓国における葬送儀礼の劇的な変貌ぶりは、そのスピードにおいて日本を凌ぐものがある。その背景に、どのような死生観の変化を見て取れるのか。その変化は韓半島の長い死生観の歴史のなかで、どのように位置づけることができるものなのか。日本と韓国の死生観の対比することによって、両者の特色はさらにくっきりと浮かび上がってくるにちがいない。

　太古の昔から現代に至るまで、死にまつわる遺跡・儀礼・習俗・文献を豊富に残す日本列島と韓半島は、死生観を研究するうえできわめて上質なフィールドである。他の人文科学の諸分野と同様、死にまつわる思想や文化の研究でも、今日パラダイムを形成しているのは欧米の学問である。しかし、キリスト教的な二元論をベースにして構築された方法論を、多数の神々が共存し、シャーマニズムが大きな役割を担うアジア世界にそのまま適応するにはかなりの無理があるといわざるをえない。日本と韓国に加え、中国・台湾などの東アジアの研究者がそれぞれの成果を持ち寄って議論を深め、そこから欧米の学問を相対化できるような成果を生み出していくことが私の夢である。東アジアで構築された学問の方法でもって、ヨーロッパの精神世界をみたとき、いったいなにがみえてくるのか。私の関心はそこにある。

　この本の出版を縁として、韓国の研究者・宗教家・知識人の皆さ

まと創造的な議論を行い、それが国境を越えた新たな学問の創成の契機になれば、これ以上の喜びはない。

　この本を韓国語に翻訳された東明大学校の成海俊教授は、私の担当する日本思想史研究室において、博士号を取得された最初の外国人留学生である。成教授が切り開いた苦難の道を通って、その後韓国をはじめとするたくさんの海外からの留学生が、わが研究室を訪れるようになった。また、成教授とのご縁で、本研究室と韓国の学界との交流は格段に進展した。成教授の諸方面にわたる多大なご尽力には、お礼を申し上げる言葉もない。

　成教授に改めて深く感謝申し上げるとともに、本書が、成教授の手になるもう一つの日韓学術交流の道となること強く念願している。

2011年4月1日
大震災の傷跡の残る仙台にて
佐藤　弘夫

목차

한국어판 서문 … 4
死者のゆくえ 韓国語版序文 … 8

서장 죽음의 정신사로 …………………………………… 17
   1. 도노모노가타리(遠野物語)의 세계 ……………………………… 17
   2. 야나기타설(柳田説)의 재검토 …………………………………… 29

제1장 풍장(風葬)의 광경 ……………………………… 42
   1. 심상(心象)의 *아다시노(化野) ……………………………… 42
   2. 뿌려지는 뼈 ……………………………………………………… 50
   3. 고대인의 생과 사 ……………………………………………… 57
   4. 죽은 자는 어디로 가는 것일까 ……………………………… 67
   5. 고대인의 타계관(他界観) ……………………………………… 77

제2장 신이 되는 죽은 자 ……………………………… 88
   1. 거대 분묘 시대 ………………………………………………… 88
   2. 고분의 사상 ……………………………………………………… 94

3. 묘지와 수목 ··· 101
　　4. 사령(死霊)에서 신으로 ······································ 107
　　5. 왕권을 수호하는 천황령(天皇霊) ······················ 114
　　6. 사령과 어령(御霊) ·· 130

제3장 납골(納骨)하는 사람들 ························ 138
　　1. 야쓰바데라(八葉寺)의 여름 ······························ 138
　　2. 확대되는 피안세계 ··· 148
　　3. 뼈에 달라붙는 영(霊) ······································ 167
　　4. 현세에 머무는 죽은 자 ···································· 176
　　5. 왕생(往生)을 거부하는 사람들 ························· 184

제4장 확산(擴散)하는 영장(靈場) ···················· 190
　　1. 아오바야마(青葉山) 식물원의 판비(板碑) ········· 190
　　2. 판비 건립과 정토왕생 ······································ 196
　　3. 만들어지는 영장 ·· 203
　　4. 승지(勝地)와 경계 ·· 221
　　5. 영장을 거부하는 사람들 ··································· 231

제5장 부서진 비석판(板碑) ···························· 239
　　1. 파기된 판비군(板碑群) ····································· 239
　　2. 공양탑으로부터 묘표(墓標)로 ··························· 250
　　3. 축소하는 타계(他界) ·· 257

4. 묘에서 쉬는 죽은 자 ·· 276
    5. 보제사(菩提寺)의 시대 ··· 286

결장 죽음의 정신사로부터 ··· 292

    1. 이계(異界)로부터의 시선 ··· 292
    2. 죽음 관념의 변용 ·· 298
    3. 산자와 죽은 자의 정신사 ·· 305
    4. 죽음의 비교 문화론적 연구로 ································· 315

인용·참고문헌 일람 ··· 326
찾아보기 ··· 340
저자 후기 ··· 352
역자 후기 ··· 355

죽음의 정신사로 서장
- 방법과 시좌(視座)

1. 도노모노가타리(遠野物語)의 세계

도노(遠野)로

늦은 가을의 어느 날, 자동차로 산리쿠해안(三陸海岸)에서 도노로의 길을 향했다. 오후나토(大船渡)[1]로부터 일단 내륙으로 향하여 똑바로 서쪽으로 나아가 스미다 읍내(住田町)로부터는 세타요네가이도(世田米街道)라고 불리는 국도를 따라 북상했다.

이 도로는 생각했던 것보다 쾌적한 드라이브 코스였다. 2차선이지만 도로 옆으로 여유로운 폭을 가진 길이 기타카미산지(北上山地)의 산 사이의 계곡을 따라 완만한 곡선을 그리면서 이어지고 있다. 지나치는 자동차는 거의 없었다. 도로의 양 옆에 가끔 취락(聚落)이나 민가가 보일 뿐이고 주위는 모두가 겹쳐지는 것처럼 보이는 이

---
[1] 일본 이와테현(岩手県) 남쪽 연안에 있으며, 리쿠젠타카다시(陸前高田市)와 함께 리쿠젠해안(陸前海岸)을 이루는 리쿠추해안국립공원(陸中海岸国立公園)을 말한다.

어진 산들이었다. 그러나 도로를 달리는 계곡 아래는 의외로 밝고, 자유로움이 넘쳐흘렀다. 양쪽 산 중턱에는 수풀로 조성된 상록수가 푸름을 나타내는 것처럼 곧 물들 단풍나무와 옻나무 잎이 낮은 고도에서 비추는 햇살을 받으며 단풍 빛을 발하고 있었다.

도로는 드디어 계곡을 벗어나 산 중턱을 향한 오르막길로 바뀌었다. 올라간 끝 쪽은 터널이었고, 그 터널의 어둠을 통과하니 시야가 확 트인 도노 분지가 나타났다. 펼쳐진 평야의 여기저기에 메마른 소나무와 잡목 숲이 우거져 있고, 작은 나무로 둘러싸인 집들이 흩어져 있었다. 자동차를 달려 북쪽 방향으로 나아가 분지를 벗어나니 산 정상이 희미하게 눈에 덮인 약쿠시다케(藥師岳)와 하야이케미네야마(早池峰山)가 그 존재감을 과시하며 자태를 뽐내고 있었다.

야마자키 지구에서 야마구치 방면을 바라봄. 잔설이 남은 육각우(六角牛)

도노시(遠野市) 교외에서 고속도로로 시가지와 역방향으로 돌아서 최초의 목적지인 야마구치(山口)의 덴데라들판(デンデラ野)을 향했다. 추수를 마친 논을 따라 인적이 없는 농로를 표시로 속도를 줄이면서 나아갔다. 자동차 소리에 놀란 참새 떼들이 수확한 벼의 그루터기 사이에서 일제히 날아오르는 모습은 겨울 폭풍에 휘날리는 낙엽과도 같았다.

『도노모노가타리』의 죽음

도노(遠野)는 야나기타 구니오(柳田国男)의 『도노모노가타리(遠野物語)』의 무대로서 너무나도 유명하다. 사사키 기요시(佐々木喜善)의 듣기 쓰기라고 하는 그 작품에는 갓빠(河童)나 자시키와라시(ザシキワラシ), 덴구(天狗), 유키온나(雪女)라고 하는 다른 세상의 거주자라고 할 수 있는 자들에 대한 부드러운 눈빛과 풍부한 전승(伝承, 예로부터 전해 내려오는 풍습 등을 이어받아 전하는 것)이 넘쳐흐르고 있다. 그 『도노모노가타리』의 주인공들이 지금은 도노의 관광사업을 지탱하는 주요 상품으로 되어 있다.

다른 세상(異界)의 존재에 대한 관심에 더하여 그것과 깊이 관련하면서 다른 하나의 모티브가 통주저음(通奏低音)과 같은 『도노모노가타리』를 통과하고 있는 것을 보지 않으면 안 된다. 이전에 근대 작가 미시마 유키오(三島由紀夫)가 "『도노모노가타리』에는 수많은 죽음이 끊임없이 전개되어 있다[三島 70]."라고 평한 것처럼 거기에는 일관된 죽음의 그림자, 즉 죽음의 냄새가 선명하게 달라붙어 있다.

야마구치(山口) 이데(飯豊) 쓰기모 우시(附馬牛)의 자황천(字荒川) 동선사(東禅寺) 및 화도(火渡), 청세(青笹)의 자중택(字中沢) 및 토연촌(土淵村)의 자토연(字土淵)에는 하나같이 단노하나라고 하는 지명이 있다. 그 근방에 이것과 나란히 반드시 렌다이노(蓮台野)라고 하는 지명이 있다. 옛날에는 60이 넘은 노인은 모두 다 렌다이노에 내다버리는 풍습이 있었다. 노인은 무의미하게 죽어가는 것이 아니기 때문에 낮에는 마을에 내려가 농사일을 하여 입에 풀칠을 하였다. 그 때문에 지금도 야마구치 쓰치부치 부근(山口土淵辺)에서는 아침에 들에 나가는 것을 묘지를 출발한다(ハカダチ)라고 하고 저녁에 들에서 돌아오는 것을 묘지에 돌아간다(ハカアガリ)라고 말한다.

『도노모노가타리(遠野物語)』

읽어보면 곧바로 알 수 있는 바와 같이 이것은 일본전국에 분포하는 「오키나스테(노인을 내다버리는, 姥捨て)」 전설의 하나인 바리에이션(variations, 변화)이다. 여기에는 후카자와 시치로(深沢七郎)가 『유산절고(楢山節考)』에서 그린 것과 같이 장절(壮絶)하고 음침한 광경은 보이지 않는다. 오히려 노인들이 어깨를 부딪치면서 조촐한 공동생활을 영위하는 은둔 장소(隠居場)와 같은 분위기마저 느낄 수 있다.

도노에는 이러한 문화, 풍속, 제도를 계승하는 렌다이노(蓮台野, デンデラ野)와 단노하나(ダンノハナ)라고 하는 지명이 몇 군데 남아 있다. 지금 내가 향하고 있는 야마구치의 덴데라들판도 역시 그 하나에 불과하다.

덴데라들판은 죽음이 가까운 노인이 인생의 마지막을 보내는 피안(彼岸)과의 경계라고 할 수 있는 지역이다. 동시에 거기에는 죽음과 관련된 여러 가지 기괴한 현상이 일어나는 거점이기도 하였다. 『도노모노가타리슈이(遠野物語拾遺)』에는 도노에 있었다고 하는 다른 한 곳의 덴데라들판과 관련된 전승(伝承)이 간직되어 있다.

> 아오자사무라(青笹村)의 자강전(字糠前)과 자선응사(字善応寺)와의 경계 부근을 덴데라들판(デンデラ野) 혹은 덴뎨라들판이라고 부르고 있다. 여기의 잡목수풀 가운데는 십왕당(十王堂)이 있고, 옛날 들불로 불탔을 때 십왕님상(十王様像)은 근처 나뭇가지로 날아가 피난하였지만 불의 세력이 강하였기 때문에 불에 타 그을려 있다. 당(堂)의 별당(別当)은 바로 근처의 사사키 기헤이돈(佐々木喜平どん)의 집에서 하고 있지만 마을에서 죽은 사람이 있을 때는 미리 이 집에 시루마시(シルマシ)가 있다고 한다. 즉 죽은 것이 남자라면 덴데라들판을 밤중에 말을 끌고 산 노래를 부르거나 말의 명륜(나리와, 鳴輪) 소리를 내면서 지나간다. 여자라면 평소 부르던 노래를 작은 소리로 부르거나 흐느껴 울기도 하고 소리 높여 이야기를 하기도 하면서 결국 마지막에는 여기를 통과하여 그 소리는 전쟁터에까지 가서 비로소 멈춘다. 또 어느 여자가 죽었을 때는 맷돌을 가는 소리를 내었다고 한다.
> 이렇게 하여 밤이 깊어 덴데라들판을 통과한 사람이 있으면 기헤이돈(喜平どん)의 집에서는 아아 이번에는 누가 죽을까라고 말하는 사이에 바로 그 사람이 죽게 된다고 말한다.
> 『도노모노가타리슈이(遠野物語拾遺)』

덴데라들판은 노인이 조용히 숨을 거두는 장소였던 것만은 아니었다. 죽어가는 사람들 모두가 통과하여야 하는 이 세상과 저 세상

(冥界) 사이에 설치된 통로라고 믿고 있었다.

덴데라들판의 광경

야마구치의 집락(集落)은 롯코우시산(六角牛山)의 북동쪽 산중턱의 움푹 들어간 하나의 계곡 안에 있다. 도노시가(遠野市街)의 동쪽에 위치하는 롯코우시산은 북쪽의 하야이케 미네야마(早池峰山), 서쪽의 이시가미산(石上山)과 함께 『도노모노가타리』에서는 여신이 살고 있는 산으로 알려졌다.

「덴데라들판」의 표시를 찾았을 때 농로(農路) 옆에 자동차를 멈추고 안내판을 따라서 바퀴자국이 남아 있는 급경사 길을 올라갔다. 도로는 곧 목초지를 생각나게 하는 열린 넓은 초원으로 뚫렸다. 여기가 야마구치의 덴데라들판이다.

초원은 남쪽으로 향하여 완만한 오르막 경사로 되어 있어 나무로 만든 벤치와 새로운 안내판이 덩그러니 놓여 있다. 초원을 벗어나면 「덴데라들판」과 먹으로 쓰인 글자가 보이는 썩은 모서리 기둥이 있고, 그 앞에는 메밀밭의 메밀 줄기가 말라 딱딱하고 검은 열매를 맺고 있었다. 눈을 위로 뜨면 낙엽송 수풀(カラマツの木立) 저 멀리에 있는 롯코우시(六角牛)의 불룩 나온 능선이 하늘과 땅으로 이어져 있었다.

초원으로 발을 내딛었다. 여기서부터는 계곡을 따라서 점재(点在)하는 야마구치의 집들을 바라볼 수가 있었다. 평탄한 계곡을 사이에 두고 건너편 산의 사면에는 앞에서 인용한 『도노모노가타리』의

문장에도 보이는 「단노하나(ダンノハナ)」라고 불리는 땅이 있어 지금은 공동묘지로 되어 있다. 그 땅에 서면 「렌다이노(蓮台野)」와 「단노하나」가 서로 대치하고 있다고 하는 모노가타리 표현의 사실성을 실감할 수가 있다.

계곡은 북서쪽을 향하여 입을 열고 있어 그쪽으로 눈을 돌리면 수확을 마친 논밭이 물결을 치는 것 같이 이어지는 풍경이 펼쳐져 있다. 소오뢰천(小鳥瀬川)을 사이에 둔 아득히 먼 저쪽의 산 모서리에는 곤세사마(コンセサマ)로 알려진 야마자키(山崎) 지구의 집단마을(集落)을 바라볼 수 있다.

눈을 감으면서 이전에 노인들이 여기에서 집단생활을 하였던 그 당시의 정경을 상상하려고 하였다. 그렇지만 아무리 생각하여도 그

야마구치의 덴데라들판

모습을 떠올릴 수가 없었다. 대신에 북쪽에서 불어오는 바람에 희미하게 섞인 볏짚 태우는 냄새가 어릴 때 자란 산촌의 광경을 뇌리에 떠오르게 했다.

「도노모노가타리」에서 「선조 이야기」

1910(明治 43)년에 저술된 『도노모노가타리』는 전년도의 『노치노가리노 고토바노키(後狩詞記)』2)와 함께 야나기타(柳田)가 새로운 학문의 세계에 비집고 들어가는 계기가 된 중요한 저작이다. 동시에 그것은 야나기타 개인에 머물지 않고 일본민속학의 정립을 위한 첫발걸음이 될 만한 뜻 깊은 작품이었다.

거기에는 농후한 죽음의 그림자를 찾아낼 수가 있었다. 그 후도 일본인의 사생관에 대한 관심은 야나기타로부터 잃지 않았던 것으로 보인다. 야나기타는 절기에 따른 영혼이나 장례식의 문제 등을 언급하고 있다. 그러나 야나기타가 「일본인」의 죽음이나 영혼의 문제를 체계적으로 파악하려고 한 시도는 고희를 지난 만년 후의 일이었다. 1945(昭和 20)년에 집필된 다음 해 간행된 『선조 이야기(先祖の話)』에서 겨우 본격적으로 죽음의 문제에 몰두하기 시작하였다.

『선조 이야기』가 쓰인 시기, 이미 태평양전쟁의 패전 기운은 농

---

2) 농상무성(農商務省) 관료였던 야나기타 구니오(柳田国男)가 미야자키현(宮崎県) 서북부에 있는 작은 마을 이시바손(椎葉村)을 여행하면서 거기서 직접 보고 듣고 쓴 화전과 수렵으로 살아가는 산촌사람들의 습속이나 전승의 기록을 다음해인 1909년에 「노치노가리노코토바노키(後狩詞記)」라는 이름으로 자비 출판하였다. 간행 부수가 불과 50부였지만 일본 민속학의 출발점이 되었다.

후하게 되어 갔다. 나날의 전선(戰線)은 일본열도에 가까워져 본토 공습도 본격화되었다. 국민 누구나가 내일을 알 수 없는 생명의 불안 속에 있던 바로 그때, 야나기타는 매일 공습경보 소리를 들으며 혼신의 힘을 다하여 이 서적을 집필하였던 것이다.

야나기타가 『선조 이야기』를 쓴 배경에 「가정(家)」의 붕괴에 대한 강한 위기감이 있었던 것은 가끔 지적되는 것이다. 산업화가 진전됨에 따라 사람들의 이동이 활발하게 되어 많은 사람들이 농촌에서 도시로 이주하게 되었다. 또 오랫동안 이어지는 전쟁에 날마다 수많은 젊은이들이 생명을 잃어가고 있었다. 이러한 현상은 야나기타의 눈에는 일본이 「수천 년에 걸쳐서 번영한 근본 이유」라고 할 수 있는 가정의 구조가 그 근저로부터 흔들리고 있는 것으로 보였다.

더욱이 자식이 없는 채로 사라져 간 젊은이들의 증가는 언젠가는 제사를 지내주는 사람이 없는 대량의 무연고 묘만을 출현시키는 것과 연결되는 것으로, 이것도 선조에 대한 신앙이 일본의 가정을 지탱하는 기본으로 인식한 야나기타에게 위기감을 자아낸 원인이 되었다.

야나기타는 이러한 문제의식을 느끼며 가정의 붕괴에 대한 처방전을 수백 년이나 계승하여 온 일본 「고유의 사생관」을 발굴하는 작업을 통하여 찾으려고 하였다.

가까운 죽은 자

야나기타(柳田)가 『선조 이야기(先祖の話)』에서 규명하려고 한 것은 고고(孤高)한 사상가가 설파한 고상한 죽음의 철학은 아니다. 보통 일상생활을 보내는 극히 흔한 사람들인 「상민(常民)」이 가지고 있는 죽음과 영혼과 관계되는 관념이었다. 정치제도나 사회체제의 변모에도 불구하고 변함없이 이 열도에 사는 사람들에게 계승되어 지탱하여 온 가정제도가 그것이다.

야나기타는 상민의 사생관·영혼관의 특색을 어떻게 이해하였던 것일까. 그가 『선조의 이야기』 가운데 그린 것은 죽은 선조를 가까운 존재라고 인식하고 그것과의 일상적인 교류 가운데 나날의 생활을 영위하는 사람들의 모습이었다.

야나기타 구니오(柳田国男)는 이 서적 가운데서 「죽음의 친숙함」이라고 하는 일절(一節)을 두고 있다. 거기에는 일본인은 원래부터 사후의 세계를 신변 가까이에 있는 것으로 파악하고 있다고 말하고 그 이유로서 죽음을 둘러싼 일본인 특유의 네 개의 관념을 지적한다.

> 첫 번째는 죽어서도 이 나라 안에 영혼이 머물고 있어 먼 곳에는 가지 않는다고 생각하는 것이다. 두 번째는 현유 2계(顯幽二界)의 왕래가 잦으며 단순한 춘추(春秋)의 정해진 기간에 행하는 마쓰리(祭)만이 아니라 어느 쪽인가 한쪽의 마음가짐에 의해 초대하고 초대받는 것이 어렵지 않다고 생각하고 있었던 것이다. 세 번째로는 살아 있는 사람의 지금 한 때의 염원이 사후에는 반드시 성취된다

고 생각하는 것이다. 네 번째는 살아 있을 때의 염원이 사후에 달성되는 것에 의하여 자손을 위해서 여러 가지 계획을 수립할 뿐만 아니라 재차 삼차 거듭 새로 태어나서 같은 사업을 계속하는 것이라고 생각한 사람이 많았다고 하는 것이다.

일본인에게는 죽은 자의 영혼이 손이 닿지 않는 천국이나 극락에 가 버린다고 하는 감각은 없었다. 영혼은 어디까지나 이 세상 안의 생전의 생활공간 근처에 머물며 재차 인간 세계에서 생을 향유할 때까지, 절기에 따라 연고자들과 계속해서 다정한 교섭을 하는 것이라는 것이다.

돌아가는 산

야나기타(柳田)에 의하면 「이 나라 가운데」서 영혼이 머무는 곳이라는 것은 산밖에 없었다. 다음에서 인용하는 것은 「돌아가는 산」에 나오는 이야기이다.

평범하게 일생을 보낸 사람들이 갈 곳은 지금까지의 현세보다 더 조용하고 청결하여야 하며, 이 세상 사람들이 사는 평소 일상의 소리로부터 멀리 떨어져 있으면서도 구체적으로 저 근처라고 대략 바라볼 수 있는 장소가 아니면 안 된다. 적어도 이전에 그와 같이 기대하고 있었던 형태의 흔적은 여전히 존재한다. 마을 주위의 어느 빼어난 봉우리 정상에서 오본(盆 : 우리나라의 추석에 가까운 명절)에는 수풀을 베어 본로(盆路, 추석 길)를 만들거나 강과 산의 물가에서 영혼을 맞이하고, 또는 강 상류의 산으로부터 꽃(본하나, 盆花)을 꺾어오거나 하는 등의 풍습이 지금도 널리 각지의 산촌에서 행하여지고 있는 것도 그 하나의 사례이다.

죽음을 맞이한 사람의 영혼은 생전에 나고 자라면서 일상생활을 영위하였던 고향이나 살아 있는 자손의 일상생활을 지켜볼 수 있는 산의 정상에서 머물다가 제사(마쓰리) 때마다 집으로 초대되었다. 지금도 각 지역에 남아 있는 「본로(盆路, 추석 길)」의 관습 등은 그러한 조령관(祖靈觀)을 반영한 것이다. 시모키타(下北)의 오소레잔(恐山)이나 엣추(越中)의 다테야마(立山), 구마노(熊野) 등도 원래 그 지역의 영혼이 머무는 산이었다고 한다. 그 영혼들이 처음에는 「누구누구의 영혼」이라고 하는 구별이 있었지만, 시간의 흐름과 함께 선조의 영혼과 합하게 되면서 개성을 잃어버리고 결국 산의 신과 일체화되어 간다는 것이다.

야나기타가 일본에서는 현유(顯幽) 두 개의 세계가 서로 가깝고 친하였다는 실례로 든 다른 하나의 증거가 「새로 태어나는 것」의 신앙이었다. 죽은 자가 가까운 친족으로 전생(転生)한다고 하는 계통을 이어받은 전승(伝承)이 각 지역에서 보인다고 언급한 야나기타는 신까지도 정화되기 전의 고인의 영혼이 다른 육체를 빌려서 이 세상에 재생할 가능성이 있다는 것을 일본열도에 사는 사람들이 깊게 믿고 있었다고 지적하고 있다.

2. 야나기타설(柳田説)의 재검토

죽음을 둘러싼 사상과 문화

사람은 반드시 죽지 않으면 안 되는 존재이다. 예외는 없다.

죽음은 누구나가 경험한 적이 없는 일일 터이지만, 스스로의 존재가 이 세계로부터 완전히 사라져버리는 것의 공포는 죽음을 체험하지 못한 사람이라도 충분하게 상상할 수 있다. 죽음은 사람이 이 세상에서 부지런히 구축하여 온 인간관계와 지위·명예·재산 모두를 일순간에 소멸시킨다. 사람은 현세에서 획득한 것 일체를 잃어버리고 아무도 동반하지 않는 단지 혼자서 미지의 어두운 세계에 발을 내딛지 않으면 안 되는 것이다.

묘지나 길바닥에서 썩어가는 사체는 싫어해야 할 죽음의 이미지를 한층 더 리얼하게 하며 그 공포를 점점 북돋우는 것이 되었다. 그리하여 죽음이야말로 바로 인간의 가장 근원적인 불안 요인으로 된 것이다.

그러한 연유로 지금까지 수많은 사람들이 여러 방법을 동원하여 불로장수를 갈구하였다. 또 동서고금의 많은 사상가나 철학자가 죽음에 대한 문제를 정면에서부터 언급하며 죽음을 둘러싼 사색을 거듭하여 왔다. 불교에서는 인간이 짊어지고 있는 마음속으로 번뇌하는 근본적인 괴로움, 즉 네 가지 고통의 하나로 죽음을 예로 들고 있다. 다른 세계의 종교를 살펴봐도 죽음을 논하지 않는 것은 거의 없다. 또 세계 각지의 민족사회에서 죽음은 종종 예술이나 문화를 탄생시키는 계기가 되기도 하였다.

죽음이 개인이나 민족·국가를 초월한 보편적인 현상인 것으로서 근대 학문에서 비교문화·비교사상의 좋은 소재가 되기도 하였다. 종교학이나 문화인류학을 시작으로 민속학·철학·문학·미술사학·역사학 등의 여러 분야에서 죽음 혹은 사생관·영혼관을 테마로 한 연구가 추진되어 방대한 연구 성과가 축적되어 있다.

춤추는 시신들(15세기 독일의 목판화)

산자(生者)와 교류하는 죽은 자

이 책에서 그러한 이전 연구의 전통과 성과를 답습하면서 새롭게 일본열도에서 죽음이 어떻게 취급되어 왔는지를 생각해보려고 한다. 그때 저명한 사상가를 내세워 그 인물의 사생관을 재구성하거나 죽음을 논한 각 시대를 대표하는 저작을 나열하거나 하는 방법은 취하지 않는다. 본 서적이 지향하는 것은 특정한 지식인의 사생관이 아니라 각 시대의 사람들이 공유하고 있던 죽음과 관계되는 관념의 해명이다.

일본열도에 거주하는 대부분의 사람이 죽음을 어떠한 것으로 파악하고 있는 것인가. 죽은 자를 어떠한 존재라고 본 것인가. 그것이 시대와 함께 어떻게 변화해 왔는가라고 하는 문제를 세계관의 차원에서 총체적으로 밝혀가는 것이다. 체계화된 정점사상(頂点思想)으로서의 사생관은 그러한 시대사상 가운데에 자리 매김하기 시작하여 처음으로 그 의의를 이해할 수 있다고 본다.

이와 같은 방법을 취하려고 할 때 부딪치는 하나의 큰 벽이 있었다. 그것은 일본인의 사생관·영혼관을 둘러싼 전문연구자의 학설에서 일반인의 상식까지를 지배하는 압도적으로 거대한 통설의 존재다.

그 통설이라고 하는 것은 어떠한 것일까. 한 마디로 말하면 죽은 자가 이 현세를 벗어나 먼 타계, 즉 내세로 가는 것이라고 하는 관념이 없는 것이다.

> 다카마하라(高天原)는 『고지키(古事記)』 『니혼쇼키(日本書紀)』의 진다이마키(神代卷)에서는 일신(日神), 월신(月神)이 있는 천계(天界)와 같이 논하고 있다. 하지만 산 정상이 평지이기 때문에 「다카마하라」로 되어 신들의 판테온(Pantheon, 기원전 27년 로마의 신전 이름)인 것과 동시에 영혼이 집회하는 영장(靈場)이였을 것이다. 가쓰라

기산(葛城山)에도 다카마(高天, 高間)나 다카마지(高天寺)가 있다. 즉 다카노 정토(高野淨土) 신앙은 정토교 경전(淨土敎経典)에 의해서 성립되는 것이 아니고 신과 영이 모이는 판테온이라고 믿겨졌던 산중타계(山中他界)가 한편에서는 천계(天界)의 다카마하라로 변질하고, 한편에서는 불교화하여 여러 부처와 보살이 정토에 없었다[五来 91].

저명한 민속학자인 고라이 시게요시(五来重義)가 위에서 언급한 것을 보면 신도(神道)와 불교에서는 표현방법이 변하여도 그 배경의 영혼은 언제까지나 가까운 곳에 머문다고 하는 일본인의 전통적인 신념이 있다고 하는 인식이 있다. 이와 같은 견해는 일본인의 세계관에 관한 하나의 통설, 즉 일본에서는 현세와 동떨어진 타계표상이 발달하지 않았다는 설과 밀접한 관련을 가지면서 오늘날의 일본문화론의 토대와 일본인들의 상식을 만들어 간다[家永 40].

예를 들면 기기신화(記紀神話)를 생각하여 주길 바란다. 이자나미(イザナミ)가 죽어서 향한 황천의 나라(요미노쿠니)는 이자나기(イザナギ)가 걸어서 갈 수 있는 장소였다. 다른 하나의 타계표상인 다카마노하라(高天原)의 경우도 이 세상과 같은 경관(景観)을 갖춘 수전농경(水田農耕)이나 베틀 짜기(하타오리, 機織り)가 행해지고 그 위에 손쉽게 돌아 올 수 있는 땅이었다. 이와 같이 일본인은 태고의 아득한 옛날부터 이 국토에 깊은 애착을 가지고, 현세에서의 생활을 즐기는 것을 전통이라고 생각하였다.

그러한 관념이 배경으로 되어 있었기 때문에 일본열도에서는 기독교·이슬람교나 불교와 같은 현세를 부정적으로 파악하거나 이 세상과 전혀 다른 차원의 공간에 현세와는 이질적인 이상세계를 상정(想定)하거나 하는 사상은 그다지 발달하지 못하였다. 죽은 자도 또한 생전에 애착을 가졌던 아름다운 이 향토에 머물면서 오랫동안 계속해서 후손을 지키려고 생각한 것이다.

야나기타(柳田) 민속학의 영향

지금 논하여 온 통설이 앞에서 소개한 야나기타 구니오(柳田国男)의 견해와 기본적인 부분에서 완벽하게 일치하고 있는 것을 알아차리게 되었을까. 실은 오늘날 대부분의 일본인들이 일본고유의 사생관·영혼관이라고 믿어 의심치 않는 것의 대부분은 야나기타의 학설에 의거하고 있다. 종교학이나 민속학도 기본적으로는 야나기타의 이론의 틀을 벗어나지 않는다.

물론 이러한 설 모두를 야나기타 한사람의 창안(創案)으로 돌릴 수는 없다. 「긍정적인 국토관」이라고 하는 이미지나 그 사후세계의 관념은 모토오리 노리나가(本居宣長) 이래의 「국학」, 우선 히라타 아쓰타네(平田篤胤)의 국학을 언급한 것이었다. 「신국학(新国学)」을 표방하는 야나기타에 영향을 미친 국학의 영향은 이미 많은 연구자들에 의해서 논하여지고 있다[桜井 77]. 그러나 수많은 사례를 답습하고, 근대의 학문적인 장식을 취하여 주도면밀하게 조합한 야나기타의 가설은 그 이전의 것과는 비교할 수 없을 정도의 스케일과 체계성을 갖추고 후의 연구 방법 자체를 강하게 규정하고 있다.

야나기타 이후 민속학이나 종교학의 분야에서는 야나기타의 설을 증명하는 다양하고 구체적인 습속이나 사례가 발굴되었다. 그러한 성과를 전제로 하여 다음 단계에서 논의되게 된 주제는 일본 고유의 영혼관 위에 외래의 종교인 불교가 수용되었을 때, 그것이 어느 정도 받아들였을 것인가 하는 것이 문제였다.

6세기에 일본에 전래된 대륙의 불교는 그때까지 일본열도에 없었던 명확한 피안표상(彼岸表象)과 체계적인 사생관을 가지고 있었다. 그 수용은 사생관의 문제에 머물지 않고 이문화 접촉이라고 하는 시점으로부터도 중요한 사례로 간주하고 다양한 입장에서 논의되었다. 그때 중점이 키워드로 되었던 것이「영산신앙(靈山信仰)」이고「산중타계(山中他界)」였다.

영혼이 산에 머문다고 하는 앞에서 논한 관념과도 관계되지만 일본에서는 태고 시대로부터 산을 신성한 곳이라고 간주하고 신앙의 대상으로 여겨왔다. 담당자였던 샤먼들은 불교가 들어오면 거기에 설파되는「사후세계에 가다」라고 하는 교리를 수용하여 그것을 종래에 간직하고 있던 관념과 결합시켰다. 그 결과 조금 전의 고라이주(五来重)의 이야기에도 있는 것처럼 지옥이나 극락이 현세(現世)와 동떨어진 이상세계(異界)라고 하는 불교 본래의 관념은 수용되어서 지옥도 극락도 산 안에 있다고 하는「산중타계」의 사상이 생겨난 것이다[堀 53].

「일본인의 지옥극락의 타계관은 십만억토(十万億土)라든가 십만유순(十万由旬)이라고 하는 것처럼 과장된 환상의 세계는 아니고 영혼이 가는 산이고 묘였다」[五来 91],「일본인은 실제로는 정토는 산 가운데에 존재하는 것처럼 이해되어 왔다」[山折 95]라고 하는 말은 그러한 견해를 단적으로 나타내는 것이었다.

저승세계의 전형(오소레잔의 지옥순례)

변용(変容)하는 장례의식

지금까지 연구자들 앞에 야나기타 이후 계승 발전되어 온 일본인의 사생관에 관한 통설의 높은 장벽이 가로막고 있는 상황을 장황하게 설명하여 왔다. 이 통설이 가지는 설득력의 배경에는 죽은 자가 언제까지나 산 자 가까이에 머문다고 하는 관념이 오늘날에도 여전히 많은 일본인들의 뇌리에 리얼하게 존재한다고 생각하는 것이다.

봄과 가을의 피안의 절기에 우리들은 가까이 지내던 사람들이

잠든 묘지를 방문하여 꽃과 향을 피우며 마치 거기에 고인이 있는 것과 같이 생각하며 그들의 편안한 영면을 기원한다. 본로(盆路, 추석 길)가 다가오면 조상의 영혼을 맞이하기 위하여 마련한 선반 위에 위패를 안치하고, 계절의 야채·과일 등을 차려 놓은 정령단(精霊棚, 영정을 모시기 위해 차린 제단, 쇼료다나)을 만들어 조상을 맞이하는 불(迎え火, 무카에 비)[3]을 피워 선조의 영혼을 집에 불러들인다. 특정 종교를 신봉하며 신앙은 가지고 있지 않은 사람이라고 할지라도 종교와 관계없이 연고자의 영정을 방에 모셔놓고 꽃이나 물을 바치는 사람이 많다.

그렇지만 일상생활에 동화된 산 자와 죽은 자의 긴밀한 교류의 풍경이 결코 일본열도상에서 보편적으로 육성되어 온 풍습이 아니었다는 것을 잊어서는 안 된다. 헤이안시대(平安時代) 중반까지는 천황가(天皇家)나 귀족·신분이 높은 승려 등 극히 한정된 일부의 사람들을 제외하고는 묘지가 조성되는 일은 없었다. 서민층의 시체는 특정한 장례지에 옮겨지면 간단한 장례의식을 행한 후 그대로 방치하여 개나 까마귀에게 뜯어먹게 하였다. 유복한 사람들 사이에서는 흙을 파고 매장하여 흙으로 만두 모양(土饅頭型)의 분묘를 만들기도 하였지만 현대와 같이 정기적으로 묘지 참배가 행하여지는 일은 거의 없었다. 이것은 죽은 사람의 시체나 유골에 대한 관심이 거의 없어지게 된 이유의 하나다.

---

[3] 오본인 8월 13일에 조상이나 죽은 자의 영혼을 맞이하기 위하여 문 앞에 피우는 불을 말한다.

그러나 이러한 관념의 변화가 헤이안시대 후기부터의 새로운 장례의례에서 나타나기 시작한다. 즉 성지(聖地)=영장(靈場)에 대한 납골 신앙이다. 누군가가 죽었을 때 집안사람이 화장한 유골을 봉지에 넣어 목에 걸고 특별하게 정해놓은 영장에 수습하는 풍습이 확립되는 것이다. 영장에 대한 납골은 맨 처음에는 고야산(高野山)이나 히에이잔(比叡山)에서 시작되어 점차로 전국각지로 퍼져 나간다. 보통 납골신앙에는 사후에도 계속되는 유골에 대한 연고자의 관심을 간파할 수가 있다. 그러나 이때의 납골신앙의 경우에도 한차례의 유골이 영장에 수습되어 버리면 그 이후에는 유골의 행방에 관심을 나타내는 일이 거의 없었다.

그 후 일본에서 사체·유골에 대한 태도가 다시 한 번 큰 전환을 하는 것은 무로마치시대(室町時代)를 시작으로 아즈치 모모야마시대인 센코쿠시대(戰國時代)로부터 에도시대(江戶時代) 전기에 걸쳐서의 일이었다. 서민층까지 계속적으로 계승되는 이에(イエ, 家)제도와 관념이 확립하게 되어 그것을 배경으로 하여 사원의 경내묘지(境內墓地)가 널리 일반화 하여 간다. 죽은 자는 단나데라(檀那寺)의 묘지에 매장되어 자손에 의한 정기적인 묘지참배의 관습이 확립된다. 묘지에는 선조가 잠들고 거기를 방문하면 언제라도 고인을 만날 수 있다고 하는 현대인에게 통하는 감각이 점차로 사회에 정착한다. 더욱이 근대 이후는 우리들이 자주 눈에 접하는 납골의 가로오트(石塔 地下의 納骨空間)를 갖춘 「집안의 묘지(家の墓)」가 보급되게 된다.

유골에 대해서도 전혀 관심을 가지는 일 없이 시체를 방치하여 돌보지 않았던 고대의 사람들, 화장 뼈를 소중하게 영장까지 옮긴 중세의 사람들, 묘지를 만들어 뼈를 수습하여 정기적으로 묘지참배를 반복한 근세 이후의 사람들, 고인의 사진이나 초상화를 방에 장식하는 현대인, 이 일본열도에서 생을 영위하여 온 사람들의 죽은 자에 대한 태도는 대충 본 것만으로도 이 정도로 격변하고 있다. 이것들 사이에 죽은 자나 영혼에 관한 공통의 관념을 찾아내는 것은 매우 어려운 것이다. 그것은 「일본인의 사생관」이라고 하는 형태로 총괄되어 온 지금까지의 통설이 근본적으로 재검토되어야 할 필요성이 있다는 것을 인식시키는 것이다.

지금 우리들에게는 야나기타가 상정(想定)한 것과 같은 시대를 관통하는 민족고유의 사생관의 존재를 전제로 하지 않고 자료에 준해서 이 열도에서 전개되어 온 죽은 자에 대한 의식과 관념의 변화의 실태를 공들여 발굴하여가는 작업이 요구되고 있다.

뼈에 대한 집착

야나기타 구니오(柳田国男)의 이론이 담고 있는 다른 하나의 중요한 문제는 뼈에 관하여 전혀 언급하지 않는 것이다. 종종 일본인은 뼈를 소중하게 생각하는 민족이라고 말한다. 매년 여름이 되면 매번 반복되는 귀성길 혼잡이 일어나지만 그 목적은 선조의 묘지에 가서 성묘하는 것이었다. 그 묘에는 가까운 연고자의 유골이 수납되어 있다. 일본열도의 사람들은 유골과 대면하기 위하여 매년 일부러 막대한 시간과 금전을 들여서 귀성을 반복하고 있다.

일본인의 유골에 대한 집착은 다른 예를 들 수가 없다. 제2차 대전 종료 후 60년이 지난 지금 조차도 죽은 자의 유골 수집은 계속되고 있다. 먼 이국의 땅에서 친족이 죽었을 경우, 적어도 한 조각의 뼈만이라도 가져가고 싶은 심정은 일본인들의 대부분이 공유하는 정서다. 집안의 묘지에 걸맞은 고인의 뼈를 수습하는 것에 의해 유족은 편안한 마음을 가질 수 있고, 그러한 심정은 객관적인 시점에서 다른 여러 외국과 비교하여도 독자성을 가지고 있다는 것이 지적되고 있다[大岡 06].

이러한 사실이 있는데도 불구하고 야나기타가 시체나 뼈의 문제를 언급하는 일은 없었다. 양묘제(兩墓制)라고 하는 장례의식을 언급하는 것은 있어도 그 죽음을 둘러싼 관심은 일관되게 영혼에 집중되어 있다. 「죽은 자가 가까이에 머문다」라고 하는 야나기타의 테제(These, 定立)는 오늘날 죽음에 관련된 다른 하나의 상식으로 되어 있다 「일본인은 뼈를 소중히 한다」라고 하는 테제와 전혀 접점을 가지지 않는 것이다.

이것은 큰 문제라고 말하지 않을 수 없다. 일본인들이 일본열도 상에서 생을 영위한 사람들의 죽음에 대한 관념을 생각할 때에는 영혼뿐만이 아니라 유해나 유골이라고 하는 요소도 반드시 시야에 넣어서 총체적으로 검토할 필요가 있다.

또 「일본인은 뼈를 소중히 한다」라고 하는 정립 그 자체도 결정적인 문제를 안고 있는 것은 일본인이 어느 시기까지 처리를 마친 시체나 유골에 전혀 관심을 가지지 않는다고 하는 사실이다.

금후 「죽은 자가 가까이 머문다」라고 하는 야나기타의 정립에서 「일본인은 뼈를 소중히 한다」라고 하는 다른 하나의 테제와 관련지으면서 역사의 여러 단계에 준한 자료에 근거하여 비판적으로 재검토하여 가는 것이다. 이에 더하여 영혼과 뼈·육체의 양면을 시야에 넣으면서 일본열도에서 생을 영위하였던 사람들의 사생관의 전체상을 분명하게 하여야 할 필요가 절실하다. 본 서적에서는 그러한 문제의식에 근거하여 일본열도상에서 전개된 고대부터 현대에 이르기까지의 죽은 자나 영혼에 대한 관념과 그 변용의 실태를 죽음과 관련된 의례나 언설(言說)의 분석을 통하여 재구성하여 보려고 한다.

죽은 자·신·왕

죽음의 관념은 그 자체가 혼자 걸어가는 것과 같은 성격의 것이 아니었던 것을 유의해야 할 것이다. 사생관은 각 시대의 지배적인 세계관인 코스몰러지(Cosmology, 우주관)에 강하게 규정되어 있다. 또 죽은 자는 종종 살아 있는 자에 대해 음으로 양으로 여러 면에서 영향력을 행사하는 존재로 간주되었지만 그것은 이 일본열도에서 초월자-가미(カミ, 절대자)·신 관념의 형성·발전과 밀접하게 관련되는 형상으로 본다.

과거의 지배자가 현재 권력의 수호자로 되는 것도 일반적으로 보이는 이념이고, 그 제사는 각 시대의 지배 권력에 중요한 과제로 되어 있었다. 그것은 동 시대의 사생관의 반영인 것과 동시에 그것을 위로부터 의도적으로 개변(改變)하여 간다고 하는 측면을 가지고 있다. 더욱이 해외로부터의 장례의식이나 종교사상의 이입(移入)에

동반하는 죽음 관념의 변용이라고 하는 문제도 잊어서는 안 된다. 죽음 관념은 코스몰러지·가미(カミ, 절대자)관념·권력구조·해외교섭이라고 하는 다양한 요소를 시야에 넣으면서 폭넓은 역사적·문화적인 배경 속에서 밝힐 필요가 있다.

　죽음의 문제를 생각할 때, 잊어서는 안 될 또 다른 하나는 자료와 관련된 문제이다. 죽음은 누구에게나 심각한 문제인 것과 동시에 인문학의 여러 분야에서 가장 중요한 테마의 하나였다. 다양한 분야의 학문에서 괄목할만한 연구 성과가 축척되어 왔다. 그러나 그것은 한편에서 분야별로 연구시각의 경직화와 사용하는 자료의 고정화를 초래하는 것으로 보여서는 안 된다. 어느 지역에서 죽음의 관념을 통시적·종합적으로 파악하려고 할 때, 기존 관념에 얽매이지 않는 유연한 시점을 취하며 종래 이용하지 않았던 다채로운 자료를 발굴하여 이용하려는 자세가 필요하다.

　지금까지 행하여져온 지구상의 각 지역·각 시대의 장례의식에 관한 조사와 연구는 방대한 양에 이른다. 죽음과 관련된 철학적인 사색에 관한 연구도 매수를 셀 수 없을 정도이다. 그렇지만 일본열도에 필적할 만한 넓이를 가진 지역을 대상으로 하는 자료에 준하면서도 죽음을 둘러싼 예의와 관념이 변모해가는 양상을 통시적·총체적으로 밝히려고 하는 본격적인 연구는 결코 풍부하다고는 말하기 어렵다. 그것을 시도하는 본 서적은 일본열도라고 하는 하나의 한정된 지역을 대상으로 하는 연구에 머물지 않고, 「죽음(死)」이라고 하는 인류전체의 가장 근원적인 문제로 접근하기위한 새로운 연구의 방향을 제시할 것이다.

제1장 풍장(風葬)의 광경(光景)

1. 심상(心象)의 아다시노(化野)

홍엽(紅葉)의 넨부쓰사(念仏寺)

아라시야마(嵐山)를 향하는 게이후쿠 전철(京福電鉄)은 통근 열차 정도로 혼잡하였다. 이미 단풍 시즌의 절정은 지났지만 사아다시노(嵯峨野)의 늦은 가을의 교토 풍경을 찾는 사람이 많았다.

아라시야마 역의 개찰구를 나와 손님을 기다리는 인력거 사이를 빠져나왔다. 역 앞의 거리를 와타시쓰키바시(渡月橋)와는 반대 방향으로 돌아, 오늘의 목적지인 아다시노의 넨부쓰사로 향했다.

덴류사(天竜寺)의 앞에서 차도로부터 벗어나 대나무 수풀의 작은 길로 들어갔다. 노미야 신사(野宮神社)의 앞을 지나 JR 상인센(山陰線)의 건널목을 지나니 어디에서나 볼 수 있는 도시근교의 농촌 풍경이 나타났다. 조샤쿠코사(常寂光寺)의 문 앞에서부터는 연홍으로 물든 단풍으로 가득한 닌노문(仁王門)과 경내를 바라볼 수가 있었다.

왼쪽에 오구라야마(小倉山)를 바라보면서 상점이나 찻집이 줄지어 있는 길을 따라 북쪽으로 향하였다. 걸음을 진행함에 따라 사람의 그림자는 점차로 작아지게 되었다. 길은 드디어 왼쪽으로 돌아 서면서 세토가와(瀬戸川)가 만드는 좁은 계곡에 빨려 들어간다. 계곡으로 들어감에 따라서 길은 완만한 경사를 더하고 있다. 비탈길을 따라 늘어선 토산품 가게를 바라보며 길옆의 석불에 피워놓은 향의 향기에 심취되어 있는 동안에 어느새 넨부쓰사의 문 앞에 다다랐다.

　　　아다시들판(あだし野)의 이슬이 사라질 때, 도리베들판(鳥部野)의
　　　연기가 피어오를 뿐 살아온 관습이라면 얼마나 무상한 것일까.
　　　　　　　　　　　　　　　　　　　　　『쓰레즈레구사(徒然草)』4)

　요시다 겐코(吉田兼好)의 『쓰레즈레구사(徒然草)』에 기록된 「아다시들판(あだし野)」은 넨부쓰사를 포함하는 오구라야마의 북동지역 일대를 나타내는 것으로 추정된다. 여기는 히가시야마(東山)의 도리베노(鳥部野), 후나오카야마(船岡山)의 렌다이노(蓮台野)와 함께 헤이안쿄(平安京)를 대표하는 「무조도코로(無常所)」묘지로 알려진 지역이었다. 아다시노는 헤이안시대부터 가마쿠라시대(鎌倉時代)에 걸쳐서 교토의 장지(葬地)의 대명사로 되어 있다. 사람들은 그 지명에서 죽음의 냄새를 맡으며, 그 죽음의 광경을 마음속으로 떠올리고는 인

---

4) あだし野の露きゆる時なく、鳥部野の烟立さらでのみ住みはつる習ならば、いかに、もののあはれもなからん。『徒然草』

석양에 비친 가노의 염불사

생무상을 느낀 것이다.

방치되는 시체

아다시노(化野)는 이전에는 교토를 대표하는 장송지(葬送地)였다. 그 이름을 귀로 듣는 사람은 누구나가 마음속에 무상감(無常感)을 느끼게 한다고 하는 아다시노는 당시 어떠한 양상을 드러낸 것이었을까.

가마쿠라시대의 설화집 『간쿄노토모(閑居友)』 상권에는 다음과 같은 내용의 일화가 수록되어 있다.

옛날 히에이잔(比叡山)에서 있었던 일이었다. 신분이 낮은 중간급 승려 한 사람이 있었다. 그는 아주 성실하게 봉납하였기 때문에 주

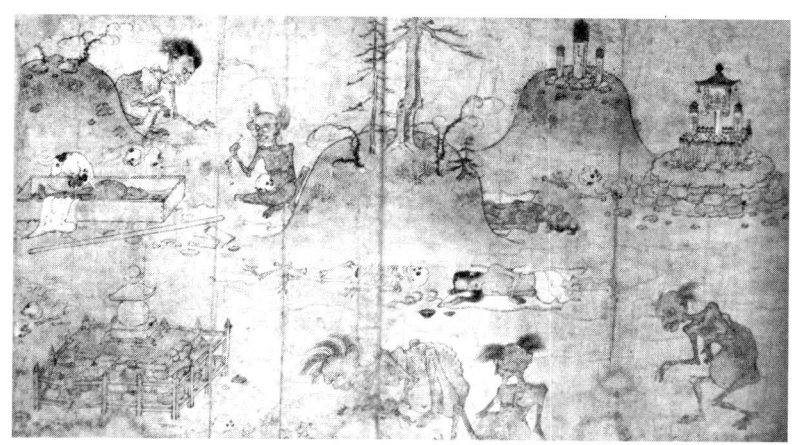

지옥광경(『가키소시』 동경국립박물관 소장)

지승으로부터 총애를 받고 있었는데 어느 때부터인가 저녁이 되면 모습을 감추고는 이튿날 아침 일찍 되돌아오는 것을 반복하였다. 사카모토(坂本)에라도 가서 유흥(遊興)에 젖어있는 것이 아닌가 하고 의심한 주지승이 뒤를 따라가 보니 산을 내려간 중간급 승려는 서쪽 사카모토를 통과하여 렌다이노(蓮台野)에 다다랐다. 괴이하게 생각하는 미행자의 눈앞에서 중간급 승려는 묘지를 배회하며 우선 부패가 진행된 시체를 발견하고 나서는 그 옆에서 소리를 내어 목놓아 울기 시작하였다. 그 옆에서 하룻밤 내내 계속해서 목놓아 운 후, 날이 밝기 전에 눈물을 닦고 다시 산으로 돌아왔다. 그 중간급 승려는 집착이나 욕망을 벗어버리기 위하여 시체를 세밀하게 관찰하는 「부정관(不浄観)」이라고 하는 수행을 실천한 것이다.

여기에는 헤이안시대부터 가마쿠라시대에 걸친 공동묘지 양태가 아주 리얼하게 묘사되어 있다. 무대는 렌다이노로 되어 있지만,

같은 교토 근교에 위치하고 있던 아다시노(化野)나 도리베노(鳥部野)도 같은 상황이었던 것이 틀림없다. 당시의 묘지는 매장되지 않은 수많은 시체가 노출된 채로 지면에 가로놓여 썩은 냄새를 진동하게 한 것이었다.

가키소시(餓鬼草紙)에 보이는 묘지

이러한 공동묘지의 모양을 눈에 보이는 형태로 지금도 전하고 있는 자료가 있다. 12세기 제작으로 추정되는『가키소시』중의 한 장면이다.

몇 개의 흙으로 만든 만두형(土饅頭型)의 무덤이 보인다. 돌을 쌓아올린 단상(壇上)에 오륜탑이 서 있는 것도 있다. 백골이 산란(散乱)하여 썩어가는 시체가 가로놓여 사체를 개가 정신없이 뜯어먹고 있다. 그 사이를 말라빠져 배만 불룩한 봉발(蓬髮)의 가키(餓鬼)가 헤매고 있지만 망자이기 때문에 그 모습을 인간의 눈으로는 볼 수가 없다.

이 화면의 중앙에는 허리에 한 장의 수건만을 걸친 한 여성이 풀이 많은 자리 위에 가로누워 있다. 그 바로 위에는 역시 풀이 많은 자리 위에 전라(全裸)의 남성의 시체가 있다. 왼쪽 손의 관(棺)에 넣어진 시체도 아무것도 몸에 걸치지 않았다. 이 그림을 주 근거로 하여 당시의 장지(葬地)에는 시체를 전라로 하여 방치하는 습관이 있었다는 설은 이전부터 논의된 일이 있다. 거기에서부터 한 발 더 나아가 이 시대에는 시체의 유기(遺棄)가 일반화 되어 있어 죽은 자는 아주 소홀하게 취급된다고 하는 이미지를 공유하게 되었다.

그러나 그 후 '시체는 처음부터 나체가 아니고 장송(葬送)에 관계한 인간, 묘지에 옮긴 히닌(非人)5)들이 스스로의 권리로서 그 의복을 취득하는 것이 허가되었다.'라는 설이 나타났다. 또 얼핏 무작위로 방치되어 있는 것 같은 시체라 할치라도 반드시 밑에는 풀이 많은 자리 주변에 토기 모양의 그릇이 놓여 있는 것으로 보아 옮겨진 시체에 대해서도 간소한 형식이겠지만 장례 의식이 행하여졌다고 본다[水藤 91].

더욱이 정상에 오륜탑(五輪塔)이랑 목제 탑파(塔婆)가 서 있는 무덤의 존재도 놓쳐서는 안 된다. 거기에는 훌륭한 분묘가 조성되어 다양한 추선공양(追善供養)이 행하여진 흔적이 남아 있다.

당시의 사람들 사이에는 경제적·시간적인 여유만 있으면 죽은 자는 말끔하게 장례의식을 집행한 후 가능한 정성스럽게 장사지내야 한다는 사회통념이 존재하였다. 시체의 유기(遺棄)행위는 당시 죽은 자에 대해 당연하게 그렇게 하여야 할 처리방법이라고 생각된 관념의 조치가 아니고 그 밖의 다른 방법이 없는 경우에 할 수 밖에 없는 선택 사항이었다.

망각되는 분묘

죽은 자의 묘지를 만들어 그 명복을 빈다고 하는 형식은 현대의 우리들이 행하는 행위와 아무런 변화가 없는 것처럼 보인다. 그렇

---

5) 에도시대에 사형장에서 사체 처리 등 잡역에 종사하던 사람을 말한다.

다고 하여 헤이안시대 사람들의 죽은 자에 대한 대응방법이 현대인과 똑 같았는가라고 생각하면 실은 그렇지가 않았다. 양자 사이에는 근본적인 점에서 결정적인 단절이 존재했다. 헤이안시대에는 한 차례 장례의식을 마친 시체에 대해서는 거의 관심을 가지지 않았던 것이다.

현대의 극히 평범한 일본인이 죽은 자를 어떻게 취급하는가를 확인해 두자. 가까운 사람이 죽었을 때 대부분의 경우는 불교식으로 장례의식이 영위되어 화장된 유골은 그 집안의 묘에 안장된다. 묘석(墓石)에는 그 인물이 이 세상에 존재하였던 일을 영원하게 기록으로 남겨두는 이름이 새겨진다. 장례의식 종료 후에도 49일·100일·일주기라고 하는 매 절기(節目節目)에 제사가 집행되지만 살아 있는 자와 죽은 자와의 관계가 그것으로 끝나는 것은 아니다. 죽은 자를 기억하고 있는 사람이 있는 한 묘지 참배와 공양은 계속 행하여진다. 사람은 정기적으로 묘지를 방문하여서는 흡사 고인이 거기에 있는 것처럼 묘 앞에 이마를 대고 그 다음 생의 안락을 위해 기도를 올린다.

그렇지만 이전에는 그렇지는 않았다. 『가키소시(餓鬼草紙)』가 만들어진 12세기경은 한 차례 묘역(墓域)에서 장사지낸 죽은 자 가까이에는 비록 연고자라 할지라도 찾아가는 경우가 거의 없었다. 그것은 지상에 버려진 사체에 대한 것만이 아니다. 묘를 쌓고 공양탑을 건립할 정도로 정성스럽게 매장된 죽은 자의 경우에도 유족이 반복해서 거기를 찾는 것은 상정(想定)되어 있지 않았다. 추선공양은 오로지 유해의 소재지와는 관계없는 사원에서 집행되었다.

『가키소시』에 그려진 많은 묘지를 다시 한 번 봐주기 바란다. 거기에 특정인물이 이 세상에 존재한 기록을 남기려고 하는 배려는 전혀 없었다. 돌이나 탑파(塔婆, 묘지)에 고인의 이름이 새겨지는 일은 없었다. 이들 묘지는 드디어 형태가 허물어져 초목으로 덥히고 묘지인 것조차 잊혀져, 대지의 작은 돌기의 하나로 변하는 운명에 처해졌던 것이다.

석불로 가득 매운 경내(境内)

넨부쓰사(念仏寺)의 경내에 들어갔다. 경내에는 무수한 석불과 석탑이 빈틈없이 들어서 있는 수풀속의 나무가 서 있는 것과 같은 양상이었다. 이전에 사찰 내의 주변에 분산되어 있던 것을 모은 장소라고 한다. 여기에서 찍은 사진은 아다시노(化野)를 상징하는 풍경으로서 종종 여행 잡지 등에 게재되어 있다. 매년 8월 하순에는 천정공양(千灯供養)이 개최되어 많은 관광객이 밀려와 촛불에 떠오르는 석불군(石仏群)이 자아내는 환상적인 광경에 심취한다.

이들 석조물(石造物)의 대부분은 근세가 되고 나서부터 제작된 것이다. 이것조차 과연 누가 무었을 위해 세운 것인지에 대해 확실히 알 방법이 없다. 더욱이 중세까지 거슬러 가면 당시의 상태를 그리는 연유는 전혀 존재하지 않는다. 지금의 아다시노(化野)에는 이전의 풍장(風葬)의 흔적을 찾아볼 수가 없다.

죽은 자를 익명성(匿名性)의 저편으로 밀어내려고 하는 헤이안시대 사람들과 가능한 생전의 인격 그대로 고유명사로 파악하려고 하는 현대인, 그 양측 사이에는 단순한 표면적인 의례 차원에서의 상위(相違)에 머물지 않는 죽음이나 죽은 자에 대한 관념의 매우기 힘든 틈이 보이는 것 같다.

헤이안시대와 현대와의 사생관의 비교, 이것은 매우 중요하고 흥미를 유발시키는 문제다. 그러나 이 과제를 취급하는 것은 조금 뒤로 미루고 싶다.

그 대신에 우리들은 『가키소시』의 시대부터 역으로 시대를 거슬러 올라가보기로 하자. 그리고 지금까지 봐 온 것과 같은 헤이안시대 후기의 죽은 자의 관념이 어느 정도까지 시간적·공간적인 범위를 가지고 공유되었던 것인가에 대해 확인해 보고 싶다.

우리들이 거슬러 내려온 시대의 앞은 일본열도에 대규묘의 통일국가가 탄생하고 문자자료가 축척되기 시작하는 7·8세기 시대다. 그 문자 자료에 의해서 죽음을 어떠한 존재로 이해하고, 또 죽은 자가 어떠한 존재로 파악되었는가를 살펴보기로 하자.

2. 뿌려지는 뼈

산골(散骨)을 읊는 노래

황족(皇族)·귀족에서부터 서민대중에 이르기까지 4,500수 이상의 노래가 모인 『만요슈(万葉集)』는 오토모 야카모치(大友家持) 등에 의해 나라시대(奈良時代)에 편찬된 현존하는 가장 오래된 가사집으로 너무나도 유명하다.

『만요슈』에는 「반카(挽歌)」라고 하는 장르가 마련되어 있는데 그 가운데 화장의 상태를 읊었다고 생각되는 노래가 몇 수인가 수록되어 있다.

거울의 나를 보는 것 같은 당신을 아와(阿婆)들판의 귤꽃인 뼈를 줍는다.[6]

화장의 연기가 피어나는 시로세(泊瀨)의 산에 엷게 퍼지는 구름은 당신을 생각나게 한다.[7]

전자는 당신도 나의 분신과 같이 평소의 생활을 함께 해온 아내의 모습을 그리워하면서 그 유골을 줍는 광경을 읊은 것이다. 후자에서는 화장의 연기가 하쓰세(初瀨)의 산에 기다랗게 끼면서 엷어져 가는 모양이 그려져 있다. 그 습관이 어느 정도의 범위를 가진 것인가는 별도로 하고 나라시대(奈良時代)에는 이미 화장은 드문 것은 아니었다.

화장 후에 모아진 고인의 유골은 그 후 어떻게 처리된 것일까. 이것에 관해서도 『만요슈』에는 관련된 노래가 보인다.

옥재(玉梓) 아내는 다마카모 아시히키(玉かもあしひき)의 깨끗한 산 주변에 뿌리면 흩어진다.[8]

---

6) 鏡なす我が見し君を阿婆の野の花橘の珠に拾ひつ
7) こもりくの泊瀨の山に霞立ちたなびく雲は妹にかもあらむ
8) 玉梓の妹は玉かもあしひきの清き山辺に撒けば散りぬる

옥재(玉梓)의 아내는 다마카모 아시히키(玉かもあしひき)의 이 산음(山陰)에 뿌리면 없어지지 않는다.9)

여기에 올린 2수(首)는 분명하게 산골(散骨)의 모습을 읊은 것이다. 화장된 유골은 묘지에 안치되지 않은 채로 매장지(野辺)에 뿌려지는 경우도 있다. 그리고 그 행위는 고인에 대해서 가장 깊은 애정을 가지고 있었을 남편의 손에 의해 행하여지는 것이다.

하쓰세(初瀬)의 산의 자태

---

9) 玉梓の妹は玉かもあしひきのこの山陰に撒けば失せぬる

산골(散骨)의 배경

남편이 자신의 아내의 유골을 들판에 뿌린다. 여기서부터 우리들은 『만요슈』의 시대에는 산골이 결코 죽은 자에 대해 무례(無礼)나 모독(冒涜)이라고 간주하지 않았던 상태를 볼 수가 있다.

천황이나 관인(官人)의 장례의식을 규정하는 「상장령(喪葬令)」에는 다음과 같은 규정이 보인다.

> 대략 3위 이상, 및 별조·시종은 나란히 묘를 쓸 수가 있다. 이외는 묘를 쓸 수가 없다. 묘를 쓸 수가 있다고 하여도 혹시 뼈를 뿌리기를 원한다면 허가한다.10)

3위 이상의 귀족과 분립(分立)한 우지(氏)의 시조는 묘지를 쓰는 것을 허락하지만 그 이외는 묘지를 가지는 것은 금지한다. 묘를 쓸 수 있는 계층의 인간이라도 「대장(大蔵)」=산골(散骨)을 희망하면 허가한다. - 대략 그러한 의미다. 율령제도 아래에서는 천황이나 톱 클래스의 귀족 이외는 영묘(営墓)가 금지되어 있었다. 압도적 다수를 차지하는 서민은 묘지를 만들 수가 없었다.

이 규정에 국가권력에 의한 민중의 영묘 바람의 봉살(封殺)이라고 하는 의미가 포함되어 있는 것은 부정하지 않는다. 그러나 앞의 『만요슈』의 산골의 노래나 「상장령(喪葬令)」이 상류귀족들에게도 산골을 인정하였던 것을 보면 이 시대의 대부분의 사람들이 묘지를 만

---

10) およそ三位以上、および別祖·氏宗は、並びに墓を営することを得。以外はすべからず。墓を営することを得といえども、もし大蔵せんと欲すればゆるせ。

들어 고인을 오랫동안 기억해 두려고 하는 지향성은 반드시 절실한 것이 아니었던 것으로 생각된다.

그러한 경향은 헤이안시대에 들어가서도 계속되었다. 지배층에서 오히려 묘지에 대한 관심은 멀어지는 것 같이 느껴진다. 『겐지모노가타리(源氏物語)』「스마(須磨)」에서는 히카루겐지(光源)가 기리쓰보테이(桐壷帝)의 능(陵)을 방문하는 장면이 있다. 앞 왕(先帝)의 능(御陵)인데도 불구하고 그 가는 도중에는 무사히 돌아갈 수 있을 것인가. 불안해지는 양상과 길에 수풀이 우거져 있는 모습이 그려져 있다. 이 기술(記述)의 리얼리티를 뒷받침하는 것처럼 『추유키(中右記)』에는 1107(嘉祥 2)년에 고산조천황(後三条天皇)의 산릉(山陵)을 방문한 후지와라 무네타다(藤原宗忠)가 「형극(荊棘, 가시)」을 헤치고 나가 고문(告文)을 바친 모양이 묘사되어 있다. 부근에 있을 터인 엔유 천황(円融天皇) 이하의 5·6대의 능묘(陵墓)도 이제는 소재불명의 상태로 되어 있었다고 한다.

천황 이외의 상급 귀족에 관해서도 『에이가 모노가타리(栄花物語)』에 묘사된 후지와라(藤原)의 고하타묘소(木幡墓所)는 「단지 표시판으로의 돌 비석(솟또바, 卒都婆) 하나만 우두커니」 들어서 있고 「참배하러 오는 사람」도 없는 것 같은 장소였다. 미치나가(道長)는 그 상황을 한탄하는 삼매당(三昧堂)과 승방(僧坊)을 건립하여 12명의 승려를 살게 하였다. 그러나 그것은 「내가 선조를 비롯하여 친소(親疎)를 구분하지 않는다(我が先祖をはじめ、親疎を分かたず)」, 「이 산에 **뼈**를 묻어 시체를 감추는 사람(この山に骨を埋め、屍を隠す人)」 모두를 구제하기 위한 것이고, 특정한 묘를 지키기 위한 것은 아니었다. 유력 씨

족은 독자적으로 씨족의 묘지를 소유하고 있었지만 중요한 것은 유해를 그 영역 내에 매장하는 것이고 누군가의 묘라고 하는 감각은 헤이안시대에는 아직 존재하지 않았던 것이다[田中久 79].

고대에는 천황가나 후지와라(藤原)와 같은 신분이 높은 귀족이라 할지라도 일단 묘를 만들지만 그것을 말끔히 정비하여 유해의 소재지를 확인하여 정기적으로 참배하는 습관은 정착하지 않았다. 고인을 아는 사람이 없어지면 그 묘도 잊어버리는 존재였던 것이다.

유체(遺体)에 대한 무관심

한 차례 장례의식이 끝난 사체나 유골에 대한 무관심은 시대나 신분에 의한 정도의 차이는 있어도 신분계층을 불문하고 『만요슈』의 나라시대(奈良時代, 7세기)로부터 『가키소시(餓鬼草紙)』가 제작된 인세이키(院政期, 12世紀)까지 일관해 있는 것 같이 보인다. 당시의 사람들이 대개 유해에 대해서 냉담하였던 것은 이 이외에도 당시의 다양한 사료(史料)로부터 이해 할 수 있다. 이하에 소개하는 것은 요시시게노 야스타네(慶滋保胤, 932-1002)[11]가 저술한 『니혼오조 고쿠라쿠키(日本往生極楽記)』에 수록된 일화다.

셋쓰노쿠니 가쓰오지(摂津国勝尾寺)에 가쓰조(勝如)라고 하는 승려

---

11) 일본 헤이안시대 중기의 문장가로 당대 최고의 음양사로 손꼽혔던 가모노 다다유키(賀茂忠行)의 차남으로 형은 텐몬하카샤(天文博士)를 지낸 가모노 야스노리(賀茂保憲, 917-977)다. 음양사로서 이름이 높았던 아버지와 형의 가업을 잇지 않고, 스스로 가업을 버린 후에 헤이안시대의 대문장가 스가와라노 미치자네(菅原道真)의 손자 분소하카세 스가와라노 후미토키(文章博士 菅原文時)의 제자로 들어가 문학과 학문을 수학하면서 항상 수석의 자리를 차지하였다고 전해진다.

가 있었다. 10수년간 무언(無言)의 행동을 이어가던 어느 날 밤에 덧문을 두드리는 내방자(来訪者)가 있었다. 말을 건넬 수 없었던 가쓰조(勝如)가 기침으로 대답했을 때, 「나는 하리마국 가고군(播磨国加古郡)의 사미교신(沙弥教信)이다. 오늘 극락에 왕생하기로 되어 있다. 당신도 언젠가 극락으로부터 죽은 자가 올 것이다. 그 전언을 하기 위하여 지금 여기에 온 것이다」[12]라는 말을 남기고 떠났다.

놀란 가쓰조가 다음날 아침 제자를 교신(教信)의 주거(住居)에 보낸 즉, 대나무가 서 있는 조잡한 바위 앞에 가로누워 있는 시체가 있었다. 그때 개들이 무리를 지어 시체를 뜯어먹고 있는 장면을 목격하였다. 암자에서 울고 있는 노파에게 물은즉 죽은 사람은 틀림없이 교신이고 어제 저녁 죽었다는 것이었다.[13]

고명한 수행자이고 정토에 왕생하였다고 믿고 있던 교신조차 사망 직후에 그 유해가 개에게 물어뜯기는 상황이었다. 여기에도 또 우리들은 유체에 대한 놀랄만한 무관심을 읽어 낼 수가 있을 것이다.[14][勝田 03]

그렇다고 할지라도 왜 일본열도에서는 이전에 꽤 장기간에 걸쳐

---

12) 私は播磨国加古郡の沙弥教信である。今日極楽に往生することになっている。あなたもいずれは極楽から迎えがあるであろう。そのことは告げるために、いまここに来たのだ。
13) 粗末な庵の前に死人が横たわっていて、犬が群がり喰っている場面に遭遇した。庵で泣いている老婆に尋ねたところ、このは確かに教信であり、昨夜亡くなったとのことであった。
14) 高名な修行者であり、浄土に往生したと信じられていた教信ですら、死亡直後にその遺骸を犬に食い荒らされるような状況にあった。ここにもまた、私たちは遺体に対する驚くほどの無関心を読み取ることができるであろう。[勝田 03]

이 정도로 죽은 자의 유해나 뼈에 대한 관심이 낮은 시대가 계속되었던 것일까. 이 사실은 「일본인은 뼈를 소중하게 한다」라고 하는 속설에 근본적인 의문의 칼날을 들이대는 것이다. 유체나 뼈를 방치하고 잊어가는 배경에는 그러한 행위를 지지하는 자의 죽음 및 죽은 자에 대한 관념이 존재한 것이 틀림없다.

이 문제에 대해서 어떤 사람은 유해와 뼈에 대한 혐오감의 존재를 지적할지도 모른다. 유체에 상징되는 죽음에 대한 꺼림과 불결의 의식이다. 그러나 뼈를 구슬(玉)로 간주하는 앞의 『만요슈』의 노래에는 유골을 통한 고인에 대한 깊은 애정은 이해되어도 뼈에 대한 기피 의식은 전혀 느낄 수 없다.

우리들은 결론을 서두르는 일 없이 다음 장에서 우선은 일본의 고대에 초점을 맞추어 널리 사료(史料)를 섭렵하면서 유체의 무관심의 배후에 숨은 당시의 죽음 관념을 탐색하여 보도록 하자.

3. 고대인의 생과 사

영육분리(靈肉分離)의 사상

인간을 눈에 보이지 않는 「영(靈, 魂)」과 형태를 가진 「육(肉, 體)이라고 하는 두 가지의 요소로부터 그 존재를 파악하는 것은 시대와 지역을 불문하고 세계각지에 널리 보이는 현상이다.

고대 중국에서는 신체는 껍질이고 혼은 그 껍질 안에 머무는 것이었다. 죽음은 혼과 육체=껍질로부터 벗어나면 재차 돌아갈 수가

없는 상태를 의미하였다[大形 00]. 고대 이집트의 경우, 인간은 「카아(カア)」, 「바아(バア)」라고 하는 두 종류의 영혼과 「세트(セト)」라고 불리는 육체로부터 구성되어 있다고 믿고 있었다. 가아(カア)는 사후에도 미라로 된 유체(遺体)나 묘의 상부구조로서 조상(彫像)에 머물러 신불에게 바치는 공양인 공물(供物)을 계속해서 받고 있는 존재였다[スペンサー 84]. 유럽에서도 인간을 육체와 영혼의 이원론으로 파악하는 것은 고대 그리스 이래의 전통으로 되어 있었다. 이슬람교나 기독교도 또한 같은 인간관을 가지고 있었다[八木 04]. 그리고, 그것은 일본의 고대에서도 예외는 아니었다.

헤이안시대 초기에 편찬된 일본 최고의 설화집인 『니혼료이키(日本靈異記)』에는 작자인 교카이(景戒)[15]가 스스로 체험하였다고 하는 이상한 일이 기록되어 있다.

788(延曆, 17)년 3월 17일 밤의 일이었다. 교카이는 자신이 죽어 그 유체가 화장(火葬)되는 꿈을 꾸었다. 교카이의 「신식(神識, たましひ)」은 유해 옆에 육체가 소실되어 가는 모양을 보고 있었다. 교카이는 거기에 있었던 사람의 귀에 입을 대고 유언을 말하였지만 아무도 눈치 채지 못하였다. 죽은 자의 혼은 소리를 내지 못하기 때문에 자신이 외쳐도 들을 수 없겠지 하고 교카이는 생각했다[下卷 38話].

여기에서는 죽음은 육체로부터 혼이 분리하는 현상으로 파악하고 있다. 육체로부터 빠져나온 영혼은 생전과 변함없이 의식과 기

---

15) 교카이(景戒, 쿄우카이 혹은 케이카이, 생몰 년대 미상)는 나라시대 야쿠시지(藥師寺)의 승려로 일본최초의 불교설화집 『니혼료이키(日本靈異記, 日本国現報善悪靈異記)』의 저자로 알려졌다.

억을 계속 보유(保有)하고 있다. 인간의 개성과 인격은 육체가 아니고 영혼 쪽에 귀속하는 요소였던 것이었을 것이다.

그러한 죽음의 관념은 『니혼료이키(日本靈異記)』에 수록된 몇 개의 소생담(蘇生譚)에 공통적으로 나타나는 현상이다. 중권(中卷) 제25화(話)의 이야기에 의하면 염라대왕의 사자인 저승사자가 접대를 받았기 때문에 본래 데리고 돌아가야 할 여성과는 다른 사람을 지옥으로 데려갔다고 하는 이야기가 있다. 곧바로 염라대왕에게 사람을 잘못 데리고 온 것을 들킨 저승사자는 이번에야말로 본인을 데리고 오라는 엄한 명령을 받고 본래의 여성을 데리고 갔다. 그 후 잘못 데려갔던 여성이 마을에 돌아가 보니 이미 자신의 시체가 화장된 후였다. 그래서 염라대왕의 지시를 받고 그녀는 지옥에 데려간 여성의 몸을 빌려서 재생하게 되었다. 이러한 육체는 변하지 않은 채로 혼이 바뀌게 되는 것에 의해 다른 인격을 가진 인간이 이 세상에 탄생하게 된 것이다. 고대인에게 이러한 사태는 언제 일어나도 이상하지 않은 일이었다.

도현(道賢)의 명토(冥土) 순례

이들 소생담으로부터 육체에서 혼의 분리가 죽음을 의미한다고 생각하였던, 명백하지만 주목해야 할 것은 영혼의 분리가 곧바로 회복 불가능한 죽음을 의미한 것은 아니라고 하는 점이다. 영혼이 분리되면 인간은 가사 상태에 빠지지만 그 후에도 잠시 재생할 가능성이 있다고 믿고 있었다.

『후소랴기(扶桑略記)』에 수록된「도현상인명토기(道賢上人冥土記)」라고 하는 문헌이 있다. 841(天慶 4)년 8월 2일(어떤 텍스트에서는「일일(一日)」이라고 한다), 요시노(吉野)의 긴뿌산(金峰山)에서 수행하고 있던 도현이라고 하는 행자(行者)가 돌연 호흡이 멈춰서 가사(仮死) 상태에 빠졌다. 그는 의식을 잃어버린 사이에 장왕보살(蔵王菩薩)의 긴뿌산 정토(金峰山浄土)나 태상위덕천(太上威徳天, 天神)의 태상천궁(太上天宮), 다이고(醍醐)천황이 공격을 받고 있는 지옥 등을 순견(巡見)한 후, 13일을 지나 소생할 수가 있었다. 그 사이의 일을 기록한 것이 이「도현상인명토기」였다.

여기에서 주목되는 것은「13일」이라고 하는 일수이다. 『니혼료이키(日本霊異記)』의 소생설화(蘇生説話)에서는 재생까지의 기간은 아무리 길어도 9일이다. 다른 문헌을 찾아봐도 가사 기간이 10일을 넘는 것은 거의 없다. 소생 가능한 한계는 거의 10일이라고 생각하고 있었다. 도현과 같은 특별한 수행을 쌓은 행자라 할지라도 겨우 13일이었다.

소생까지의 기간은 말할 것도 없는 것이지만 유해의 상황에 강하게 규정되었다. 유체보존 기술(遺体保存技術)이 발달하지 못한 전근대 사회에서 사체는 기본적으로 자연부패 과정에 맡겨지게 되었다. 처음에는 죽은 자가 숨을 되돌릴 수 있기를 빌던 친족도 팽창하고 변색하여 썩어 문드러져 가는 유체를 눈에 접한 어느 시점에서 소생의 기대를 단념할 수밖에 없었다. 그 단계에서 유체의 보존을 중지하고 화장이나 매장, 묘지의 이송 등이 행하여졌다.

유체의 상황이 재생의 희망을 끊고 있던 벼랑 끝의 한계가 소생

설화의 가사(仮死) 일수에 반영하였다고 생각된 것이다.

불러들이는 혼

혼이 육체를 벗어났을 때, 그 인간은 가사상태에 빠졌다. 그러나 소생에 관한 수많은 에피소드가 나타내는 것처럼 고대에는 어느 시점까지 죽은 자가 숨을 되돌릴 가능성이 있다고 믿고 있었다. 그 때문에 숨을 거둔 인간에 대해서는 시간이 허락하는 한 재생을 바라는 다양한 의식이 행하여졌다. 즉 죽은 자의 영혼을 다시 한 번 육체에 되돌리기 위한 궁리가 시도된 것이다.

고대에 일본열도에서 널리 행하여 진 빈(殯, もがり)도 그 한 단면의 의미는 혼을 불러들여 죽은 자를 재생시키려 한 의례였던 것으로 추측한다[折口 96b].

『위지왜인전(기시와진덴, 魏志倭人伝)』에서의 「왜(倭)」풍속을 기록한 가운데는 빈(殯)의 원초적 형태로 생각되는 풍습에 관한 언급이 있다. 죽은 인물이 나오면 10수일에 걸쳐서 상주는 곡읍(哭泣)을 하고 모인 사람들은 음주 가무를 계속했다고 한다.

『쇼유키(小右記)』1025(万寿 2)년 8월의 기록이다. 기시(嬉子)가 죽으니 아버지인 후지와라 미치나가(藤原道長)는 음양사항성(陰陽師恒盛)과 우위문위유효(右衛門尉惟孝)를 기시의 거주였던 동쪽의 대옥(対屋)에 올라가게 하여 「혼 부름(魂呼)」(다마요비·다마요바이) 의식을 행하게 하였다. 여기에서 말하는 혼 부름이라고 하는 것은 「초혼(招魂)」이라고 하는 작법으로 죽은 후 시간이 얼마 지나지 않은 동안에 죽

은 자의 소생을 기원하며 높은 장소 등에 올라가 그 이름을 부르는 행위이다. 『니혼쇼키(日本書紀)』 인덕기(仁德紀)에서는 동생의 죽음을 슬퍼한 즉위 전의 닌토쿠천황(仁德天皇)[16]이 머리를 풀어서 사체에 걸치고 「내 동생인 황자(わが弟の皇子)」라고 부르는 것에 의해 3일 후에 소생시켰다고 하는 이야기가 수록되어 있다. 고대의 어느 시기까지, 빈(殯)과 함께 초혼의 작법이 널리 행하여졌던 것으로 추측한다. 또 빈도 초혼도 이미 중국에서 행하여지고 있던 의식으로 일본열도를 초월한 전파를 가진 풍습이었다[伊藤清 98].

민속학자들의 조사에 의하여 일본에서도 최근까지 초혼풍습을 행하였던 지역이 있었던 것이 알려졌다. 단지 『쇼유키』의 작자 후지와라 사네스케(藤原実資)가 앞에서 언급한 미치나가(道長)의 초혼을 평가하여 「최근에는 이러한 이야기를 들은 적이 없다」라고 기록한 것이다. 그러나 헤이안시대 중반에는 이것도 이미 잊혀져 간 상황을 엿볼 수가 있다.

동경하여 나오는 혼

고대인에게 육체는 영혼을 넣는 용기였다. 영혼이 육체에서 빠져나오면 인간은 가사 상태에 빠지고 돌아가면 소생한다. 혼은 비교적 용이하게 이탈과 귀환을 반복하는 존재라고 생각하였던 것이다.

---

16) 닌토쿠 텐노(仁德天皇, 257-399)는 일본 제16대 천황으로 고지키(古事記)의 간지 붕년(干支崩年)에 따르면 오진텐노(応神天皇)의 서거가 서력 394년, 닌토쿠 텐노의 서거가 서력 427년으로 되어 그 사이가 재위 재위기간으로 된다.

그러한 영혼이 가지는 특징이기에 그 영혼은 때로는 본인도 모르는 사이에 스르륵하고 신체를 벗어나는 경우가 있었다. 유리혼(遊離魂)의 출현이다.

깊은 상념에 젖어드는 사이에 늪의 반딧불도 나의 몸으로부터 빠져나온 혼처럼 정처 없이 날아다니는 것이 보인다.
『고슈이와카집(後拾遺和歌集)』17)

남자의 내방(来訪)이 끊어진 때, 기센신사(貴船神社)를 방문한 이즈미시키부(和泉式部)가 미타라시가와(御手洗川)에 날아다니는 반딧불을 보고 읊었다고 하는 노래이다. 다른 사람을 계속해서 깊이 생각하는 사이에 마음이 자신도 모르는 사이에 어디론가 사라져 버렸다. 몸에서 빠져나온 영혼은 푸르고 흰 빛을 발하는 반딧불이 되어 정처 없이 늪 위에서 계속해서 날고 있다.

애타는 마음으로부터 생기는 유리혼 현상은 아직 우아하고 아름다운 인상을 우리들에게 주지만 이탈한 혼이 본인의 의사와는 무관하게 타인에게 흉악한 작용을 하는 경우도 있었다. 『겐지모노가타리(源氏物語)』 등에 보이는 생령(살아 있는 영혼)이 그러한 경우이다. 히카루겐지(光源)의 아내인 무라사키노우에(紫上)를 절명(絶命)의 늪에까지 몰고 간 로쿠조 미야스도코로(六条御息所)의 생령은 바로 해를 끼치는 대표적인 유리혼이었다.

미야스도코로(御息所)의 살아 있는 영이 자신도 모르는 사이에 스

---

17) もの思へば 沢の蛍も わが身より あくがれ出づる 魂たまかとぞ見る 『後拾遺和歌集』

스로 「상념에 젖어 있는 사람의 혼을 진정으로 동경한다」며 마음속에 품고 있는 생각을 나타내는 것처럼 영혼이 상념에 젖어있는 사람의 신체로부터 이탈하는 현상은 당시 사람들이 널리 믿고 있던 것이다.

진혼(鎭魂)의 논리

유리혼의 출현은 해당하는 인물에게는 생명과 연결되는 극히 위험한 현상이었다. 그것을 방지하기 위해서는 정기적으로 영혼을 신체에 정착시키기 위한 의식이 행해질 필요가 있었다. 고대의 조정에서 행하여진 죽은 사람의 넋을 달래어 고리 잠들게 하는 진혼(鎭魂, たましずめ) 행사는 바로 그것을 목적으로 한 것으로 본다.

진혼 의식은 신기관(神祇官)이 담당했다. 령(令)의 조문을 해설한 『료기카이(令義解)』는 「진혼」에 관해서 다음과 같은 주를 첨가하고 있다.

> 진(鎭)은 편안하게 한다고 하는 의미다. 사람의 양의 기를 혼이라고 한다. 혼은 끊임없이 움직이는 것이다. 육체로부터 벗어나려고 하는 혼을 불러 모아서 신체의 중추에 안정시킨다. 그러므로 진혼이라고 하는 것이다.[18]

혼의 유리(遊離)는 누구에게나 위험한 현상이었지만 국가를 구현

---

18) 鎭は安んずるという意味である。人の陽の気を魂という。魂は絶えず動くものである。体から離れ出ようとする魂を招き寄せて、身体の中枢に安定させる。ゆえに、鎭魂というのである。

하는 존재인 천황의 유리는 단순한 하나의 문제를 초월하여 국가 전체에 재앙을 가져올 위험성이 있었다. 그 때문에 특히 천황에 관해서는 그 혼을 말끔하게 묶어 매는「진혼」을 시작으로 다양한 의례 장치가 행하여졌다.

유리혼의 방지가 고대에서는 단지 조정 내 문제에 국한되지 않았다. 실제로 민간에서는 혼의 이탈을 방지하기 위해 다양한 풍습이 행하여졌던 것이 알려졌다.

> 상념에 젖은 나머지 빠져나오는 혼이 있어 깊은 밤에 보이는 혼을 묶어 진정시킨다. 『이세모노가타리(伊勢物語)』[19]

여기서 말하는「혼연결(魂結び)」이라고 하는 것은 옷의 소매나 풀·나뭇가지 등을 연결시키는 것에 의해 혼을 신체에 묶어 매려고 하는 행위이다. 고대 일본에서는 다양한 타입의 혼 연결이 행해지고 있었던 것이 알려졌다. 여행을 떠나며 무사귀환을 빌며 가지를 묶는 습관도 그 배경에는 동일한 영혼관이 있는 것으로 추측된다.

혼을 진정시키고 혼을 묶어두는 의식이 조정을 초월하여 그 소재지의 민중들에게도 널리 행하여졌던 배경에는 육체, 즉 혼의 이원적인 인간관과 혼의 이탈에 대한 위기의식이 당시 사람들에게 공통적으로 존재했던 것을 나타낸다.

---

19) 思ひあまり出でにし魂のあるならむ夜深く見えば魂結びせよ『伊勢物語』110段

오리구치 시노부(折口信夫)의 외래혼

서장에서 논한 것처럼 죽음에 의해서 육체의 속박으로부터 벗어나 산에 올라 조상 영혼과 일체화되어가는 영혼의 정화 과정을 논한 것은 야나기타 구니오(柳田国男)였다. 그것에 대하여 동일한 영혼과 육체라고 하는 테마에 도전하면서도 신체와 영혼을 자아내는 더 섬세하고 복잡한 관계성에 강한 집념을 가지고 접근하려고 한 자가 바로 오리구치 시노부였다.

> 우리의 고대인은 근대에서 생각한 것과 같은 영혼(타마시히, たましひ)은 육체 내에 상주하고 있는 것이라고는 생각하지 않았던 것 같다. 적어도 육체는 영혼의 일시적 임시 거주지(가리노 야도, 仮りの宿り)라고 생각하고 있었던 것이 사실이다. 즉 영혼이 있는 장소에서 어느 기간만 임시로 인간의 육체 내에 들어가는 것이라고 생각하고 있다.
> 「원시신앙(原始信仰)」

오리구치(折口)에 의하면 영혼은 본래 육체와 일체화된 것이 아니고 어느 기간만 다가와서는 체내에 들어가는 것 같은 존재였다. 오리구치는 그러한 특질을 가진 혼은 「외래혼(外来魂)」이라고 부른다. 외래혼은 일단 신체에 부착된 것처럼 보여도 쉽게 사람의 육체를 떠나가는 성질을 가지고 있었기 때문에 그것을 어떻게 하여 신체에 붙들어 매어 활성화시키는 가가 중요한 과제로 되어 있다. 그러므로 혼 흔듦과 혼 안정의 작법은 고대인의 신앙의 가장 근원적인 부분을 차지하게 된 것이다.

혼의 위력은 종종 다양하였기 때문에 어느 영혼이 부착하는가에 의해서 숙주(宿主)의 파워는 크게 좌우된다. 가운데서도 최대의 위력을 가진 혼이「천황령(天皇靈)」이었다. 그리고 즉위간(即位間)도 없는 천자가 행하는 니나메(大嘗)야말로 천황령을 몸에 붙여 새로운 천황으로서의 자격을 획득하기 위한 의식이었다. 천황이라고 하는 지위의 영위(靈威)는 이러한 과정을 거쳐 영원하게 계승되는 천황령에 의해서 보장된 것이다.(「니나메사이의 본의(大嘗祭の本義)」)

오리구치(折口)는 인간에 내재하는 영혼 그 자체가 1년의 리사이클로 흥성과 쇠퇴를 반복한다고 하는 주장도 있고, 그것과 새롭게 부착하는 외래혼이 어떠한 관계에 있는 것인가에 대해서는 명확하게 논하여져 있지 않다. 또「천황령」과 니나메사이(大嘗祭)의 해석에 관해서도 사료(史料)에 준해서 상세한 비판이 더하여져 현재에는 오리구치설(折口説)을 그대로 수용하는 연구자는 거의 없다. 그런데도 불구하고 영혼의 생태(生態)에 대한 시적(詩的)이라고도 할 그 직감은 지금 여전히 우리들에게 다양한 힌트와 상상력을 주고 있다.

4. 죽은 자는 어디로 가는 것일까

혼의 중시와 육체 경시

고대 일본에 일관되게 보이는 유체(遺体)나 유골의 경시 배경에는 지금까지 검토하여 온 것과 같이 당시의 사회에 공유되어 있던 독자의 인간관과 죽음의 관념이 있다고 생각된다.

고대인은 인간을 영혼과 육체로 이루어지는 존재라고 생각하고 있었다. 이 두 존재는 쉽게 분리가 가능하고, 영혼이 유리되면 그 인물은 가사상태에 빠진다. 무의식중에 혼이 신체로부터 이탈해가는 것이라고 생각하였다.

영혼 유리를 막기 위해 생전부터 어떤 일마다 혼을 육체에 봉하는 의식을 반복할 필요가 있었다. 일단 호흡이 멈추어도 이탈한 영혼을 재차 체내에 불러들이는 것만 되면 그 인물은 소생한다고 믿고 있었다. 그 때문에 어느 인물이 사망하는 즉시 그 지위나 신분, 소유하는 재산에 응하여 혼을 다시 한 번 유체에 부착시키기 위하여 다양한 시도가 행하여지게 되었다. 그러한 노력을 거쳐 드디어 소생이 불가능하다고 주위의 누구나가 납득한 단계에서 겨우 해당 인물의 죽음이 확정되는 것이다.

인간을 구성하는 두 요소 가운데 인격이나 개성의 형성에 관련되는 것은 육체가 아니고 영혼 쪽이었다. 육체는 영혼을 담는 것이고, 영혼이 분리한 후에는 단지 껍질에 불과 하였다. 따라서 사망이 확정되었을 때, 즉 영혼이 두 번 다시 돌아가지 않는다고 확정된 단계에서 유해는 아무 쓸모없는 존재가 된다. 유족의 관심은 '영혼을 어떻게 정화 하는가'라고 하는 문제에 집중하게 되었다.

유해 쪽은 그것을 매장하거나 화장하여 산골(散骨)하거나가 기본적으로는 어느 쪽이라도 상관없었다.

영혼의 정화

지금 죽음이 확정된 후 사람들의 관심은 오로지 영혼의 정화에 집중되었다고 논하고 있다. 그것은 어떠한 방법을 사용하여 행하였던 것일까.

고대일본에서 죽은 지 얼마 안 되는 망자의 혼은 거친 위력을 가진 무서운 존재라는 관념이 있었다는 것은 이미 지적한 적이 있다. 영혼이 온화하고 무해한 것으로 승화되어 가는 것이 남은 희망이었다. 염(殯, 빈)의 풍습도 그 중심 목적은 소생의 기대가 아니고 죽은 자의 거친 혼을 진정시킨다고 하는 의미가 있었다고 하는 설이다[五来 94].

염(殯)의 무대로 된 빈궁(殯宮)에서는 고인에게 주식(酒食)이 헌상되어 그 영혼을 위로하며 달랠 수 있는 조문의 낭독이나 노래와 춤의 연주가 행하여졌다. 특히 천황 가에서의 빈(殯)은 장기간인 2년 2개월에 걸쳐서 행한 덴무천황(天武天皇)의 빈을 시작으로 7세기까지 천황의 빈(殯)이 1년을 넘는 기간의 상태로 변화하여 있었다. 이러한 왕실 가문의 의식에서는 죽은 자의 소생보다 오히려 영혼의 위안이 빈(殯)의 주안점이 되었을 가능성이 높다.

불교가 일본에 전래하여 사회에 침투하게 되면 영혼의 정화는 점차로 불교의 역할로 바뀌게 되었다. 불교에 의한 장례의식이 발달하여 49일의 법요(法要)를 시작으로 하는 다양한 추선공양의 형태가 행하여지게 되었다.

불교의 보급과 동반하여 생긴 가장 현저한 특징은 화장의 보급이었다. 화장의 보급은 빈(殯)의 극적인 단축화를 가져왔다. 문무천황(文武天皇)의 빈(殯)이 5개월이었던 것에 비해 그의 아내인 겐메이(元明)는 불과 7일에 지나지 않았다. 겐메이천황(元明天皇)은 미리 조(詔)를 내려 자신에게는 화장을 간단하게 하여 아침 안개가 정체되지 않도록 신경을 쓸 것을 지시하고 있다.(『속일본기(続日本紀)』양로(養老) 5년 10월)

물론 화장의 도입이 곧바로 초혼이나 빈(殯)의 전폐(全廃)에 연결되는 일은 없었다. 죽음을 슬퍼하고 어느 시점까지 죽은 자의 소생을 원하는 것은 친한 자 누구나가 안고 있는 시대와 지역을 넘은 감정이다. 그런데도 불구하고 불교 의례의 도입이 사람들의 사생관에 큰 영향을 미친 사실은 부정할 수 없다.

이전에는 천황의 장례의식에는 연 단위의 장기간의 빈(殯)이 집행되었다. 그러나 불교적인 장례의식이 도입되었던 지금, 장례의식은 훨씬 간편하고 획일적인 것으로 변모를 하였다. 신분이나 계층에 의한 장송(葬送) 내용의 질적인 차이는 있지만, 77일의 공양이라고 하는 불교 의례의 기본 개념에는 보편성을 가지고 있어 그 개념을 적용하여 누구나가 규격내의 일수로 영혼의 정화가 완료된다고 믿었다. 소생을 기원하며 단기간의 빈은 형태를 남겨도 거친 혼을 진정시킬 목적으로 행하여 진 장기간의 빈은 점차로 불필요하게 생각된 것이다.

영혼의 행선지

죽음은 몸을 벗어난 영혼이 두 번 다시 같은 육체에 되돌아가지 않는 것을 의미한다. 고대 일본에서는 유리혼(遊離魂)은 종종 반딧불이나 나비에 비유되었다. 울려 퍼지는 두견새의 소리도 영혼의 이동에 비유되고 있다. 「나비의 꿈(胡蝶の夢)」의 고사(故事)나 망제두우(望帝杜宇)의 영혼이 두견새로 되었다고 하는 전승(伝承)에 보이는 것처럼 영혼이 반딧불이나 두견새의 형태를 취한다고 하는 발상은 이미 중국에 존재하였다. 어두운 밤에 청백의 점멸을 반복하면서 공중을 날아다니는 반딧불이나 불규칙한 궤적을 그리면서 가볍게 날아다니는 나비에 고대인은 신체를 이탈한 영혼의 이미지를 연상하고 있었다.

반딧불이나 나비가 되어서 이 세상을 헤매는 죽은 자의 혼은 최종적으로는 어디엔가 안주할 곳을 찾아내는 것일까.

> 토형낭자(土形娘子)를 시라세(泊瀬)의 산에 화장하였을 때, 가키노모토 히토마로아손(柿本朝臣人麻呂)이 만든 가사(歌) 고모리쿠(こもりく)의 시라세의 산과 산 사이에 피어오르는 구름은 아내의 영인지도 모른다.
> 『만요슈(万葉集)』[20]

> 익사한 이즈모 낭자(出雲娘子)를 요시노(吉野)에 화장하였을 때에 가키노모토 아손히토마로(柿本朝臣人麻呂)가 만든 가사로 산이 둥근 이즈모의 아이들은 안개가 되어 요시노의 산봉우리에 떠오른다.
> 『만요슈(万葉集)』[21]

---

20) 土形娘子の泊瀬の山に火葬せられし時に、柿本朝臣人麻呂の作りし歌こもりくの泊瀬の山の山のまにいさよふ雲は妹にかもあらむ『万葉集』
21) 溺死せし出雲娘子の吉野に火葬せられし時に、柿本朝臣人麻呂の作りし歌山のまゆ出雲の児らは霧なれや吉野の山の嶺にたなびく『万葉集』

이것들은 모두다 가키노모토 히토마로(柿本人麻呂)가 화장의 모양을 읊은 노래다. 산이나 피어오르는 화장 연기에서 고인의 그림자를 생각하고 있다. 제2절에서 소개한 만요가(万葉歌)도 하쓰세(初瀨)산에 종종 연기가 죽은 자를 그리고 있었다.

호리 이치로(堀一郞)는 『만요슈(万葉集)』의 반카(挽歌, 죽은 사람을 애도하는 가사로 상여를 메고 갈 때 하는 노래)를 분석하는 가운데 거기에서는 「산에 숨는다」, 「구름 연무를 타고 하늘에 오른다」라고 하는 형태로 「죽은 자의 영혼이 높은 곳에 도착한다고 하는 착상이 현저하다」22)는 것을 지적한다. 다른 한편에서 정토왕생을 원하는 것 같은 문언(文言)이 거의 보이지 않는 것으로부터 이 단계에서는 불교의 사후의 영혼의 행방이나 타계관(他界観)에 관여하지 않았다고 결론지우고 있다[堀 63].

그 가운데서도 장례의식과의 관계가 가장 많이 얽혀져 있는 것이 산이었다. 거기서부터 호리(堀)는 고대인에게 있어서 산이야 말로 영혼이 거처하는 지역이었다는 것을 지적하고 있다.

산과 함께 영혼의 거처지로 빼놓을 수 없는 것이 나무들이다. 『만요슈』에는 수목에 고인을 그리는 수없이 많은 노래를 찾아볼 수가 있다.(이 문제는 제2장에서 상세하게 논한다) 반딧불이나 새가 작은 가지에 휴식을 취하는 것같이 영혼은 산이나 나무의 작은 가지와 같은 주위를 둘러볼 수 있는 장소에서 종종 안식처를 구하는 것으로 생각하였던 것이다.

---

22) 死者の霊魂が高きにつくとした着想がいちじるしい

황천의 소재

고대에서 죽은 자의 영혼이 가는 곳은 산 이외에도 다양한 장소가 상정되어 있었던 것 같다. 연안부에서는 죽은 자는 뭍에서 보이는 땅 끝의 섬이나 곶(岬)에 머문다고 하는 관념이 널리 퍼져 있다. 오키나와(沖繩) 본토에서는 그러한 섬은 「오우노 도(青[おう]の島)」라고 불리고 있다[谷川 03]. 일본열도 각지에 있는 「오우시마(おうしま)」(青島·粟島·大島·雄島 등)도 이전에는 죽은 영이 사는 장소로 생각되었다는 지적이 있다.

『고지키(古事記)』『니혼쇼키(日本書紀)』에 나오는 황천의 나라(黃泉の国)는 요모쓰히라사카(ヨモツヒラサカ)라고 하는 특정의 비탈(坂)을 지난 장소에 있었다. 열도 각지에는 그 외에도 여기저기라고 가리킬 수 있는 구체적인 죽은 자의 거주지가 수많이 존재하였다고 추정된다. 『이즈모노쿠니후도키(出雲国風土記)』에는 우가(宇賀)의 고향에 있다고 하는 「황천의 비탈(黃泉の坂)」, 「황천의 구멍(黃泉の穴)」에 관련된 이야기가 기재되어 있다. 이것은 해안의 둔치에 있는 종횡(縱橫) 각각 육척(六尺) 만한 구멍으로 그 정도의 깊이가 있는가는 아무도 알지 못하고 꿈속에서 이 토굴(窟)주변에 올 일이 있으면 그 사람은 반드시 죽는다고 하는 전언이 있다고 한다.

단지 여기에서 유의해야 할 일은 그러한 다양한 죽은 자의 나라가 그 어느 쪽을 취하여도 인간이 사는 세계와 차원을 달리하는 장소라고는 생각할 수 없었다. 죽은 자의 나라는 기본적으로 산자(生者)가 갈 수 있는 장소에 있고, 죽은 자는 이 현실세계 가운데서 산

자와 공존하고 있었다. 이 세상이 단적으로 말해서 이계(異界)이고 죽은 자의 나라인 것이었다.

유의해야 할 다른 하나는 고대에는 일단 영혼이 어느 장소에 정착하여도 일관하여 거기에 머문다고 하는 감각은 그다지 강하지 않았던 것으로 간주한 것이다. 영혼이 사체와 일체시(一體視)되지 않았던 것, 또 그것이 종종 나비나 반딧불에 비유되었던 것은 앞에서 논한 대로이다. 또 영혼이 나무에 머문다고 하는 관념도 널리 공유되어 있었다[제2장 3절 참조].

『만요슈(万葉集)』에는 죽은 자의 영혼이 왕래하는 것을 읊은 다음과 같은 노래도 보인다.

> 날개 짓하며(鳥翔成) 날아다니는 것은 보이지만 사람은 모르고 소나무는 안다.23)
> 아오하타(青旗)의 고하타(木幡)의 위를 다니는 것은 눈에는 보이지만 쉽게 만나지는 못할지도 모른다.24)

전자는 허공을 나는 아리마황자(有馬皇子)의 영혼을 사람은 모르지만 관계된 소나무만이 알고 있다. 라고 하는 의미의 야마노우에오 오쿠라(山上憶良)의 노래이다. 후자는 고하타(木幡) 위를 덴치(天智)천황의 영이 왕래하는 모양을 황후가 읊은 것이다. 나비가 꽃에서 꽃으로 날아다니고 새가 하늘을 나는 것과 같이 영혼은 이동 가능

---

23) 翼なす(鳥翔成)あり通ひつつ見らめども人こそ知らね松は知るらむ
24) 青旗の木幡の上を通ふとは目には見れどもただに逢はぬかも

한 존재라고 관념되어 있었다. 그러나 거기에는 성불하지 못한 채로 헤매는 영혼이나 현대인이 사령(死靈)에 대하여 마음속에 그리는 것과 같은 부정적인 뉘앙스는 거의 느낄 수 없다. 완전히 정화된 혼은 이전에 생활한 것과 같은 이 세계에서 이전 생활을 함께한 사람들 사이를 오가며 비상(飛翔)하는 것 같은 존재였던 것이다.

미야기현 마쓰시마(宮城縣 松導)의 이오지마(雄島)

유해에 달라붙는 영혼

고대 일본에서는 영혼은 사후에 신체를 벗어나 혼자 걸어 다니며 최종적으로는 이 세상의 어디엔가 있다고 하는 죽은 자의 나라에 정착한다고 생각하고 있었다. 그것이 고대인의 유체나 뼈를 경시하는 사상과 연결되어 있다. 그러면 고대인은 죽은 자의 신체에 대해서 생전의 인격과의 연속성을 볼 수는 전혀 없었던 것일까.

『니혼쇼키(日本書紀)』에 수록되어 있는 유명한 이자나기(イザナギ)의 황천(黃泉, よもつくに) 방문 에피소드에 이 부분이 잘 나타나 있다. 국가 탄생 후에 서거한 처 이자나미에 대한 연모의 마음으로 견딜 수가 없었던 이자나기는 황천을 방문하여 깜깜한 곳에서 그녀와 대면한다. 곧 맞이하러 오지 않았던 것을 책망한 후 자신은 지금부터 쉴테니까 절대 보지 말도록 이라는 말을 남기고 잠에든 이자나미의 말에도 불구하고 몰래 등불을 밝혀버렸다. 눈앞에 나타난 것은 아름다운 아내의 모습이 아니고 형체도 없이 썩은 시체였다.

여기에서는 이자나미의 인격은 사후도 여전히 유해와 일체화하고 있다. 영혼은 죽은 자의 사체의 몸에 머물러 있다. 『니혼료이키(日本靈異記)』에서는 처형된 나가야노 오키미(長屋王)[25]가 유배된 도사(土佐)의 나라에서 역병이 발생하였기 때문에 그「기(気)」를 물리치기 위해 죽은 후의 뼈를 옮겼다는 설화가 수록되어 있다[中卷一話]. 그러나 잔존하는 문자자료 전체를 통해서 말하면 지금까지 본 대로 고대의 경우 죽은 자의 영혼과 신체와의 연결은 대체적으로 희박하다. 예를 들면 앞에서 예를 든 『니혼쇼키(日本書紀)』의 에피소드를 『고지키(古事記)』의 것과 비교하여 읽어보면 매우 흥미 깊은

---

[25] 나가야노 오키미(長屋王, 684-729)는 나라(奈良)시대의 황족으로 공경(公卿)으로 정 2위 좌대신(正二位 左大臣). 황친세력의 거두로서 정치계의 중진이 되었지만 대립하는 후지와라(藤原)의 음모인 나가야노 오키미의 변으로 자해했다.

점이 보인다.

『고지키』에서는 요미노쿠니(黃泉)를 찾은 이자나기에 대해 이자나미는 죽음의 나라로부터 귀환할 수 있도록 요모쓰카미(ヨモツカミ)에게 부탁하여 둔다고 하는 전언을 남기고 모습을 감춘 후에 이자나기가 그 유해를 보았다고 하는 이야기로 되어 있다. 『니혼쇼키』와는 달리 『고지키』에서는 유체와 사후의 인격이 다른 것으로 이해된다.

야마토 타케루를 둘러싼 모노 가타리(物語)에서도 기기(記紀, 고지키, 니혼쇼키)에서는 그 능(陵)은 실제로 유해를 매장한 장소 이외에 영혼이 흰 새가 되어 올라가 날아 내린 지점마다 설정된 것으로 되어 있다. 영혼은 자유자재로 하늘을 날아 다양한 땅에 머물렀다. 거기가 묘와 동등한 무게를 가지는 것으로 위치 지어져 있다. 말을 바꾸면 유해가 있는 묘는 영혼의 휴식처와 같은 정도의 의미밖에 없었다.

5. 고대인의 타계관(他界觀)

일원적(一元的) 세계관

지금까지 살펴본 것에서 밝혀진 것처럼 고대 일본열도에서는 육체보다는 영혼 쪽이 중시되었다. 죽은 자의 영혼은 당초에는 유해 주변에 머물러 있는 것이지만 점차로 그 유해 주변으로부터 멀어져 높은 곳이나 죽은 자의 나라로 이동한다고 생각하고 있었다. 그러나 혼이 이 세계를 벗어나 별세계=타계에 이행한다고 하는 발상은 거의 보이지 않았다. 죽은 자의 혼이 하늘에 오른다고 하는 표현은 있지만 어떠한 장소에 있는가를 구체적으로 설명한 것은 아니다.

이 천의 관념에 관해서는 율령 이전의 천황의 지위를 정당화하는 측면에서 중요한 역할을 하였다고 하는 지적이 있지만 그 경우도 다카마하라(高天原)=신들의 세계의 이미지를 넘는 것은 아니었다[熊谷 02].

불교에서는 현실 세계와는 별도로 객관적으로 실재하는 정토를 긍정하는 사상도 있고, 교리의 차원에서는 일찍부터 일본에 수용되어 있었다. 성덕태자(聖德太子)가 왕생을 바라고 있었다고 하는 극락을 달리 이르는 말인 천수국(天壽國)은 유명하다. 그러나 헤이안 시대 전기까지는 타계정토(他界淨土)의 이미지는 극히 추상적이다. 더욱이 이 세상을 떠나 정토에서의 왕생을 희구하는 강한 소망을 사료에서 찾아내기란 거의 불가능하다. 『니혼료이키(日本靈異記)』나 「도현상인명토기(道賢上人冥土記)」에는 타계정토의 관념이 보이지만 이 세상과 손쉽게 왕환(往還) 가능한 지역으로 묘사되어 있다. 이 땅과 동떨어진 불교적인 타계관과 「염리예토, 흔구정토(厭離穢土, 欣求淨土)」의 사상은 이 시기에는 아직 대중적인 신앙적 기반을 가지게 되지는 않았던 것이다.

그 배경에는 고대인의 세계관의 특징으로서 종종 언급되는 타계관의 미발달과 현실 세상의 긍정 사상이 있었다고 생각된다. 서장에서도 논하였던 것 같이 거기에서는 신이 사는 다카마하라(高天原)도 죽은 자의 나라인 요미노쿠니(황천국, 黃泉国)도 이 세상의 연장으

로 밖에 생각되지 않았다. 다카마하라에서는 수전경작(水田耕作)이나 베틀 짜기가 행하여지는 등, 현세(葦原中国)와 똑같은 관경이 펼쳐져 있고, 게다가 거기는 일상세계로부터 자유롭게 왕복(往復)할 수가 있었다. 요미노쿠니도 또한 요모쓰히라사카(ヨモツヒラサカ)를 통하여 도보로 왕복이 가능한 장소로 묘사되어 있다.

이에나가 사부로(家永三郎)는 이러한 고대의 세계관을 「태고인의 사상에서 다양한 세계는 현실 세계와 공간적 정서적으로도 연속하는 것으로 비춰졌다」라고 총괄한 위에 그 특색을 「긍정적 인생관」과 「연속적 세계관」이라고 하는 두 개의 언어로 표현하고 있다 [家永 40].

회과(悔過)의 사상

불교적인 타계관, 즉 먼 정토의 관념이 현세 「일원적」이라고 할 수 있는 세계관에 영향을 미치지 않고 이 세상에 머무는 영혼이라고 하는 감각이 불교가 이입(移入)되어도 기본적으로 변화하지 않았다. 그렇다고 하면 불교가 고대 일본에 미친 역할이라고 하는 것은 도대체 어떠한 것이었을까.

6세기에 일본에 전래한 불교는 이후 열도 내에 급속하게 보급되었다. 왜 불교가 수용되지 않았던 것인가, 불교에 무엇을 기대할 수 있었던 것인가라고 하는 문제에 관해서는 지금까지 셀 수 없을 정도의 견해가 제시되어 왔다. 본 서적의 테마인 죽은 자의 영혼에 대한 작용이라고 하는 점에서 말하면 고대불교에 기대된 것은 영혼을 다른 세계로 보내는 역할은 아니었다. 그것을 왕생해야 할 타계의 이미지가 구체화되어 사실적으로 사람들에게 공유되는 중세를 기다리지 않으면 안 되었다. 불교가 안고 있었던 것은 이미 논한 것과 같이 오히려 혼의 정화기능이다.

이 점과 관련하여 주목하고 싶은 것은 고대불교에서「멸죄(滅罪)」가 극히 중시되었던 것으로 보이는 것이다[長岡 06]. 고대에 중시된 경전(経典)의 하나로『법화경(法華経)』이 있다. 국분니사(国分尼寺)가「법화멸죄의 사찰(法華滅罪の寺)」이라고 불리고 있었던 것과 같이 이 경전에서 주목된 개소(個所)는 일반적으로 그 중심사상으로 간주되는「제법실상(諸法実相)」도「구원실성(久遠実成)」도 아니었다. 오히려 그것이 가지는 멸죄, 즉 속죄의 기능이었다.

또 일본 고대에서는 약사신앙이 성행하여 다수의 약사여래상(薬師如来像)이 조립되어 있지만 거기에도 멸죄가 키워드로 되어 있다. 약사상(薬師像)은 병을 치유할 목적으로 건립되는 경우도 있었지만 나라시대에는 약사회과(薬師悔過)의 본존으로 사용되어 심신의 청정(清浄)을 가져오는 부처로서 신앙을 가졌다. 약사회과라는 것은 약사불(薬師仏)을 본존(本尊)으로 하여 행하여지는 수법(修法)이고, 과거에 범한 죄를 참회하고 부처의 힘에 의하여 그것을 멸(滅)하는 것에 주안점이 놓여 있다. 이것 이외에 관음보살이나 길상천(吉祥天)으로의 신앙도 나가오카 류사쿠(長岡竜作)가 지적하는 것 같이 심신의 청정실현(清浄実現)에 대한 강한 기대가 내포되어 있다.

멸죄의 사상은 옛날부터 전해오는 영혼중시와 깊이 관련된 것으로 추정된다. 불교 전래 이전에는 죽은 자의 거친 영혼을 진정시켜 온화한 영으로 전화(轉化)시키는 것이 남겨진 연고자의 가장 중요한 과제였다. 그 역할을 담당하는 것이 빈(殯)의 의식이었다. 진혼은 죽은 자에게만 머물지 않고 산 자에게도 소중한 의식이라고 생각되었다.

새롭게 전래된 불교의 멸죄와 청정(清浄)의 논리는 전통적인 거친 사령(死霊)의 정화 작법과 이중 베낌으로 파악하는 것으로 되었다고 추정한다. 헤이안시대 초기의 797(延暦 16)년 5월 끊임없이 그 재앙이 있었다는 소문이 있던 사가라친왕(早良親王, 간무천황[桓武天皇]과 같은 어머니를 가진 동생)의 영을 위로하기 위해 2명의 승려가 묘가 있었던 아와지(淡路)에 파견되어 「전독회과(転読悔過)」를 실시하고 있다[『일본기략(日本紀略)』]. 불교는 생전 사후를 묻지 않는 종래의 빈(殯) 보다도 훨씬 유효하고 신속하게 영혼 정화의 작법(作法)으로 파악된 것이다.

생전부터 불교의 힘에 의하여 죄를 털어버리고 사후에는 정화를 마친 혼이 다른 신체를 얻어서 부활한다는 것이다. 일본에 널리 수용되었던 다른 하나의 불교 교리로 윤회전생설과 7대의 부모의 관념이 있었던 것이 지적되어 있다[石田― 74]. 이 사상도 고대인이 이미지하고 있던 환생=영혼의 재생 이념에 적합하여 그것을 지지하는 이념으로서 수용되어 있던 것이라고 생각했던 것이다.

조몬인(縄文人)의 묘지

현세와 다른 세계가 중복되어 죽은 자와 산자가 공존하는 고대의 현세 「일원적(一元的)」 세계관이 그 후 어떠한 운명을 맞이하게 되는 가에 관해서는 나중에 상세하게 검토하기로 하고 우선 여기에서는 죽은 자의 생령이 산자와 현세에서 공존한다고 하는 인식의 시점 쪽을 보기로 한다.

이 문제는 자료적인 제약이 있어 지금까지 거의 언급되는 일이 없었다고 본다. 그러나 최근 장례의식을 둘러싼 고고학적 접근이 진전하는 가운데 흥미진진한 다양한 견해가 제시되었다. 그러한 가운데 내가 주목하고 있는 것이 조몬집락(繩文集落)에서 주거지로부터 묘지의 분리라고 하는 현상이다[松本直 05].

조몬시대(繩文時代)의 주거가 광장을 둘러싼 고리와 같은 둥근 모양인 환상집락(環狀集落)의 형태를 이루고 있었던 것은 이미 고고학의 성과로서 명확하게 되어 있다. 그 광장의 중심을 이루고 있었던 것은 묘지였다. 중앙에 죽은 자를 장사 지내는 묘역을 가지고, 그것을 산자의 주거지가 둘러싼다고 하는 구조가 조몬집락의 기본 형태를 형성하고 있다.

여전히 고리와 같은 둥근 모양인 환상 집락의 중심으로부터 석기나 토기와 함께 대량의 짐승의 뼈나 조개껍질이 출토되는 경우가 있다고 한다. 조개껍질이나 짐승의 뼈와 인간의 뼈가 함께 출현하는 경우도 있다. 그 때문에 최근에는 패총을 단순한 쓰레기 장소로 보는 입장은 점차로 수정되게 되었다. 「패총은 모두 생명을 잃은 것 - 현세의 생활로부터 벗어난 것이 존재하는 장소로서 간주된 것이 아닌가」[西村 65]라고 하는 지적이 나온 연유이다.

긴 기간에 걸쳐서 집락의 중심을 이루고 있었던 묘지였지만 조몬시대도 후기에 들어갔을 무렵부터 그 존재에 변화가 생기기 시작한다. 묘지가 집락을 뛰쳐나와 일상의 주거로부터 독립한 장소에 형성되게 되었다.

이 현상을 어떻게 해석할 것인가에 관해서는 고고학자들 사이에서도 아직까지 다양한 의견이 있다. 그러한 가운데 누구나가 인정하는 것은 이것이 산자의 세계와 죽은 자의 세계를 명확하게 선을 긋는 것이라고 하는 점일 것이다. 조몬의 세계에 일어난 이 현상을 우리들과 같이 해석하면 좋은 것일까.

죽음의 발견

우리들 인간은 누구나가 친한 자의 죽음을 애도하는 마음을 공유하고 있다. 그러나 그것은 모든 동물에 해당되는 것은 아니었다. 가까운 자의 죽음을 슬퍼하는 것은 인류 고유의 행동이고 유인원(類人猿) 등의 일부 동물에서 그것과 비슷한 행동이 보이는 것에 불과하다. 장송의례를 행하고 묘를 만든다고 하는 것은 완전히 인류의 특권적인 문화였다.

죽음을 슬퍼한다고 하는 감정이 인간 특유의 것이라고 하면 그것은 진화 과정의 어느 단계에서 발생하게 된 것일까. 사람들이 죽음이라고 하는 개념을 사회적으로 공유하게 된 것은 언제의 것이었을까.

이라크 동굴에서 구인류(旧人類)에 속하는 네안데르탈인이 죽은 자에게 꽃을 바쳤던 증거가 발견되어 큰 화제 거리가 된 적이 있다.

그러나 멸절한 구인류의 생활상을 전체적으로 명확하게 하는 데는 자료적인 제약이 너무 커서 불가능하다고 생각되고 있다.

죽음의 관념이나 장송(葬送) 방법을 어느 정도 체계적으로 파악할 수가 있게 되는 것은 현 인류의 직접 조상인 신인류의 시대부터이다. 신석기시대의 크로마뇽인이 죽음을 개념화하여 장송의례를 집행하였던 것은 이미 선인(先人)에 의해서 밝혀져 있다. 같은 신석기시대에 속하는 조몬인 또한 죽음을 의식하게 된 것은 집락 내에 묘를 구축한다고 하는 행위로부터 보아 의문의 여지가 없다.

인류의 죽음을 발견하였다고 하여도 거기서부터 아직 다양한 단계가 있었다. 죽음에 대한 최초의 반응은 그때까지 생활을 같이하고 몸의 따스한 체온을 서로 느끼고 있던 반려자가 활동을 멈추고 갑자기 차갑게 되어 버리는 것에 의한 상실감일 것이다. 그것은 처음은 개인적인 감정이었지만 드디어 그 죽음이 자신에게도 미치고, 나아가서는 주위의 누구나가 죽음이라고 하는 운명을 결코 피해갈 수 없는 것이라는 것을 자각하여 죽음이 일반개념으로서 사회에 공유되는 단계에 도달한다.

죽은 자의 사체는 결국 부패하여버리기 때문에 방치하면 사회생활에 지장을 가져오게 되는 것이다. 그 때문에 사람들이 집단으로 정주(定住)생활을 영위하게 되면 사체를 공동으로 처리할 필요가 생긴다. 그 반복 가운데에서 장송의례가 형성되게 되는 것이다.

죽은 자 세계의 분리

죽음의 개념을 공유하기에 이른 사람들이 다음에 안고 있는 의문은 죽은 자는 도대체 어디에 가버린 것일까 하는 물음이었다.

바로 어제까지 다른 사람들과 같이 활동하고 있던 인간이 오늘은 차가운 시체가 되어 가로 누워 있다. 그러한 모양을 보면 단순한 물체로 변한 이 사체를 벗어나 고인이 어딘가 다른 장소에 옮겨가 버렸다고 생각하게 되는 것은 당연할 것이다. 죽은 자가 단지 부패 끝에 소멸하여 버리는 것이 아니고 다른 세계로 이동하는 것뿐이라고 하는 견해는 남은 자에게는 마음의 위로가 되는 것이었다. 그것은 자신의 미래에 대한 마음의 평온을 가져오는 것이기도 하였다.

살아 있는 자가 집단을 형성하여 사회생활을 영위하고 있는 것이라면 죽은 자도 그들 나름대로의 공동체를 가지고 있음에 틀림없다. 인간사회에 왕이 존재하는 것과 같이 나라에도 왕이 없으면 질서를 유지할 수가 없을 터이다. 왕의 지배를 돕는 보좌관도 필요할 것이다. 그 국토는 어떠한 경관(景觀)을 가지고 있는 것일까. 이렇게 하여 긴 기간에 걸쳐서 세계 각지에서 명계(冥界)의 이미지가 형성되어 팽창하여 가는 것이다.

사후 세계의 발견은 죽음의 개념형성에 이어 인류문화의 중요한 전환점으로 되었다. 산자의 나라=현세와는 다른 하나의 세계의 발견은 이 세상을 상대화하는 시점의 형성에 연결되는 것이었다. 일상의 공간을 초월한 다른 하나의 세계의 탐구가 여기에서 시작된다. 초월적 존재=신이 성장하여 신화가 형성되어서 종교가 탄생하는 것이다.

조몬시대 중기에 광범위하게 보이는 묘지의 이동이라고 하는 현상도 이러한 흐름으로 위치지어서 생각할 수는 없는 것일까.

어느 단계까지 조몬인에게 있어서 죽은 자는 활동을 그만둔 동료에 불과하였을까. 죽은 자의 신체와는 별개로 사후에도 계속되는 인격이 유지될 것이라는 가정은 없었다. 젊은이가 입문의례를 거쳐 공동체의 일원이 되는 것과 같이 죽은 자도 성인의 공동체를 이탈하는 의식인 장례의식을 마치고 이전에 생활하고 있던 곳과 같은 공간 내에 매장되었다. 산자와 죽은 자는 동일한 공간과 세계관을 공유하게 되었다.

묘지가 집락으로부터 떨어져 가는 현상은 산자의 세계와는 이질적인 죽은 자만의 세계가 존재한다는 것을 사람들이 널리 인식하기에 이른 것을 의미하는 것이다. 죽은 자는 산자의 생활공간과는 별도의 공간을 보유하고 거기서 자율적인 생활을 영위하는 것이다. 묘지에서는 거기서 생활하는 죽은 자들의 안온(安穩)을 기원한 정기적인 제사가 행하여지게 되었다.

단지 조몬시대에 발견되는 죽은 자의 공간은 이 현실세계 외부에 상정(想定)된 것이 아니었다는 것을 유의할 필요가 있다. 죽은 자의 세계의 발견은 중세에 보이는 것과 같은 피안(彼岸)과 차안(此岸)의 분리가 아니고 차안세계(此岸世界) 내부에서의 산자의 세계와 죽은 자의 세계의 분절화(分節化)였다. 즉 황천(黃泉, 요미노쿠니)이라는 나라의 발견이었다. 산자와 죽은 자는 일정한 거리를 유지하면서도 여전히 이 세계 내부에서 공존을 계속하는 존재였던 것이다.

이 단계에까지 도달하면 육체가 없어져도 여전히 계속되는 존재, 즉 영혼의 발견까지는 이제 일보직전이었다. 이미 인식되어 있는 것이 더 명료하게 자각된 것뿐일지도 모른다. 고대 일본에 일반화된 육체와 영혼의 이원적인 인간관의 시점 혹은 전환점의 하나는 조몬시대 중기에 일어난 산자와 죽은 자 각각의 세계의 분리에 있었던 것이 아니었을까.

제2장 신이 되는 죽은 자

1. 거대 분묘 시대

야마노베(山野辺)의 길

오래간만에 야마노베의 길을 걸어가려고 생각하고 긴테쓰(近鉄) 덴리역(天理駅) 옆에서 내린 것은 온화하고 맑게 갠 12월의 어느 날이었다. 천리교 본부로 이어지는 중대로(中大路)의 상점가를 빠져나와 교회본부의 거대한 목조건축을 왼쪽으로 하면서 나아가 이시노가미 진구(石上神宮)로부터 야마노베의 길로 들어갔다. 여기서부터 사쿠라이(桜井)까지 반나절에 걸쳐서 걸어가는 것이 오늘의 일정이다.

야마노의 도로 주변에는 다양한 시대의 유적이 층을 이루면서 겹쳐져 있다. 고대로부터 이어지는 신사가 있다. 헤이안시대의 사원 흔적(寺院跡)이 남아 있다. 중세의 환호집락(環濠集落)이나 소우바카(惣墓)가 있다. 그러나 뭐니 뭐니 해도 이 길의 주역은 거대한 고분군이다. 덴리역에서 걸어가서 마주치는 맨 처음의 대규모의 전방후

원분(前方後円墳)은 풍부한 물을 끌어들여 가둔 수호(水濠)에 둘러싸인 「숭신천황릉(崇神天皇陵)」이다. 그 앞에는 「경행천황릉(景行天皇陵)」이 있다. 이것들 이외에도 길을 따라 셀 수 없을 정도의 분구(墳丘)가 점재하고 있다.

「경행천황릉」 앞에서 국도169호선을 나와 야마노베의 도로로부터 분리되어 오늘의 주요 목적지인 하시바카(箸墓)를 향하였다. JR 사쿠라이 센(桜井線)의 철로 위를 건너질러 가설한 육교(과선교, 跨線橋)를 넘어 최초의 신호에서 왼쪽으로 돌면 오른쪽에 넓은 늪지가 나타난다. 늪의 저쪽에는 미와잔(三輪山)을 배경으로 하여 나무가 우거진 기복(起伏)이 이어지고 있다. 하시바카의 분구다. 도로를 따라서 이어지는 늪을 둘러싼 제방(土手) 위에서는 동서로 이어지는 하시바카의 전모를 볼 수 있다. 그대로 길을 직진하여 권향(巻向)으로 이어지는 구도(旧道, 古代의 上ツ道)의 맞은편에서 오른쪽으로 돌면 곧 하시바카가 나온다.

사쿠라이시 하시나카(桜井市箸中)에 위치하는 하시바카는 전체 길이 280m 직경이 155m의 규모를 가진 일본에서 가장 오래된 대형 전방후엔분(大型前方後円墳)이다. 그 조영(造営)은 3세기로 거슬러 올라가는 것으로 추정한다. 야마다이코쿠(邪馬台国)의 여왕 히미코(卑弥呼)의 묘라고 하는 설도 있지만 실재 피장자(被葬者)는 누군지 모른다.

길은 동서방향 횡으로 고분의 동쪽에 후원부(後円部)의 두정부분(頭頂部分)을 스치는 것처럼 이어지고 있다. 고분을 지나 오른쪽으로 들어가면 분구(墳丘)를 따라서 포장도로가 나타난다. 이 길을 따라 걸어가면 고분의 거대함을 실감할 수 있다.

  오늘은 사람도 차도 보이지 않는다. 고분을 뒤덮는 상록 활엽수림(照葉樹)의 수풀로부터는 작은 새가 지저귀는 소리만이 들려온다. 고분을 반쯤 돌아 전방부(前方部) 앞에는 분구로 향하여 도리이(鳥居)를 동반한 요배소(遙拜所)가 설치되어 있다.

  이 고분의 동쪽에는 예부터 전해 내려오는 신앙의 산인 미와잔(三輪山)이 단정한 모습을 보이고 있다. 요배소로부터 후엔부(後円部)를 참배하니 미와잔은 그 앞에 위치하고 있었다. 그러한 위치관계가 암시하는 것과 같이 이 하시바카에는 그 창건을 둘러싼 하나의 오래된 전설이 남아 있다.

하시바카와 미와잔(三輪山)

하시바카(箸墓)의 전설

『니혼쇼키(日本書紀)』에 의하면 하시바카에 안치되어 있다는 인물은 야마토 도토비 모모소히메노 미코토(倭迹迹日百襲姬命, ヤマトトトビモモソヒメノミコト)이다. 『니혼쇼키』에는 이 묘의 유래에 관한 설화가 수록되어 있다.

- 야마토 도토비 모모소히메노 미코토(ヤマトトトビモモソヒメノミコト)의 근처에 그녀를 처로 하여 미와잔(三輪山)의 신인 오오모노 누시노카미(オオモノヌシノカミ)가 다니게 되었다. 그런데 오오모노 누시노카미가 모습을 보이는 것은 밤에만 한정되어 있다. 그것을 불만스럽게 생각했던 야마토 도토비 모모소히메노 미코토가 당신의 예쁜 모습을 꼭 뵙고 싶으니 내일 아침 날이 밝을 때까지 머물러 주기를 바란다고 간청했다.

오오모노 누시(オオモノヌシ)는 그 소원을 가장 합당한 것이라고 인식하고 다음날 아침 야마토 도토비메(ヤマトトトビメ)의 빗통(櫛箱)에 들어가 있는 것을 봐도 놀라지 말아달라고 하였다. 이 말을 의심스럽게 생각하면서도 그녀(彼女)가 날이 밝아질 때까지 기다리다 빗통을 열어보니 거기에는 작게 생긴 예쁜 뱀이 들어 있었다. 놀라서 고함을 지르는 아내에게 사람의 모습을 한 신은 「자네는 나를 부끄럽게 하였다. 이번에는 자네를 부끄럽게 하기로 하자(おまえは私に恥をかかせた。今度はおまえに恥をかかせよう)」라는 말을 남기고 미와잔으로 날아갔다. 자신의 언행을 후회하며 비탄에 빠진 야마토토토비(ヤマトトトビ)는 음부를 젓가락으로 찔러 죽었다. 그 때문에 그녀가 묻힌 묘를 하시바카라고 부르게 되었다.

『니혼쇼키(日本書紀)』에 의하면 이 묘는 「낮에는 사람이 만들고 밤에는 신이 만들었다(日中は人が作り、夜は神が作った)」고 하였다. 묘의 조영(造營)에 즈음하여 나라분지(奈良盆地)를 사이에 두고 대치하는 오사카야마(大坂山, 二上山 근처의 산)의 돌을 옮겼는데, 그 때 산에서 묘까지 사람이 줄지어서 손으로 돌을 날랐다고 하는 것 등 당시 묘역 조성에 관한 사항이 기록되어 있다. 이 전설을 밑받침이라도 하는 것처럼 분구(墳丘)로에서 오사카야마로부터 옮겨진 것으로 추정되는 대량의 즙석(葺石, 고분의 봉분 위에 깔아 놓은 돌)이 발견되고 있다. 이러한 기술로부터 알 수 있는 바와 같이 이 하시바카는 미와잔(三輪山)의 신과 관련된 중요한 전설을 내포하고 있다. 그 규모로부터도 중요인물이 매장된 창건 당시는 매우 중요한 의미를 가진 분묘였던 것으로 추정한다. 그러나 나라시대 이후 다른 「천황릉(天皇陵)」이 새롭게 부각되는 가운데 이 묘만은 거기에서부터 제외되어 간다. 그리고 오랜 기간 국가로부터 그 존재가 잊혀지고 방치되어 버리는 것이다.

왜 고분을 만드는 것일까

그렇다고 하더라도 왜 당시의 지배자들은 고분 조영에 상상을 초월하는 막대한 노력의 투입을 아끼지 않았던 것일까.

거대한 전방후엔분(前方後円墳)이 축조된 5세기경 일반 서민이 어떠한 장례의식(葬送儀礼)을 행하였던 것인가를 알 수 있는 방법은 거의 없다. 그러나 고지키, 니혼쇼키(記紀)에서 황천의 나라 묘사나 『만요슈(万葉集)』의 반카(挽歌)에서 보이는 장례의식의 상황을 참조하면 일단 의례를 마친 유해를 동굴이나 들에 유기하는 거의 풍장에 가까운 방법이 취해진 것이 많았다고 추측한다. 매장될 경우가 있었다고 하여도 극히 간소한 형식이었을 것이다. 이미 보아온 것처럼 조몬시대에서 나라시대에 걸쳐서 신체(身體)에서 분리된 영혼의 관념이 점차로 발달하여 죽은 자의 나라라는 이미지가 구체화되어 가는 가운데, 장례의식이 끝난 유해 그 자체에 대한 관심은 영혼에 비례하여 오히려 약해질 가능성이 강하다.

그러한 가운데 모든 인적·사회적 자원을 투입한 죽은 자의 거주지인 고분이 축조되어가는 배경에는 당시의 일반서민과는 전혀 이질적인 죽은 자나 죽음에 대한 관념이 내포되어 있을 가능성이 있다. 만약 그렇다면 그것은 도대체 어떠한 것이었던 것일까. 그 관념의 존속을 허락하는 사회적·역사적인 요인은 무엇이었던 것일까.

또 거대한 분묘는 일본열도에서의 인격신의 관념의 형성·성숙과 어떠한 형태의 관계성을 가지고 있는 것으로 추측된다. 그것은 지금까지 각 방면에서 논의가 전개되어 온 죽은 자가 신이 된다고 하는 야스쿠니신사(靖国神社)에까지 연결되는 테마와도 밀접 불가분의 관계가 있는 것이 틀림없다.

본장에서는 이러한 다양한 문제를 시야에 두면서 고분조영(古墳造營)의 배후에 있는 죽음의 관념에 접근하여 보고 싶다.

2. 고분의 사상

고분의례(古墳儀礼)를 둘러싼 다양한 견해

이 문제를 검토하여 종래 이것에 관하여 어떠한 견해가 제시되어 왔는가를 개관하여 두고 싶다.

고분에서는 고분 의례를 전제로 하여 어떠한 형태의 제사가 행하여졌는지 그 형적(形跡)을 찾아낼 수가 있다. 곤도 요시로(近藤義郎)는 이것을 고분에 매장된 전수장(前首長)의 영혼을 다음의 수장에게 계승시키는 「수장령계승의례(首長霊継承儀礼)」라고 해석했다[近藤 83].

이러한 설을 전제로 하여 야요이시대(弥生時代) 고분제사의 개시는 그때까지 행하여 온 신들에 대한 수장주최(首長主催)의 제사가 변화하여 그 제사대상이 수장자신(首長自身)으로 이행한 것을 의미하는 것으로 해석하는 곤도(近藤)의 독자적인 이해가 있다. 고분의 분구(墳丘)에는 매장된 수장의 영혼이 깃들어 있는 것으로 그 행적을 이어받아 새로 취임한 수장은 고분제사를 통하여 전수장(前首長)의 영위(霊威)를 몸에 붙이는 것에 의해서 비로소 장으로서의 자격을 얻을 수가 있다고 하는 것이다. 오리구치 시노부(折口信夫)가 말하는 천황령의 계승 의례로서의 니나메사이(大嘗祭)를 상기시키는 이 학설은 고고학 분야에서는 오랫동안 유력한 위치를 차지하여 왔다.

이것에 대하여 히로세 가즈오(広瀬和雄)는 대대의 수장(首長)에 의해서 이어지는 영혼이라고 한 관념은 고분시대(古墳時代)에는 존재하지 않았음을 강조한다. 사후에 영위되는 각종 의례를 통하여 수

장은 처음으로 가미(カミ, 神)로서 재생이 가능하게 되는 것이다[広瀬 02].

히로세(広瀬)에 의하면 수장이 가미(カミ, 神)로 변신하는 계기는 외부적 존재로서의 가미가 다가와서 사체에 부착하는 것이었다. 이러한 관념이 공유되는 배경에는 「외래신(外来神)에 의해 신으로서의 불로장생을 약속한 죽은 수장은 한 차례 비대화한 후엔부(後円部) 안에 앉아서 공동체의 재생산을 계속해서 생각한다고 하는 공동환상(共同幻想)이 널리 일반화되어 있었던」 것이 있었다. 이러한 고분시대의 공동체의 질서유지와 재생산은 새롭게 취임한 수장과 신으로 화한 전수장(前首長)에 의한 〈생과 사의 이중권력〉에 의해서 보장되게 된 것이다. 곤도(近藤)설이 오리구치(折口)의 「천황령(天皇霊)」을 상기시키는 것이라고 하면 이것은 오리구치의 「외래혼(外来魂)」설을 방불케 하는 내용이라고 말할 수 있다.

이상의 두 가지 설이 매장된 수장을 신으로 제사지내기 위한 종교의례로서 고분제사를 보고 있었던 것에 대해 그 본질을 세속적인 의례로 파악하려고 하는 견해도 있다. 예를 들면 오쿠보 테쓰야(大久保徹也)는 매장제사(埋葬祭祀)를 당시의 「사회관계를 상징적으로 재현하는 행위」라고 규정한다[大久保 02]. 고분축조와 매장의례가 공동체 내 혹은 공동체 간의 권력구조나 지배·종속관계를 사람들에게 재인식시켜 그것을 정당화하여 가는 역할을 담당하는 점을 중시하는 것이다. 권력자가 생전에 스스로를 위하여 조성한 천공(天空)에 솟아있는 분구(墳丘)는 권력의 상징으로밖에 되지 않았다.

고분에 거주하는 영혼

고분제사(古墳祭祀)에 관해서는 지금도 여전히 다양한 설이 병존하는 상황이 이어지고 있다. 고분에 관한 제사의례가 행하여진 것을 생각하면 거기에는 어떤 형태의 영적 존재가 깃들어 있다고 하는 관념이 배경에 존재하고 있다는 것은 부정할 수 없다. 문제는 그 「영적존재」의 실태이고 그것을 숭배하는 의례가 제사 전체 가운데서 사회 전반에서 어떠한 위치를 차지하고 있었는가라는 점이 있지만 후자에 관해서는 나중에 새롭게 생각하기로 하자. 지금 여기에서 검토하고 싶은 것은 고분제사를 행하고 있던 사람들이 공유하고 있던 영적존재의 관념이라는 것은 도대체 무엇이었던 것인가라는 문제다.

고분의 후엔부(後円部)에는 수장(首長)의 유해가 매장되어 있었다. 거기서부터 평범하게 생각하면 제사를 지내야 할 대상은 유해와 일체화한 수장의 영혼이라고 하는 것일 것이다. 단지 여기에서 문제가 되는 것은 유해와 죽은 자의 인격을 곧바로 일체화하는 소박한 관념은 영혼과 육체의 분리가 진행된 단계에서는 이미 그대로의 형태로서는 통용되지 않게 되었다.

앞 장(章)에서 본 것처럼 죽음은 영혼의 분리를 의미하였다. 한 차례 육체를 벗어난 혼은 인간의 노력에 의해 한 장소에 정착시키는 것이 가능하게 되도록 하는 유형의 것은 아니었다. 얼마나 거대한 분묘(墳墓)를 조영(造營)하여도 「부유(浮遊)하는 영혼」이라고 하는 관념이 탁월한 사회에서는 거기에 혼을 정주(定住)시키는 것은 용이하지는 않았을 터이다.

이러한 관념으로부터 새롭게 고분을 검토하면 거기에는 영을 머물게 하기 위한 다양한 장치가 되어 있는 것처럼 보인다.

우선 주목되는 것은 후엔부(後円部)에 높은 분구(墳丘)를 조영하여 죽은 자를 그 정상부분(頂上部分)에 매납(埋納)하는 것이다. 고대중국의 분묘에서는 통상 사체는 지하에 매장되었다. 지상의 시설은 기본적으로는 지하의 죽은 자를 모시기 위하여 건립된 것이었다. 그것에 대하여 공중으로 높이 쌓아올린 분구의 상부에 만들어 진 것은 중국적인 타계 관념과는 분명하게 이질적인 것이 고분조영의 배후에 존재한다는 것을 엿볼 수 있다[白石 06].

다른 하나의 중요한 점은 전기의 고분에서 일반적인 수혈식 석실(竪穴式石室)의 문제다. 후엔부(後円部)의 정상에 구멍을 뚫어 돌을 쌓아올려 석실을 만들어 목관에 들어있는 유해를 수납한 후에 위에서 돌 덮개를 덮고 점토로 밀폐한 후 그 위에 흙으로 덮는다고 하는 공법이 취하여졌다. 이것은 사체를 외부로부터 완전히 차단하고 흙 안에 밀폐한다고 하는 것을 의미한다.

또 목관 주위에는 동 거울이 진열되는 경우가 많았는데 그 동 거울의 면(鏡面)이 중앙의 사체 방향으로 향하여져 있던 것이 있었다고 하는 사실은 주목할 만하다. 시라이시 다이치로(白石太一郎)가 지적하는 것과 같이 이것은 외부로부터 악령이 침입하는 것을 막는 것보다는 죽은 자의 영혼을 봉한다는 의미를 가진 것으로 추정한다.

영혼을 봉하는 시스템

일본열도에 사는 옛날 사람들이 죽은 자가 머무는 장소로서 이 국토가운데의 특정 지점을 상정하고 있었던 것은 이미 논한 대로이다. 산은 그 대표적인 것이었다. 하늘로 향하여 우뚝 서있는 분구(墳丘, 무덤 봉우리)는 인공적으로 만들어진 산 이외의 아무것도 아니다. 이것들을 생각하면 고분을 조영(造營)한 사람들은 평야에 산을 조성하는 것에 의해 영혼이 머무는 장소를 인위적으로 만들려고 하였다고 생각하는 것은 불가능한 것일까. 더욱이 그 정상부(頂上部)에는 흡사 영혼이 빠져나가는 것을 방지하는 것 같이 몇 겹으로 밀폐된 묘실(墓室)이 만들어졌던 것이다.

고분의 분구 부분에 영혼이 머물기를 바랐던 당시 사람들에게 어떠한 것으로 인식되었던 것인가에 관해서는 자료적인 제약도 있어 섣불리 결론을 내는 것은 불가능하다. 그것은 같은 부족들을 지키는 수호신으로 인식되었던 것이었을까. 혹은 빠져나가 해를 입히는 것이 두렵고 염려가 되는 악령으로서 파악한 것일까. 아마 전자(前者)의 성격이 강하였다고 추측되지만 단언 할 수는 없다. 또 분구의 축조 목적의 하나가 영혼의 밀봉에 있었다고 하여도 그것만이 고분조영의 모든 이유라고 생각할 필요는 없을 것이다.

이러한 유의점을 답습하여도 여전히 고분에 수납된 유해가 사후의 인격과 곧바로 일체화되어 파악되지 않았을 것으로 생각되는 것은 충분하게 유의할 필요가 있다. 고분의 조영주체(造營主體)가 거기에 유해를 안치하는 것만으로 만족하지 않고 그것과는 별개로 영혼을 머물게 하는 장치를 만들지 않으면 안 되었던 이유도 바로 거기에 있었다.

그러나 이러한 다양한 장치와 궁리에도 불구하고 조영자(造營者)가 분묘에 오랫동안 영혼을 묶어 매어두는 것을 실제로 성공하였느냐고 하면 그것에는 회의적인 견해를 취할 수밖에 없다. 고분에서의 제사는 창건 당초에는 행하여졌지만 이후에는 계속해서 실시되지는 않았다. 고분에 영혼이 영주하고 있다고 생각했다면 이러한 사태는 일어나지도 않는다.

대륙의 분묘와의 차이

이 문제와 관련하여 고분의 부장품을 둘러싼 중국과 일본과의 차이점에 관한 지적은 주목할 만하다.

중국 제왕(帝王)의 분묘는 기본적으로는 생전의 생활이 그대로 유지되는 것을 전제로 설계되어 있었다. 넓은 공간을 가진 석실내부에는 보통생활에 사용하는 일용품의 축소물(ミニチュア, 明器)이 대량으로 수장되어 있고 보좌관이나 병사의 소상(塑像, 泥像)이 진열되었다. 거기에는 왕의 생활상이 그대로 죽은 자의 세계에 투영되어 있다.

그것에 비해 일본 고분의 경우는 모습을 조금 달리하고 있다. 거기에는 부장품의 중심은 거울 등의 제사용품(祭祀用品)이나 무기였고 생활과 관련되는 것은 거의 보이지 않는다. 거기서부터 죽은 자가 묘실(墓室)의 내부에서 생활을 계속한다고 하는 관념을 해독할 수는 없다. 영혼을 머물게 하는 궁리가 행하여져 있다고 하여도 실제로는 거기에 죽은 자가 영주(永住)한다고 하는 감각은 약했다고 판단할 수밖에 없다. 역으로 고분 내의 장식벽화(裝飾壁画)에는 영혼의 이동을 나타내는 말이나 배의 모티브를 종종 눈에 접할 수가 있다.

고분시대의 일본열도에서는 죽은 자의 인격이 사체와 일체적(一体的)으로 파악되지 않은 것만은 아니었다. 애당초 고분내부에 죽은 자가 정주(定住)한다고 하는 관념 그 자체가 희박하였다고 추정한다. 제3절에서 논하는 것과 같이 영이 고분에 상주한다고 하는 관념과 정기적인 고분제사는 조영(造營) 당초로부터 존재한 것은 아니었다. 대규모 고분조영이 마무리 단계를 맞이한 7세기말에 정치적인 의도에 근거하여 창작된 이데올로기 장치밖에 되지 않는 것이다.

또 일본열도에서는 지토천황(持統天皇)을 시작으로 하여 8세기 이후 점차로 천황의 장례에 화장을 도입하게 되어간다. 이 단계가 되면 사후도 그 육체를 존중하여 제왕(帝王)의 장례의식에 결코 화장을 도입하지 않았던 중국과의 차이는 더욱 결정적인 것이 된다. 제왕의 유체에 대한 분묘의 매장에서 화장으로의 전환은 모든 의미로 극적인 변화가 있었을 터이지만 일본에서는 그 도입에서 격한 논의나 문화적인 알력이 생긴 흔적을 발견할 수가 없다.

일본에서 화장의 도입과 지배층까지도 포함한 그 신속한 보급의 배경에는 죽은 자의 육체와 영혼을 분리하여 파악한 위에 육체쪽을 경시하는 긴 전통이 있었다고 추정된다.

3. 묘지와 수목

죽은 자의 안지처로서의 수목

지금까지 고분시대의 사람들이 단순하게 사체가 수납되어 있다고 하는 것만으로 죽은 자가 거기에 영주(永住)하고 있다는 느낌을 가질 수 없었을 것을 지적하였다. 그러한 상황은 그 후에도 장기간에 걸쳐서 계속된 것으로 보인다. 고인의 혼을 머물게 하기 위해서는 거기에 유해가 있다고 하는 사실 이외에 어떤 형태의 플러스알파의 궁리가 되지 않으면 안 되었다.

그러한 문제의식을 가진 다양한 사료(史料)를 찾으면서 흥미 깊은 현상을 하나 발견할 수가 있었는데, 그것은 일본 고대 묘지와 수목과의 밀접한 관계다.

『니혼고키(日本後紀)』 799(延曆 18)년 3월 13일 조(条)에 인용된 스아다시노 아손노 마미치(菅野朝臣真道)의 주상(奏狀)이다. 거기서 마미치는 가와치국(河內國) 단비군(丹比郡)에 있는 자신들의 선조의 묘지에 다수의 잡목이 침입하여 이제까지 엄중하게 지켜져 왔던 수목을 벌채하고 있는 것 때문에 선조의 유혼(幽魂)이 돌아갈 장소를 잃어버리고 있다는 것을 논하여 사산(寺山)의 보호를 요구하고 있다. 묘지 그 자체의 파괴가 아니고 묘지에 돋아나 있는 수목(樹木)을 베어내는 것이 단적으로 말하면 죽은 자의 영혼의 잠을 방해하는 행위라고 간주하고 있다.

이미 「장송령(葬送令)」에는 「선황(先皇)의 능(陵)」에 관해서 그 영역 내에 죽은 자를 매장하거나 경작·목축·벌채하거나 하는 것이 금지

되어 있다. 또『속일본기(続日本紀)』769(神護景雲 3)년 3월의 쇼토쿠 천황(称徳天皇)26)의 조칙(詔)은「왕공제신(王公諸臣)」의 토지를 에워싸는 것을 금지하는 한편「씨족의 조상 묘」주변에 많은 나무를 심어 수풀로 하는 것을 허가하고 있다. 묘지가 기본적으로는 나무를 생육해야 하는 영역이라고 생각한 것을 알 수 있다.

적극적으로 묘역에 식수를 하였다는 기록도 있다. 850(嘉祥 3)년 4월에는 전천황(前天皇)의 인명릉(仁明陵, 深草陵)에 사람을 파견하여 일장간격(一丈間隔)으로「수목(樹木)」을「열재(列栽)」시킨 것이 기록되어 있다[『문덕천황실록(文徳天皇実録)』]. 천황릉 주변 영역 내의 모든 묘지는 아니지만 인공적으로 나무를 심었을 가능성이 크다.

한편『속일본후기(続日本後紀)』에는 843(承和 10)년 4월 신공황후릉(神功皇后陵)에서 이변이 생겨 사자(使者)를 파견하였다고 하는 기록이 있다. 조사 결과「능목(陵木)」이 잘라져 있는 것이 판명되었다. 산릉(山陵)의 나무 벌채나 소실(焼失)로 인한 재앙은 그 이외에도 866(貞観 8)년 10월과 같은 해 10년 2월, 같은 해 17년 11월(『삼대실록(三代実録)』) 등의 기사(記事)에서 볼 수가 있다. 고분의 나무 손실이 재앙으로 직결되는 것으로 파악되고 있다.

이상의 예로부터 일본의 고대에는 묘에 나 있는 나무의 벌채가 분묘(墳墓) 그 자체의 파괴와 동등한 중대한 사건으로 간주되었던 것을 알 수 있다. 그리고 그 원인은 당시의 사람들에 의해서 나무들

---

26) 光明皇太后의 후견을 잃은 나카마로(仲麻呂)는 764년 9월에 거병(藤原仲麻呂의 난) 하지만 패배한다. 같은 해 10월에 淳仁天皇을 추방하고 孝謙上皇이 重祚하여 称徳天皇이 되었다. 즉위 후에 道鏡을 太政大臣 禅師를 하는 등 중용하였다.

이 영혼의 의지처라고 인식되었기 때문이라고 본다.

나무에 달라붙은 신

지금 죽은 자의 영혼과 수목과의 밀접한 관계를 지적한다. 실은 고대에 수목과 긴밀한 관련을 가지고 있던 것으로 파악되는 또 다른 하나의 존재가 있다. 그것은 바로 신이다.

『연희식(延喜式)』「신기(神祇)」에서는「신사의 사지(四至) 안」에서의 수목벌채와 사체의 매장이 금지되어 있다. 묘지와 동일하게 신사의 영역도 또한 수목이 보존되어야 할 지역이라는 관념이 있었던 것을 알 수 있다.

신의 영역에 있는 나무를 자르는 것으로 인하여 다양한 문제가 발생된다고 하는 기사(記事)도 역사적으로 여기저기서 보인다.『니혼쇼키(日本書紀)』에서는 고토쿠천황(孝德天皇)이「불법(仏法)」을 존중하고「신도(神道)」를 경시한 인물이라고 알려져 있는데 그 이유로 들 수 있는 것이 천황이 생국혼사(生国魂社)의 나무를 자른 사건이었다. 또 같은『니혼쇼키』사이메이천황기(斉明天皇紀)에서는 천황이 조창궁(朝倉宮)에 도읍을 옮길 때에 조창사(朝倉社)의 신목(神木)을 사용하여 이 궁(宮)을 조영(造營)한 것으로 신의 노여움을 사, 귀화(鬼火)나 병의 유행 등 다양한 괴기현상(怪異現象)이 생겼다고 하고 있다. 772(宝亀 3)년 4월에는 근강국소야사(近江国小野社)의 나무를 벌채하여 자재(資材)로 하였기 때문에 사이다이지(西大寺)의 서탑(西塔)에 낙뢰(落雷)하였다고 하는 사건이 일어났다[『속일본기』].

847(承和 14)년에는 좌상박사(左相撲司)가 갈야군 군가전(葛野郡郡家前)의 규목(槻木)을 베어 북을 만들었기 때문에 신의 노여움을 사, 그 노여움을 진정시키기 위하여 북을 마쓰오사(松尾社)에 봉납(奉納)하였다고 하는 기사가 보인다(『속일본후기(続日本後紀)』). 『본조월령(本朝月令)』은 이 기사(記事)를 인용한 후「구전(口伝)」으로 한 다음과 같은 일화가 수록되어 있다.

이 북을 만들 때 명신(明神)은 매우 화를 내어「이 나무는 내가 때때로 놀러 내려오는 곳이다. 그 나무를 베어서는 안 된다」고 하는 탁선(託宣, 신탁)을 내렸다. 벌채한 수많은 인부들이 사망하고 감독역(監督役)을 맡은 사람은 말에서 떨어져 부상하였다. 조정에서도 불상사가 연이어졌기 때문에 드디어 신사에 맡기기로 하였던 것이다.

여기에서는 신과 수목과의 깊은 관계가 더 직설적으로 논하여져 있다. 신목은 유행하는 신들이 종종 머물러 휴식하는 장소라고 인식되었다. 율령제 이전의 제사는 물푸레나무(槻木, 규목) 등의 큰 나무아래에서 신을 권청(勧請, 신불의 강림이나 신탁을 비는 것)하여 행하였다고 한다[西宮 06]. 그러한 형태가 취해진 배경에도 동일한 관념이 있었다.

거주(巨柱)의 선 광경

지금까지 수목과 신과의 깊은 관계에 관해서 논하여 왔지만 그것은 고대라고 하는 시대고유의 현상은 아니었다. 오늘날에도 사카키

(신榊, 玉串) 등 제례에서 사용되는 상록수가 신의 거주지인 것은 널리 승인되어 있다.

가지를 자른 나무 기둥도 신의 상징으로서 옛날부터 전해 내려오는 이야기로 빠뜨릴 수 없는 존재였다. 스와호반(諏訪湖畔)에 신령이 그 자리에 임하는 스와대사(諏訪大社)에서는 가미샤(上社)·시모(下社) 모두가 다 경내의 네 모퉁이에 거대한 자연목의 기둥이 서 있다. 이것들은 6년에 한 번 원숭이해와 범의 해에 새로 세우기로 되어 있어 그때 행하여지는 제례(祭礼)=「어주(御柱, 기둥)」와 산의 경사면으로부터 사용할 재료를 미끄러져 떨어트리는 「기오토시(木落とし)」는 아주 유명한 관광행사로 되어 있다.

이세진구(伊勢神宮)에서도 기둥은 중요한 역할을 담당하고 있다. 이세진구에는 20년마다 행하여지는 궁을 옮기기에 앞서 산으로부터 한 그루의 나무를 베어내는 「목본제(木本祭)」가 행하여진다. 그 나무는 「마음의 기둥(御柱, 어주)」으로서 지진제(地鎮祭) 때에 새로 건조(建造)된 정전(正殿)의 중심부분에 세워졌다.(지금은 신사의 중심축을 이루는 건물인 정전正殿 완성 후에 건립) 이전에는 대제(大祭) 때 신에게 올리는 음식인 신찬(神饌)이 이 기둥 앞에 진열되었던 것이 지적되어 있는 것을 보면 마쓰리(祭)의 원초적 형태는 기둥 그 자체를 제사 대상으로 하는 정상제사(庭上祭祀)였다고 추측한다. 기둥이 이세신(伊勢神)의 표상으로 간주되었던 시기가 있었다.

마음의 어주(御柱)는 이즈모대사(出雲大社)에도 존재한다. 본전(本殿)의 중심에 서있는 기둥이 이즈모에서는 「마음의 기둥(心御柱)」이라고 불리고 있다. 기기(記紀, 고지키 니혼쇼키)에서 이미 신들이 「일주

(一柱)」라고 하는 방식으로 세고 있는 것으로부터 알려진 바와 같이 일본열도에서 신은 나무나 기둥에 준하여 파악되는 긴 전통이 존재하였던 것이다. 더욱이 시야를 넓혀보면「성(聖)스러운 수목」의 관념은 일본열도를 넘어 세계 각지에서 볼 수가 있다.

그 대표로서 고대 서아시아에서 생겨『구약성서』「창세기」에 수용된「생명의 나무」의 사상이다. 인도에서는 베다의 공희(供犧, sacrifice)[27] 재단(祭壇)에 기둥을 세우지만 그것은 하늘과 땅을 연결하는 것으로 간주하고 있다. 주거의 중심이 되는 기둥(柱, 大黒柱)을 천지를 연결하는 성스러운 존재라고 간주하는 관념이 아시아 일대에 널리 분포하는 것은 문화인류학자가 지적하는 바이다.

유럽에서는 5월의 성령 강림제(聖靈降臨祭)에 숲에서 한 그루의 나무를 베어와 광장에 세우는 메이폴이나 크리스마스트리를 예로 들 수 있다. 현대 유럽에 널리 분포하는 수목 숭배의 제상(諸相)과 그것이 선사(先史) 아리아인의 종교의 계보에 연결되어 있는 것을 풍부한 실례에 준하여 논한 것은 후레이저의『금지편(金枝篇)』이었다. 엘리아데도 천을 지지하여 천지의 교류를 보장한다고 믿어진 세계 각지의 성주신앙(聖柱信仰)에 대해 논하고 있다[엘리아데 69].

일본열도의 성스러운 수목의 전통도 금후 이러한 세계적인 수목 숭배, 성주신앙의 문맥에서 위치지어 볼 필요가 있다.

---

[27] 일반적으로 짐승 등을 의례적으로 도살하여 신령 등의 존재에게 바치는 행위를 말한다.

스와다이샤 시모샤 하루미야 어주(諏訪大社, 下社春宮御柱, 오른 쪽 굵은 나무)

4. 사령(死靈)에서 신으로

영혼과 신의 등질성(等質性)

그러면 이야기를 원래 문맥으로 돌리자.

앞 절에서 일본의 고대에는 특별한 기둥이나 수목이 신의 안식처로서 존중되었던 사항을 소개하였다. 신은 본거지를 가지고 있으면서도 그 본거지에 정착하지 않고 마치 나비나 반딧불처럼 이 나무 저 나무로 날아다니면서 계속해서 이 세계를 거닐며 돌아다녔던 것이다.

그때에 중요한 것은 죽은 자의 영혼도 또한 수목에 깃드는 존재로 인식되었다. 수목을 안식처로 볼 수 없는 존재라고 하는 점에서 가미(神)와 영혼은 공통적인 성격을 가지고 있었다.

이전에 일본에서는 신과 영혼이 매우 가까운 성질을 가지고 있는 존재로서 파악되어 있었다. 그러한 인식은 일본의 사상사·문화사에서도 가장 중요한 문제의 하나이다. 왜냐하면 그것은 「신의 시원(始原)」을 생각하는 데 있어서 중요한 힌트를 제공하여 주는 것으로 생각되기 때문이다. 즉 일본열도상의 맨 초창기의 신 관념이 영혼 관념의 성숙과 깊이 연결되어 있을 가능성을 시사하고 있다.

물론 죽은 자의 영과 신과의 깊은 관련은 현대의 종교 의례에서도 볼 수가 있다. 오늘날에도 33회기(回忌)나 50회기를 계기로 하여 묘지에 살아 있는 나무를 심는 습관이 각지에 남아 있다. 「초부탑파(梢附塔婆)」 혹은 「삼탑파(杉塔婆)」, 「류탑파(柳塔婆)」 등이라고 불리는 종교의례가 그것이다.

이 살아 있는 나무 탑파(塔婆)를 세우는 습관에 대해서 행사를 행하는 주최나 연구자 사이에서도 다양한 해석을 가지고 있다. 그 가운데 자주 사용되는 것이 「제사모심(弔い上げ)」의 불사(仏事)와 함께 죽은 자가 신(先祖)이 된 것을 기념하는 행사라는 설명이다. 가마쿠라시대에 저술한 『장상기(葬喪記)』에는 묘에 나무를 심으면 3년이 지나 사람의 기가 떠나고 신이 된다고 하는 기술이 있다[藤沢 90]. 사후 일정한 시기를 거친 죽은 자는 죽음의 게가레(穢れ, 더러움)나 사람이었던 시대의 흔적을 완전히 벗어던져버리고 청정한 신으로 전신(転身)하였다. 그 상징이 바로 묘지에 세워지는 신의 안식처로

서의 생목(生木)의 탑파였던 것이다. 이 이후 원칙적으로 추선이나 성묘는 행해지지 않게 된다. 죽은 자는 드디어 추선공양의 대상에서 제외되는 것이다[柳田 90].

현재도 보이는 이와 같은 종교의례와 그 해석의 옳고 그름에 관해서는 후에 새롭게 검토하기로 하기로 한다. 여기에서는 시기를 고대에 한정하여 신 관념의 발생에 영혼관념의 성숙이 어떻게 관계되어 있는가 하는 문제에 초점을 맞추어 잠시 고찰을 진행하기로 하자.

신 관념의 시원(始原)

일본열도에 사람들이 처음으로 일상세계를 초월하는 위엄한 영혼의 존재를 느낀 것은 어떠한 것에 대해서일까. 그것은 세계의 다른 지역과도 공통되는 것이지만 인간의 지혜나 능력이 미치지 않는 자연현상에서였다고 추정된다.

『고지키(古事記)』나 『니혼쇼키(日本書紀)』를 보면 거기에는 많은 신들이 등장한다. 이미 반복해서 지적한 것과 같이 많은 자연에 존재하는 것 가운데에 신을 나타내는 것이었다.

싹이 나오는 식물의 젊은 싹에 사람은 생명력의 근원을 보았다(ウマシアシカビ). 허공을 날아다니는 새나 땅에서 생활하는 동물들에게서 인간을 초월하는 불가사의한 힘을 느낀다(백조·뱀·이리). 우뢰(雷) 등의 대자연도 태고의 사람들에게 있어서는 경이(驚異) 이외의 아무 것도 아니었다(タケミカヅチ). 태양과 달이 만들어 내는 낮과 밤의 교대극도 사람의 힘이 미치는 곳은 아니었다(アマテラス·ツクヨミ). 땅속에서 솟아나는 광석(鉱石)과 그 정련(精錬)의 과정도 초월적 존재를 이루는 업으로 간주되었다(カナヤマビコ·カナヤマビメ). 이렇게 하여 사람들은 현실 세계의 다양한 현상 가운데 신의 역할을 발견하였던 것이다.

아마 최초의 신의 관념은 그와 같이 인식한 대상과 일체화된 것으로 파악한 것임에 틀림없다. 악어상어나 뱀은 그 자체가 신이었다. 달이나 태양도 신으로 숭배되었다. 그러나 신의 관념은 드디어 다음 단계로 전환한다. 어떤 사물(モノ)이나 현상 그 자체를 곧바로 신으로 간주하는 단계로부터 그것들의 개개의 사례(事例)의 배후에서 그것을 일으키는 신의 존재를 상정(想定)하는 단계로의 이행이다. 신이 신으로 인식되어 있던 대상으로부터 분리하여 더 추상화된 존재로서 파악되게 되는 것이다.

예를 들면 「치(チ)」, 「미(ミ)」, 「타마(タマ)」라고 불리는 것이 그것에 상당하는 것으로 생각된다. 「타마」는 벼의 혼·나무의 혼과 같이 식물의 영(霊)으로 되는 한편 동물이나 인간의 영위(霊威)도 타마라고 하는 말로서 표현되어 있다. 타마는 이제야 숙주(宿主)와는 떨어져 나온 존재이고, 그 숙주에 영향을 미치는 것은 있어도 숙주가 가진 고유의 성질에 규정되는 것은 없다.

물론 이러한 신 관념이 탄생하였다고 하여도 어느 대상을 그 대로 신으로 파악하는 견해가 없어지는 것은 아니다. 그러나 제사의례 등의 정비에 동반하여 신 관념의 일반화는 점차로 진행하였다.

야요이시대 말기부터 고분시대에 걸쳐서는 산중이나 섬 등의 특

정한 지점을 정하여 돌·수목을 안식처로 하고 신을 초대하여 제사 지낸 것이 알려졌다. 그 유적이 반좌(磐座, いわくら, 이와쿠라)·반경(磐境, いわさか, 이와사카) 등으로 불리는 것으로, 후쿠오카현(福岡県) 오키노시마(沖ノ島) 유적을 시작으로 일본열도 각지에 남아 있는 유적이다. 이것들의 제사 형태는 공중을 헤매는 수목이나 기둥에 빙의(憑依)되어 제사를 지낸다고 하는 어느 정도의 추상화가 진행된 단계의 타마카미(タマ-カミ)의 관념이 대응하는 것으로 생각되는 것이다.

반좌(이와쿠라磐座, 平泉町月山神社)

신이 되는 영혼

신과 영혼이 동등한 존재로 인식되었다고 하여 모든 인물의 영혼이 아무 조건 없이 모두다 신으로 간주된 것은 아니다. 육체로부터

빠져 나와 장례의례에 의해서 진정되고 청정화(清浄化)된 일반 혼은 그대로 시대의 흐름 가운데 조용하게 사람들의 기억으로부터 잊혀 가는 운명에 처해 있었다. 여러 종교를 가진 사람들이 영향력을 가진 특별한 다마카미(タマ-カミ)로 되기 위해서는 그 기억을 공동체의 구성원 전체에 깊이 인식시키는 것과 같은 각별한 지위에 있던 인물이나 역사에 남을 만한 큰 사적(事跡)을 표방한 인물이 아니면 안 되었다.

그러한 조건을 충족시키기 위한 것으로 우선 머리에 떠오르는 것은 공동체의 수장이다. 역사상의 어느 단계에서 자연신의 추상화·일반화 과정의 마지막에 형성된 부유(浮遊)하는 타마(タマ, 혼) 관념(観念)이 특별한 힘을 가지고 있다는 관념을 가진 수장(首長)의 영(霊, タマ)과 습합(習合, 서로 다른 학설이나 교리를 절충하여 조화시키는 것)하여, 인격신의 관념이 성숙되어 있었던 것이 아닌가라고 상상하고 있다.

『고지키(古事記)』나 『니혼쇼키(日本書紀)』에는 어느 씨족이 특정 동물의 자손이었거나 그 일족 중에 동물의 피가 섞여있다고 하는 이야기가 수록되어 있다. 그와 같은 전설은 『풍토기(후도키, 風土記)』에도 보인다. 『니혼쇼키』에서는 미와잔(三輪山)의 신의 아내가 된 것은 야마토토토비 모모소히메(ヤマトトトビモモソヒメ)였지만 『고지키』에서는 그것이 이쿠타마요리히메(イクタマヨリヒメ)로 되어 있다. 이쿠타마요리히메는 신의 내방(来訪)을 받아서 아이를 얻었다. 미와잔(三輪山)의 신의 정체는 바로 뱀이었다. 그 때문에 그녀가 잉태한 신의 아들은 그 힘을 이어받은 존재였다. 즉 그녀의 아이를 공통의 시조로 하여 하나의 씨족(氏族)의 신화가 형성되어가는 것이다.

동물의 피를 이어받았다고 하는 점은 천황가(天皇家)에서도 동일하였다. 잃어버린 낚시 바늘을 찾기 위해 해신(海神)의 도읍(都)을 방문한 호요리노미코토(ホヲリノミコト)는 해신의 딸인 팔심(八尋)의 와니자메 도요타마히메(ワニザメ, トヨタマビメ)와 인연을 맺게 되는데 두 사람 사이에서 생긴 아들이야말로 바로 초대 천황으로 여기고 있는 진무(神武)의 부친, 우가야후키아헤즈(ウガヤフキアヘズ)였다. 특정 동물을 공통의 선조로 하는 전승(伝承)과 그 제사(祭祀, トーテミズム)는 세계 각지에 널리 분포하는 현상이고 이것들의 전승도 그러한 시점으로부터 비교 검토하여 갈 필요가 절실한 것은 첨언이 필요 없을 정도다. 그렇다고 하더라도 동물의 힘을 계승하는 신의 자손으로서의 선조 관념(祖先観念)의 성립은 자연신과 조령(祖霊)과의 융합에 의한 조상신, 즉 인격신의 탄생을 상징하는 것이 아니었는가라고 추정한다.

그러면 같은 시대를 산 인간의 영혼이 다른 자연신과 같이 신으로 인식되게 된 것은 도대체 언제부터의 일이었을까. 그 시기를 확정하는 것은 자료적인 제약도 있어 아마 불가능할 것이다. 단지 거대한 분묘가 형성되는 고분시대에는 거기에 장례된 수장의 혼이 일반인과는 다른 어느 특별한 존재의 종(種)으로 간주되고 있었던 것은 의심할 여지가 없다. 고분에는 신의 안식처를 생각하게 하는 기둥이 서 있었던 것이 알려졌다(『니혼쇼키』 스이코천황, 推古天皇 28년 10월). 고분 앞에서 행하여지는 새로운 수장(新首長)에 의한 제사는 매장자(埋葬者)가 이미 종교적인 제사의 대상으로 되어 있었던 것을 나타내는 것이다.

그러나 그렇다고 하더라도 고분 조영의 최 전성기에는 매장자의 영혼(가미, カミ)이 분구(墳丘)에 상주하고 있다고 하는 감각이 사람들에게 공유되어 있지 않았던 것은 앞에서 지적한 대로이다. 고분이 한차례 완성되면 그 유지관리에 모든 관심이 집중되는 일은 없었다. 죽은 수장의 영위(靈威)는 제사를 통하여 새로운 수장에게 계승된 단계에서 그 역할을 종료하는 것이고 그 후에도 묘지에 머물러 어떤 형태로인가 사회적 기능을 한다는 것으로는 간주되지 않았다. 그 후 고분에서의 제사가 계속하여 진행되지 않았던 것도 그것이 주요한 원인이었다고 본다.

5. 왕권을 수호하는 천황령(天皇靈)

고분에 정주(定住)하는 신

고분에 상주하는 신이라고 하는 사회통념의 정착은 이 열도상에 율령제도에 근거한 새로운 국가건설이 개시되는 7세기 후반 이후의 것이었다고 추정된다.

진신의 란(壬申의 乱, 672)을 거쳐 덴무·지토조(天武·持統朝)에 본격화하는 신체제의 구축에 즈음하여 우선 시도된 것은 천황을 국가의 유일한 대표자로까지 승격시켜 그 지위를 절대화 하는 것이었다. 천황은 열도 개벽 이래의 신들의 계보에 위치 지우는 것과 동시에 천황 자신도 신(神, アキツカミ)인 것이 강조되었다[熊谷 02]. 천황을 신으로 변신시키는 무대 장치로서 니나메사이(大嘗祭)가 창설되어 그

것을 이념적으로 지탱하는 일계(一系)의 신화가 만들어졌다.

『만요슈(万葉集)』에는 가키노모토 히토마로(柿本人麻呂) 등의 궁정가인(宮廷歌人)이 덴무(天武)천황이나 지토(持統)천황을 「대군은 신으로 되면」이라고 기리고 있다. 덴무천황의 즉위 센묘(宣命, 즉위에 즈음하여 나오는 천황의 명령)에는 「아키쓰카미(現御神)와 다이 야시마국(大八洲国)을 나타내는 천황」이라고 하는 말이 보이고(『속일본기』), 천황을 신으로 하는 표현은 나라시대 이후의 센묘(宣命)의 상투구(常套句)로 되었다. 이리하여 천황은 점차로 일반 백성들과는 차원을 달리하는 초월적 존재로 승격하여가는 것이다.

천황을 모든 면에서 초월적 존재로 승격시키려고 하는 이러한 기본정책을 묘제(墓制)의 면에서 상징하는 것이 능묘제(陵墓制)의 제정이었다.

이마오 후미아키(今尾文昭)는 지토천황에 의한 아라마시노 야코(新益京, 藤原京) 조성에 즈음하여 경역 내(京域内)에 있는 고분 가운데 그대로 남겨진 것이 있는 한편 갑자기 평정되어 흔적을 남기지 않은 것도 있다는 것을 지적하고 이것을 국가에 의한 「황통(皇統)」의 재편성과 관련지어 해석하였다[今尾 06].

『니혼쇼키』나 『고지키』에는 아마테라스(アマテラス)에 기원을 발하여 진무(神武) 이후 연면(連綿)으로 하여 계승된 일계(一系)의 천황의 계보가 기록되어 있다. 성립기의 율령국가는 이 이념을 정립시키는 보기 좋은 거대고분을 그 실태와는 관계없이 역대의 천황 릉에 가탁(仮託)하여 있었다. 반면 능묘(陵墓)의 지정으로부터 빠져버린 잡다한 고분군은 이미 이용 가치가 없는 것으로서 가차 없이 말

살되는 운명에 있었다. 경내(京內)에서 바라볼 수 있는 분구의 연결은 지금은 태고시대로부터 단절되지 않고 계승되어 온 천황가의 영속성, 즉 신의 계보를 가시적으로 나타내는 상징적인 존재로서 위치 지워지게 된 것이다.

동일한 지적은 문헌사학의 입장에서 이미 기타 야스히로(北康宏)에 의해서도 행하여졌다. 기타(北)에 의하면 능묘제(陵墓制)의 제정은 「천황릉(天皇陵)의 일계계열(一系系列)의 제시를 통하여 천황통치(天皇統治)의 일계성(一系性)을 실체화하려고 하는 정책」으로밖에 되지 않았다[北 99].

이러한 절차를 거쳐서 확정된 역대의 천황릉은 능호(陵戸)를 설치하여 지켜야 할 것을 규정하고 있다(「장송령(葬送令)」). 한편 황후 이하의 황족이나 귀족의 장례(葬送) 지역은 「묘지」로서 「능(陵)」과 준별(峻別)되어 공적인 수위체제(守衛体制)로부터 제외되었다. 삼위(三位) 이하의 신분의 사람도 원칙적으로 묘를 만드는 것은 허가되지 않았다. 이렇게 하여 능묘제(陵墓制)는 같은 지토조(持統朝)에 정비되는 즉위의식이나 니나메사이(大嘗祭) 등과 같이 천황을 다른 신분으로부터 동떨어진 존재로 승격시키는 것과 동시에 신손(神孫)=「아키쓰카미(アキツカミ)」로서 성별(聖別)하는 기능을 가지고 있다[熊谷 02].

능묘제 실시는 당시 현존한 고분에 확실한 명암(明暗)의 구별을 가져오게 하였다. 어떤 것은 일계(一系)되는 천황의 능으로 추정되어 두터운 국가적인 비호를 받게 되었다. 그것과는 대조적으로 그 계보로부터 벗어난 고분의 어느 것은 거친 상태로 방치되고 어느 것은 아무 흔적도 없이 소멸되었다. 기기신화(記紀神話, 고지키 니혼쇼키 신화)에 그 창건(創建)의 유래가 기록되어 중요한 의의를 인정하여 온 하시바카(箸墓)도 국가적인 제사 제도로부터 벗어나서 오랜 망각과 불우(不遇)의 시기를 맞이하게 되는 것이다.

천황령(天皇靈)의 탄생

고분에 능으로서의 새로운 의미 부여를 한 국가는 거기에 잠잔다고 되어 있는 대대의 천황의 영혼에 대하여서도 종래와는 다른 해석을 시도하려고 하였다. 그것은 천황의 수호자로서 위치 지으려고 한 것이다.

『니혼쇼키(日本書紀)』에는 「천황령」이라고 불리는 존재가 종종 모습을 보인다. 같은 서적의 신공황후(神功皇后, 진구코고)의 섭정 전기에는 신라 공격을 목전으로 한 신공황후가 「신기(神祇)의 미코토(敎, みこと)」를 입어 「오호미오야노 미타마노후유(皇祖の霊, おほみおやのみたまのふゆ)」의 지원을 받고 스스로 푸른 바다를 건너서 서쪽 나라를 토벌하려 한다고 논하고 있다.

천황령의 관념은 계속하여 『속일본기(続日本紀)』에도 등장한다. 무쓰국(陸奥国)에 황금 산출을 기뻐하는 천평 승보 원년(天平勝宝元年) 4월의 센묘(宣命)는 이 금(金)이 부처나 천신지기(天神地祇), 「천황이 미타마(어령, 御霊, みたま)」의 조력에 의하여 출현한 것이라고 하고 있다.

이 천황령이 대대의 천황에 의해서 계승된 아마테라스오미카미

(天照大神)의 「마나아(まなあ, 영혼)」이고, 그것이 의식을 통하여 새로운 천황의 체내에 들어가는 것에 의하여 천황을 성스러운 존재로 변신시킨다고 해석하였지만 유명한 오리구치 시노부(折口信夫)의 다이조사이론(大嘗祭論)이었다[折口 66].

오늘날의 역사학에서는 이러한 이해는 부정되어 「천황령」이라는 것은 오히려 천황을 수호하는 황조(皇祖)의 여러 영(諸靈)이었던 것으로 본다[熊谷 88]. 천황령이 천신지기와 함께 황위를 지키는 것으로 되어 있는 것은 그것이 후에 등장하는 원령(怨靈)과는 전혀 범주를 달리하는 존재이고, 죽은 자의 영혼이면서도 가미(カミ)와 같은 레벨로 파악되었던 것을 나타내고 있다. 천황의 영혼은 다른 모든 것을 훨씬 초월하는 존재, 즉 신으로까지 승격시켜 그 자손을 지키는 존재로 위치 지었다.

『니혼쇼키』에 의하면 진신노란(壬申の乱)[28]에 즈음하여 오오아마노 미코(大海人皇子, 후의 天武天皇)는 신탁(神託)에 근거하여 신무릉(神武陵)을 참배함과 동시에 거기에 말과 무기를 봉납하였다. 여기에서는 황조(皇祖)에 대한 수호의 기원이 행하여져 있어 수호신으로서의 천황령의 관념 발생을 파악할 수가 있다. 동시에 이 기사에는 덴무(天武) - 지토(持統)의 시기에 천황령이 부각되어 오는 배경으로 신무릉(神武陵)의 기원을 진신노란(壬申의 乱)의 승리의 원인으로 하는 인

---

28) 덴무(天武)천황 원년인 672년에 일어난 고대 일본 최대의 내란으로 텐지(天智)천황의 태자인 오오토모노미코(大友皇子)에게 텐지덴노의 동생인 오오아마노미코(大海人皇子, 후의 덴무천황)가 지방호족을 끌어들여 반기를 든 사건으로 반란자인 오오아마노미코가 승리하였다. 덴무천황 원년은 간지로 임신(壬申)으로 이 난을 진신노난(壬申の乱)이라 부른다.

식이 있었을 가능성도 파악할 수 있다.

죽은 자의 영혼이 제사나 기원의 대상으로 된 것은 천황의 영이 처음은 아니었다. 이미 고분에 제사가 행하여졌던 것은 앞에서 논한 대로이다. 천평 신호 원년(天平神護元年, 765) 8월의 쇼토쿠천황(称德天皇)의 조칙(詔)은 화기왕(和気王)이 모반에 붙여진 근거로서 자신의「선령(先霊)」에 대해서 일의 성취를 기원한 분장이 인용되어 있다 (『속일본기』). 선조(祖先)의 영이 특별한 힘을 가진 존재이고 자손을 지킨다고 하는 관념은 그 시원(始原)이야 확정할 수 없지만, 고분시대에는 이미 유력씨족 사이에서 공유되어 있었다고 추정한다.

율령국가는 그러한 조상관(祖先観)을 전제로 하면서 신무(神武)로부터 당금(当今)에 이르는 일계(一系)의 조상령(祖霊) 각각에 특정한 소재지를 분할하는 것과 함께 그 기능을 전통적인 신으로 비유하는 것에 의해 다른 씨족의 영과는 전혀 동떨어진 권위와 국가 수호의 권한을 부여하려고 한 것이다.

아스카(飛鳥)의 기청(起請)

천황령(天皇霊)이 있는 지점으로부터 기존의 신과 동일한 계열의 차원에서 파악하고 있던 것은 다른 사료(史料)로부터도 확인할 수가 있다.

『니혼쇼키(日本書紀)』581(敏達天皇 10)년 윤 2월(閏二月)의 것으로 되어 있는 기사(記事)이다. 에조(蝦夷)의 불온한 동향을 들은 천황은 그 수장(首長)을 불러 하쓰세가와(初瀬川)의 가와라(河原)에서 미와잔(三

輪山)으로 향하여 자자손손 대대로까지의 공순(恭順)을 맹세시켰다. 그 위에 만약 그 서약을 위반하는 경우에는 「천지의 모든 신이나 천황의 영혼」이 서약을 위반한 자의 후손을 없애버려도 상관없다고 논하는 것이다.

현견양자녀(県犬養姉女)의 유배를 명령한 『속일본기(続日本紀)』 769(神護景雲 3)년 5월 29일의 조칙(詔)에서는 자녀들의 반역이 모두 발각된 것은 「로사나여래(盧舎那如来)·최승왕경(最勝王経)·관세음보살(観世音菩薩)·호법선신(護法善神)의 범왕(梵王)·제석(帝釈)·사대천황(四大天皇)의 불가사의 위신(不可思議威神)의 힘·카케마쿠모카시코키아메쓰치(かけまくもかしこきあめつち)가 열리고 난 이래 아메노시타(あめのした)·시라시메시시(しらしめしし) 천황의 어령(御霊), 천지의 신들이 지키고 도와주시는 힘」[29]에 의한 것이라고 기록되어 있다.

여기에 등장하는 로사나여래, 동대사 대불(盧舎那如来, 東大寺大仏), 최승왕경(最勝王経), 호법선신(護法善神), 천신지기(天神地祇)는 각각 성격과 유래를 전혀 달리하는 존재다. 그러나 당시 사람들에게는 모두가 다 통상 행하지 않는 영위(霊威)를 갖춘 성스러운 존재인 가미(カミ)로서 인식되어 있었다. 대대의 「천황의 어령(御霊)」은 전통적인 천신지기(天神地祇)를 포함한 그러한 잡다한 신과 종종 같은 범주의 존재로서 파악되었다 [八重樫 88].

기타 야스히로(北康宏)는 『니혼쇼키(日本書紀)』에 나타나는 「천황

---

29) 盧舎那如来、最勝王経、観世音菩薩、護法善神의 梵王·帝釈·四大天皇의 不可思議威神의 力、かけまくもかしこきあめつち 開けてより以来、あめのした·しらしめしし 天皇의 御霊、天地의 神たちの 護り助けまつる力

령(天皇霊)」이「현재 천황에 부속하는 영위(霊威)를 가리키는 개념」이라고 하는 것에 대해『속일본기』에서는 현재 천황의 지위를 벗어난 수호령으로서의 기능이 농후하다고 한 것은[北 99] 중요한 지적이다.

단지 앞에서 언급한 사료로부터 엿볼 수 있는 것과 같이 서기(書紀)에서도 가미(カミ)에 필적하는 황조(皇祖)의 영(霊)이라고 하는 관념이 보이는 것은 부정할 수 없다. 7세기말의 율령국가 성립기에 천황의 조상을 신으로까지 상승시키는 획책이 시도되는 한편 현재의 천황 그 자체에 비유하려고 하는 다양한 장치가 만들어져 가는 것은 이미 밝혀진 대로이다. 당금 천황(当今天皇)의 영위가 과거의 천황의 영혼과 나란히「천황령(天皇霊)」으로서『니혼쇼키(日本書紀)』에 등장하는 것은 그것이 신(カミ)으로서의 천황을 모시는 영제국가(슈制国家)를 정당화하는 것이라고 하는 목적으로 편찬된 것을 생각하면 결코 이상한 현상은 아니었다.

고분의 보수와 봉폐(奉幣)

그러나 여기에서 하나의 큰 문제가 등장하게 된다. 그것은 영혼을 간단하게 일정한 장소에 묶어두는 것이 가능한 존재가 아니었다. 신으로까지 상승한 천황령(天皇霊)이 항상 후손 천황을 수호한다고 하는 역할은 유행(遊幸, 임금「天皇」이 대궐 밖으로 거동하는 것)을 본질로 하는 불안정한 존재는 아니었다. 천황령이 항상 안정되게 고분에 상주하여 있을 필요가 있었다. 말을 바꾸면 국가는 천황령이 항상 능(陵)에 머물러 있다는 것을 사람들이 분명하게 인지할 수 있도록 의례 시스템을 구축하지 않으면 안 되었다.

한 차례 천황가(天皇家)의 선조의 능으로 인정된 고분은 공적인 수위(守衛, 陵戶)가 놓여진 정기적인 제사의 대상이 되었다. 임시의 봉폐(奉幣, 신전에 공물을 바치는 것)도 행하여지게 되었다. 이러한 의식들은 모셔진 무엇인가가 고분에 항상 머물러있다는 것을 사람들에게 인식시키는 역할을 하였다. 권력의 모뉴멘트(monument)라고 하는 성격이 강하였던 대왕묘(大王墓)와는 달리 제사대상으로서의 측면이 클로즈업되어 가는 것이다[田中聡 95].

최근의 연구에서는 이러한 여러 행사의 성립을 7세기 전반으로까지 거슬러 올라갈 수가 없다고 하는 견해가 유력하게 되었다. 이것들은 율령국가 형성기(律令国家形成期)에 천황릉(天皇陵)과 천황령(天皇霊)을 연결시킨다고 하는 명확한 목적을 가지고 의도적으로 만들어진 천황령 현창(顕彰)의 시스템이었다.

율령제에도 천황릉에 대해「산릉(山陵)」이라고 하는 호칭도 그 조성(造成)을 담당하는 임시 관사로서「야마쓰쿠리노 쓰카사(山作司, やまつくりのつかさ)」가 명확하게 하였다. 또 나라시대의 원명릉(元明陵)으로부터는 자연의 산구(山丘)를 이용한「산구형구릉(山丘型丘陵)」이 만들어지게 되어 헤이안시대 초기에는 일반화하였다[山田 06]. 제왕의 장지(葬地)를「산릉(山陵)」이라고 부르는 것 자체는 중국에서 유래한 것이지만[堀 53], 그것이 이 시기에 도입된 것은 죽은 자가 산에 머문다고 하는 사회통념을 의도적으로 천황릉과 연결시키려고 하는 방책(方策)으로 해석할 수 있다. 능에 영혼을 머물게 하려고한

분구조영(墳丘造營)의 본래의 목적을 더 적극적으로 전면에 내세우는 것이었다.

이렇게 하여 고분은 권력의 모뉴멘트로부터 제사의 대상으로 그 기본 성격을 크게 변용시켰다. 능에 거처하는 천황령은 현재의 천황을 수호하는 신들의 일각에 위치 짓게 되는 것이다.

사전(社殿)의 조영(造營)

지금 천황령(天皇靈)이 안정적으로 천황 수호의 역할을 하기 위한 전제(前提)로 영이 한 장소에 정착하고 있다고 하는 관념의 형성이 반드시 필요 하다는 것을 논하였다. 실은 그러한 과제는 천황령 이외의 신에도 동일하다. 신(カミ)도 또한 본래는 유행(遊行)을 반복하는 존재였기 때문이다.

일부의 신에 대해서는 반좌(盤座) 등과 나란히 오래 전부터 촌락 레벨에서도 제사(祭り, 마쓰리)가 행하여졌지만 그 경우에도 신은 사전(社殿)에 상주하지 않았다. 신은 기본적으로 제사(祭り) 시기나 어느 특정한 기간 중에만 촌락을 방문하고, 제사가 끝나면 어디론가 사라져 가버린다고 생각하였다.

유행(遊幸)하는 신들이 사전(社殿)에 상주한다고 하는 관념이 보급되는 주요한 계기는 신들이 국가에 의한 제사를 받게 되면서 부터라고 생각하고 있다. 7세기 후반부터 일본에서도 천황을 중심으로 하는 집권국가(集權國家)의 형성이 시작되어 그것과 관련된 천황이 거주하는 영구도시로서의 도성(都城)의 정비가 진행되었다. 그러한 움직임은 곧바로 신들의 세계에도 파급하였다. 천황가의 조상신인 아마테라스오미카미(天照大神)를 정점으로 한 신들의 세계의 재편성 되기 시작 한 것이다[梅沢 62]. 천황의 계보를 체계적으로 정리하여야 할 고분을 모습이 비슷한 다른 역대 천황릉(歷代天皇陵)과 비교하여 그 성질을 추정하는 작업도 또한 신들의 재편성과 표리일체(表裏一体, 안팎이 한 덩어리가 된다는 뜻으로, 두 가지 사물의 관계가 밀접하게 됨을 이르는 말)의 것이었다.

새롭게 왕권의 수호신으로서 위치 지어진 아마테라스오미카미(天照大神) 이하의 신들은 이제는 제멋대로 떠돌아다니면서 출몰하는 것이 허락되지 않았다. 항상적으로 이세(伊勢)나 왕성(王城)을 위하여 훌륭한 사전(社殿)이 만들어져 정기적인 제사가 행하여지게 되었다.

오카다 세이시(岡田精司)는 고대에 국가적 제사(祭祀)의 대상이 된 신들에게는 그 제사 전후에 송영(送迎)하는 의식이 전혀 보이지 않는다는 점, 그 한편에서 그 신들에게는 연간을 통하여 무당(巫女, 미코)들이 봉사하고 있다는 것을 지적한다. 또 이세(伊勢)의 외궁(外宮)에는 매일 아침저녁 2번의 어찬(御饌, 食事)이 와라베(童女, 어린 여자아이)들에 의해서 빠짐없이 신에게 바쳐지고 있다. 오카다는 신이 사전(社殿)에 항상 머물고 있는 것을 나타내는 이와 같은 사례는 아마테라스오미카미(天照大神)를 시작으로 하는 왕권수호(王權守護)의 신들이 제사 시기에만 출몰하는 종래의 민간신앙의 신들과는 다른 발전을 이룬 결과라고 논하고 있다[岡田精 92].

신의 정착 – 신사의 성립은 어떤 정치적·사회적 계기를 동기로

신이 신사에 정좌한다고 하는 관념도 역사적으로 형성된 것이었다
(이와시미즈 하치만구, 岩淸水八幡宮)

하여 한꺼번에 성립된 것이 아니고 다양한 레벨에서 흡사 빙하(氷河)의 이동과 같이 천천히 자연스럽게 진행되었던 것으로 추정된다. 그러한 가운데에서도 왕권과 관계가 깊은 신을 중심으로 7세기말에는 신이 특정한 사전(社殿)에 정주(定住)하여 인연이 깊은 인물을 수호한다고 하는 관념이 정착하였다. 신은 이제는 인간의 예측을 초월하여 출몰을 반복하는 것이 아니었다. 사전(社殿)의 안쪽 깊은 곳에 진좌(鎭座)하고 사람들의 제사(祭り)와 향응을 받으면서 사회의 동향에 방심 없이 눈을 번뜩이는 존재로 되었다. 어릉(御陵)에 머물며 천황을 수호하는 천황령(天皇靈)의 이미지도 또한 이러한 새로운 국가수호의 신을 창출하여가는 장치의 일환으로 파악되어야 할 것이다.

대불조영(大仏造営)의 「품태천황(品太天皇)의 어령(御霊)」(『우사 하티만구 미륵사건립연기(宇佐八幡宮弥勒寺建立縁起)』)인 하치만신(八幡神)의 상경과 그 사전(社殿)의 건립도 신들의 정주(定住) - 천황령(天皇霊)의 수호신화라고 하는 움직임의 일환으로 파악할 수가 있다. 새로운 성격과 임무를 부여받은 천황의 영혼과 전통적인 신들은 왕성(王城) 내외의 특정한 지역에서 항상 천황을 지키고 있다고 인식하게 된 것이다.

재앙 신

단지 정점에 상주하며 국가를 수호하는 신이 탄생하였는데도 불구하고 고대의 신이 기본적으로는 재앙신으로서의 비합리적인 성격을 벗어버리지 않았던 것은 유의하여야 할 필요가 있다.

일본열도에서는 신은 태고이래 아무 사전 언급 없이 돌연 출현하여 사람들에게 어떤 명령을 내렸다. 그 지령에 따르지 않으면 사람은 신이 내리는 가혹한 재앙을 피할 수가 없는 것이다. 사람들이 신의 출현을 예지(予知)하는 것은 불가능하였다. 또 신이 무엇을 요구하여 올지도 예측할 수가 없었다. 애당초 지령을 내린 신의 이름조차 당초에는 명확하지 않았다. 홀연히 나타나서는 마음대로 일방적인 지시를 내린 이러한 고대의 신을 내가 이전에 〈명령하는 신(命ずる神)〉이라고 규정한 적이 있다[佐藤弘 00].

이 〈명령하는 신〉이 그 의사를 사람들에게 전하기 위한 수단이 「재앙(祟り, 다타리)」으로 밖에 되지 않는다. 오리구치(折口)는 이 「다타루(たたる)」라고 하는 말이 오늘날과 같이 「신이 내리는 재앙(神の なす禍)」이라고 하는 용어를 사용하기 이전에 「신의(神意)가 나타난 다」고 하는 의미가 있었던 것을 지적하고 있다[折口 66d]. 신의 재앙 (祟り, 다타리)은 사악한 의도에 근거한 것이 아니고 단지 단순하게 그 요구를 전하기 위한 수단이었다. 재앙은 신의 본질적인 속성 그 자체였다.

『속일본후기(続日本後紀)』 842(承和 9)년 7월 19일 조(条)에는 가뭄의 원인을 점술사에게 점치게 한즉 이세(伊勢)·하치만(八幡) 등의 대신(大神)이 재앙을 내리고 있다고 하는 결과를 얻었다는 기사가 실려 있다. 여기에서도 재앙은 신의 뜻을 나타내는 것으로 신의 측면에서는 일방적으로 내리는 것이었다. 또 재앙의 주체와 그 의사를 알기 위하여 힘쓰는 모습을 엿볼 수 있다. 여기서 주목되는 것은 그러한 재앙을 행하는 신들 가운데에 아마테라스오미카미(天照大神)·하치만신(八幡神)이라고 하는 대표적인 국가신의 이름을 늘어놓는 것이다. 9세기 중반에 이르러서도 여전히 국가수호의 신들은 명령하는 신(命ずる神)의 성격을 이어받고 있다. 앞의 3절에서 언급한 신공황후릉(神功皇后陵, 진구코고능)을 시작으로 하는 산릉(山陵)의 재앙도 이러한 문맥으로 파악되어야 할 현상으로 생각된다.

헤이안시대의 천황릉(天皇陵)이 종종 재앙을 행하는 것도 거기에 모셔진 천황령(天皇霊)이 싫어하는 사령(死霊)이었기 때문이 아니고 그것이 신으로서 파악되어진 것에 의한 것이었다.

고분 문화의 쇠퇴

전방후엔분(前方後円墳)에 대표되는 대규모 고분의 조성이 7세기에는 거의 행하여지지 않게 되었다. 왜 거대한 분묘가 만들어졌는가라는 문제에 관하여서는 본장의 제1절에서는 몇 개의 대표적인 견해가 소개되어 있다. 거기에서는 대략 고분이 지닌 종교성을 중시하는 입장과 고분을 세속적인 권세의 상징으로 파악하는 입장의 두 가지 이유로 나누어져있다.

고분 조성의 지역 차나 시기도 소홀히 할 수 없는 요인으로 이 문제는 간단하게 논할 수 있는 것이 아니라는 것도 알고 있다. 그 위에 여전히 지금까지의 고찰을 언급하며 전망을 논한다고 하면 그것의 첫 번째 의의는 지배 권력의 모뉴멘트로 파악하는 입장에 해당한다고 본다.

5세기를 중심으로 하여 대규모 고분이 왕성하게 조성되던 단계에서는 아직 거기에 영적 존재가 안정되게 머문다고 하는 관념을 사람들이 공유하기에는 이르지 않았다. 고분은 권력자가 생전에 스스로의 권력을 과시할 목적으로 조성하기 시작한 것이고, 완성 후에 정기적인 제사가 계속되지는 않았다. 율령제 시행 후에 처음으로 일계(一系)의 황통보(皇統譜) 가운데 위치 지어진 고분에 대하여 상폐제도(常幣制度)가 설치되기에 이른 것은 이미 논한 대로이다.

율령제 이전의 대왕(大王)이나 권력자는 거대한 분묘의 건설을 통하여 비로소 그 권세를 스스로 확인하였다. 이는 다른 방법으로 사람들에게 권력을 나타낼 수 있는 길이 없었기 때문이다. 개개인의 권력이 모든 인적·물적 자원을 동원하여 가능한 한 큰 분묘를 조성하는 일에 집착한 이유는 이 점에 있었다고 생각하는 것이다.

그것에 대해 덴무(天武)·지토(持統) 이후에 급속하게 진행되는 율령제와 신기(神祇) 제사제도의 정비는 천황의 지위에 관해서 그 중대한 전환(転換)을 가져오게 하였다. 천황의 지위는 단순한 세속적인 신분 질서의 정점이 아니고 황조신(皇祖神) 이래 잇달아 이어지고 있는 피의 연결에 의하여 계승되어 온 성스러운 지위로 간주하였다. 천황은 곧 스스로가 신(神, 現御神·明神)으로 될 수밖에 없었다. 동시에 천황은 신의 자손으로서 천신지기(天神地祇)뿐만이 아니고 조상신, 역대 천황의 영혼에 의하여 수호되는 존재로 간주되었다. 이 열도를 지배하는 왕의 지위는 세속 사회를 넘어 신들의 체계 가운데 흡수되어 그 가운데 기능하는 것으로 변모하였다.

이러한 단계에 이르러서는 드디어 한 사람의 지배자가 거대한 분묘를 건립하는 것에 의해 그 권력을 확인하여 가는 작업은 무의미할 것이다. 천황은 시스템 안에서 성별(聖別)되어 정당화된 존재이기 때문에 모든 사회 자산(資産)을 동원하여 분묘의 조성이라고 하는 시스템 외의 사업은 그 의미를 잃어버렸던 것이다.

6. 사령(死靈)과 어령(御靈)

도량(跳梁)하는 사령

7세기 말에 우선 천황의 영혼이 다른 족장(族長)의 영혼으로부터 분리되어 고분에 머무는 천황령(天皇靈)으로서 신으로까지 추대되었다. 그것에 대하여 8세기에 들어오면 다른 성격을 가진 영혼이 돌출하여 나오게 된다. 최초로부터 사람들에게 위해(危害)를 가하는 것만을 존재 의의로 하는 사악한 영혼, 원령(怨靈)의 출현이다[山田雄01]. 지배자를 수호하는 역할을 담당한 초월적인 영(靈, 神) 관념의 성숙은 그 반대쪽에 사악한 의도를 가진 악령을 분리시키는 계기가 되었다.

730(天平 2)년 9월의 쇼무천황(聖武天皇)의 조칙(詔)에서는 안예(安芸)·주방(周防)의 국인(国人)이「함부로 화복(禍福)을 논하고 많은 사람들을 모이게 하여 죽은 혼(死魂)을 요사(妖祠)하게 모시는 것을 금지하고 있다(『속일본기』). 이때부터 죽은 자의 영혼에 관한 언급이 사료상(史料上)에서 많이 보인다. 망혼(亡魂)이 사회를 불안 속으로 빠트리는 원인으로 논의되는 것은 대부분의 경우 권력투쟁에 패배하여 무념(無念)한 마음을 안고 죽어가던 정치적 패배자의 영혼이었다.

다치바나나라마로(橘奈良麻呂)의 난 직후인 757(天平宝字 元)년 7월에 나온 고켄천황(孝謙天皇)30)의 칙령(勅)에서는 민간에서「망혼(亡

---

30) 고켄(718-770)은 46대 천황으로 부친은 쇼무(聖武)천황이고 모친은 후지와라씨(藤原氏) 출신으로 사상처음 인신(人臣)에서 황후가 된 고묘황후(光明皇后, 光明子)다.

魂)에 가탁(仮託)하여 유언(流言)을 퍼지게 하여 마을을 혼란에 빠지게 하는 것」이 있다고 하여 그것을 훈계하고 있다(『속일본기』). 나라마로(奈良麻呂)와 함께 죽은 혼에 의탁한 다양한 유언(流言)이 교차하는 모습을 볼 수가 있다. 후지와라 4형제(藤原四兄弟)와 대립하여 패사(敗死)한 나가야노 오키미(長屋王)도 또한 유행병을 일으키는 존재로 관념되었다(『니혼료이키(日本霊異記)』).

805(延暦 24)년에 중국으로부터 천태불법(天台仏法)을 가져오게 한 사이초(最澄)는 그「사종원문(四種願文)」에 일체의 사령(死霊)이 고뇌를 벗어나 불과(仏果)에 이를 수 있도록 기원하고 있다[八重樫 88]. 구카이(空海)도 또한 어령(御霊)의 위무(慰撫)에 관련되어 있다[桜木 05]. 헤이안시대 초기에는 사령의 위무는 중대한 사회적 과제로 되어 있다. 아직 진정시키지 않은 죽은 자의 영혼이 무서운 존재라고 하는 관념이 옛날부터 존재한 것은 의문의 여지가 없지만 그것이 특정 개인에 대한 보복의 레벨을 넘어서 널리 사회에 지대한 영향을 미치는 존재라고 믿게 되었다.

7세기에서 8세기에 걸쳐서 일반 사령(死霊) 가운데서 특별한 위력(威力)을 가지고 있다고 믿었던 영혼이 분리하여 신으로 악령양극(悪霊両極)으로 분리하고 있었다. 이러한 상황을 받아서 드디어 율령국가도 망혼(亡魂)이 함부로 날뛰는 것(跳梁)을 무시할 수 없게 된다. 사령의 언급을 막무가내로 금지하는 것은 아니고 그 위로와 달램을

역사상 여섯 번째의 여제(女帝)로 덴무계(天武系)로부터 최후의 천황이다. 즉위 전의 이름은 아베나이신노(阿倍内親王)로 생전은 보자칭덕효겸황제(宝字称徳孝謙皇帝)라고 칭하였다.

공적인 제도 안에서 취급하고 위치 지우려고 하는 것이다.

원령(怨靈)에서 신으로

처음에 행하여지는 처치(処置)는 준니(淳仁)천황, 사가라신노(早良親王, 桓武天皇同母弟)·이노우에 나이신노(井上内親王, 光仁天皇妃) 등 권력 투쟁에 지고 죽음에 직면한 황족의 명예를 회복하여 그 묘를 천황묘(天皇墓)에 준하여 「산릉(山陵)」이라고 칭하는 것이었다.

준니천황(아와지 폐제, 淡路廃帝)은 765(天平神護 元年)년에 그를 지지하여 온 후지와라 나카마로(藤原仲麻呂)의 실각과 함께 제위(帝位)를 버리고 아와지(淡路)에 유배되어 거기서 서거했다. 그러나 772(宝亀 3)년 8월에는 다수의 승려를 초빙하여 정중한 공양(供養)과 함께 다시 장사를 지내고 같은 해 9년에는 그 묘를 「산릉(山陵)」이라고 개칭하고 있다(『속일본기』). 800(延暦 19)년에는 권력투쟁에서 패배하여 죽은 사가라신노(早良親王)에게 스도천황(崇道天皇)의 추호(追号)를 부여하고 이노우에 나이신노(井上内親王)에게는 황후의 칭호를 다시 부여하여 양자(両者)의 묘를 「산릉(山陵)」이라고 부르도록 명하고 있다(『류취국사(類聚国史)』).

이 인물들은 당시 남들 모르게 맹렬하게 활동하는 사령의 대표격이었다. 어느 쪽도 황족이었던 만큼 민간에 그 망혼의 부상(浮上)은 그들을 무너뜨리고 권력을 지킨 현 정권에 대한 예리한 비판의 의미를 포함하는 것으로 되었다. 그래서 그 재앙의 대처는 권력 측에도 발등에 불이 떨어진 것과 같은 매우 위급한 상황이었다.

천황릉(天皇陵)이 부처등과 함께 넓은 의미의 「가미(カミ, 신)」로 간주되었던 것은 앞에서 논하였다. 그 때문에 묘를 천황릉에 비유하는 것은 그 영혼을 천황령(天皇靈)과 같이 「가미(カミ, 신)」로 치켜세운 것에 불과하다. 이렇게 하여 안식의 땅을 얻은 망혼(亡魂)의 재앙은 내력이 있는 신들의 재앙과 같은 레벨에서 파악되게 되어 전통적인 재앙에 대한 대처 방법을 적응할 수 있게 된 것이다.

『일본기략(日本紀略)』792(延曆 11)년 6월 10일 조(条)에는 황태자의 병을 「스도천황(崇道天皇, 早良親王)의 재앙」으로 간주하고 영혼을 위로하기 위하여 신하를 그 묘가 있는 아와지(淡路)의 나라에 파견한 것이 기록되어 있다. 또 같은 『일본기략(日本紀略)』의 809(大同 4)년 7월 3일 조(条)에는 「사신을 요시노산릉(吉野山陵, 井上內親王墓)에 파견하여 능(陵) 내부를 청소하고 경전을 읽게 하였다. 심한 가뭄이 계속되고 산릉(山陵)이 재앙을 내리고 있기 때문이다」라고 하는 기사가 보인다. 재앙의 원인 제거와 불법에 의한 진무(鎭撫, 난리 등을 평정하고 민심을 수습함)는 고대 신들의 재앙에 대한 가장 전형적인 대응 방법이었다. 그것이 이때에는 모반(謀反) 죄를 뒤집어쓴 사가라신노(早良親王)와 이노우에 나이신노(井上內親王)의 망혼(亡魂)에 적용되었다. 그 영혼은 예측할 수 없는 위해를 끼치는 원령(怨靈)으로부터 어느 정도까지 조종이 가능한 신으로 변신한 것이다.

어령신앙(御靈信仰)

영혼의 신격화는 9세기 이후, 황족(皇族)의 범위를 넘어 일반에게도 널리 퍼지게 되었다. 그 대표적인 것이 어령이다. 863(貞観 5)년 5월 스도천황(崇道天皇) 등 6명의 사령(死霊)을 위무(慰撫)하기 위하여 교토(京都)의 신천원(神泉苑)에서 어령회(御霊会)가 개최되었다. 이때 제사지낸 「어령(御霊)」은 스도천황·이여친왕(伊予親王)·후지와라부인(藤原夫人, 桓武天皇妃)·관찰사(観察使)·다치바나노 하야나리(橘逸勢)·훈야노 미야타마로(文室宮田麻呂)의 여섯 기둥이었다. 이영들은 모두 다 정변(政変)에 의하여 죽음을 맞이한 인물이고 그 「원혼(寃魂)」이 「귀신(おに, 오니)」이 되어 역병을 일으킨다고 생각하였다. 이때의 법회(法会)에서는 그 죽은 6명의 영혼을 「어령」으로 칭하여 「영좌(霊座)」를 설치함과 동시에 그 앞에 공물(供物)을 바치고 독경(読経)이나 가무(歌舞)·예능(芸能)에 의하여 그 노여움을 진정시키려고 한 것이다(『니혼산다이지쓰로쿠(日本三代実録)』).

이러한 어령회(御霊会)의 형태는 이전부터 민간에서는 성하게 행하여져 「풍속을 이루고」 있었다. 사령관념(死霊観念)의 앙양(昂揚)에 따르는 어령신앙(御霊信仰)의 유행을 무시할 수가 없게 된 조정(朝廷)이 그것을 국가의 일원적인 관리 하에 두려고 시도하였던 것이 이 어령회였다. 그 때문에 조정은 어령회를 주재(主宰)하는 한편 그 다음 다음해인 정관(貞観) 7년 6월 14일에는 사람들이 어령회에 모여서는 「주마(走馬, 말달리기)·기사(騎射, 활쏘기)」를 행하는 것은 금지하고 있다.

그러나 이러한 일련의 움직임은 고대국가가 국가적 레벨로 어령(御霊)에 대응하려고 하는 대부분 최후의 시도가 되었다. 이후, 어령신앙은 이후 조정의 관할을 벗어나 민중의 손으로 돌아가게 되었다. 영혼의 신의 전환은 어느새 국가의 관리가 미치는 곳이 아니게 되었다. 10세기에는 어령신사(御霊神社)가 건립되어 명확하게 신으로서의 모습을 나타내게 된다. 에도시대의 의민현창(義民顕彰)을 거쳐 근대의 야스쿠니(靖国)에까지 이어지는 사람이 신으로 되는 역사가 본격적으로 열려가게 되는 것이다.

신천원(神泉苑)

일반생활자의 영혼관

7세기 말에 국가적인 정책에 의하여 역대 천황의 영혼이 신으로 위치 지어졌다. 또 8세기에는 어령 관념이 널리 사회에 공유되었다. 이들 역대 천황의 영혼이나 어령관념은 모두다 생전에 특별한 지위에 있던 인간이나 대중에게 강한 인상을 남긴 사람들이었다.

이러한 특수한 영혼도 있었지만 당시의 일반적인 사람들의 영혼 관념은 전 시대와 그다지 크게 달라 진 것이 없다고 추정한다. 죽음은 신체로부터 이탈한 영혼이 이제는 귀환할 수 없게 된 사태를 의미하고 몸을 벗어난 영혼은 점차로 유해로부터 멀어져가 이 세계의 어딘가에 있는 죽은 자의 나라에 머무른다고 생각되는 것이다.

다른 한편으로 헤이안시대에는 사기(邪気)・영기(靈気)・물괴(物怪)라고 하는 개인적인 차원에서의 영혼의 재앙에 대한 관념이 팽창하여 있던 것도 사실이다. 그것들은 어령(御霊)과는 달리 당면한 개개인의 문제였기 때문에 관계자가 독자적으로 대응하여야 하는 것으로 생각하였다. 헤이안시대 후반에 밀교(密教)나 음양도(陰陽道)의 수법이 발달한 것은 급속하게 심각화(深刻化)하는 원령조복(怨霊調伏)이라고 하는 과제에 답하기 위한 것이었다[速水 75]. 단지 그 경우도 의례의 중심을 이룬 것은 유체에 대한 가도나 공양이 아니고 어디까지나 눈에 보이지 않는 사령(死靈)의 정화(淨化)였던 것이다.

제1장에서 상세하게 논한 것과 같이 장례의식을 마친 유해에 관한 무관심은 고대에 일관되게 나타났다. 후지와라(藤原)와 같은 고급 귀족이라도 씨족의 묘지는 가지고 있었다. 그렇지만 중요한 점은 그 땅에 매장되는 것이었고 개개의 인간이 어디에 묻혀있는가는 그리 큰 관심사가 아니었다. 분묘에 잠자는 개인을 오랫동안 기억에 머물게 하는 방책이 행하여지거나 정기적인 묘지 참배가 행하여지는 일이 없었다.

840(承和 7)년 5월에 죽음을 목전에 둔 이전 천황인 준나(淳和)는

자신의 장례의식을 간소하게 하도록 지시하였다(『속일본후기(続日本後紀)』). 이에 의하여 사람이 죽을 경우 「정혼(精魂)」은 하늘에 돌아가 무덤과 유해만 남기 때문에 거기에 「귀물(鬼物)」이 빙의(憑依)하여 재앙을 받게 되는 것을 방지하기 위해 뼈를 잘게 부수어서 산중(山中)에 뿌리도록 명령하였다. 이에 대하여 신하 측에서 일본열도에서는 상고(上古)로부터 천황이 죽어 산릉(山陵)을 조성하지 않는 예가 없다고 하는 비판의 소리가 나왔지만 영혼이 어디에 가는 것인가는 불구하고 유해와 영혼을 분리하는 사고 방법은 신분의 상하를 불문하고 당시 사람들 사이에서 어느 정도 널리 공유되어 있었다. 예를 들면 산릉(山陵)이 만들어져도 그 소재지가 종종 명확하지 않게 된 배경에는 동일한 관념이 있었기 때문이다.

제3장 납골(納骨)하는 사람들

1. 야쓰바데라(八葉寺)의 여름

아이즈(会津)의 다카노(高野)

야쓰바데라가 있는 후유키사와(冬木沢)의 집락은 아이즈 와카마쓰시(会津若松市)의 중심부로부터 북쪽으로, 대략 8km 정도 떨어진 장소에 위치하고 있다. 이전에는 가와 히가시 마치(河東町)[31]에 속하여 있었지만 시읍면합병(町村合併)에 의하여 지금은 아이즈 와카마쓰시로 되었다. 열차라면 반에쓰 니시센(磐越西線)의 히로타역(広田駅)에서 절까지 20분 정도 걸으면 된다.

반에쓰(磐越) 자동차도를 이용할 경우 「반다이가와 히가시(磐梯河東)」[32]가 가장 가까운 인터체인지이다. 인터체인지를 내려가서 국

---

31) 후쿠시마현 가와누마군(福島県 河沼郡)에 속해 있던 초(町)였는데 2005년 11월1일에 아이즈 와카마쓰시(会津若松市)로 편입되어 현재는 아이즈 와카마쓰시 가와 히가시마치(河東町)로 되어 있다.

도 49호선으로 아이즈 와카마쓰(会津若松)로 향하여 도중에서 남하하는 국도를 뒤로하고 사카시타(坂下) 방면으로 직진하는 길로 들어간다. 반에쓰 니시센(磐越西線)의 과선교(跨線橋)를 지난 부근에서 시야가 열려 북쪽 방각(方角)에 야쓰바데라(八葉寺)의 숲을 바라볼 수가 있게 된다. 그 앞의 긴도(金道)의 교차점을 오른쪽으로 돌아서 산의 북쪽방면으로 향하는 겐도(県道)로 나아가 최초로 만나는 넓은 농로를 오른쪽으로 돌면 논 가운데로 곧바로 이어지는 일방도로의 앞이 후유키시와(冬木沢)이다.

후유키사와(冬木沢)는 아이즈 분지(会津盆地)) 동쪽의 경계에 해당한다. 평탄한 옥야일면(沃野一面)에 펼쳐지는 논이 서서히 고도를 높여 반제(磐梯)·웅국산괴(雄国山塊)로 향하여 융기(隆起)하는 언덕에 부딪치는 그 경계선에 위치하고 있다. 손질이 잘 된 정원이 있는 집들이 들어서 있는 마을의 길을 북쪽으로 향하면 정면에 야쓰바데라의 산문(山門)이 보이게 된다. 후유키사와(冬木沢)가 이전에 야쓰바데라의 몬젠마치(門前町)33)이었던 것을 알 수 있는 것은 마을이 절을 중심으로 형성되어 있다는 점이다.

매년 8월 1일부터 7일까지의 1주일간, 야쓰바데라에서는 「아이즈 다카노야마(会津高野山詣り)」로 불리는 제례(祭礼)가 행하여져 많은 사람들이 여기를 방문한다. 5일에는 무형문화재(無形文化財)로 되어

---

32) 반다이가와 히가시는 후쿠시마현 아이즈 와카마쓰시(福島県 会津若松市)에 있는 반에쓰지도샤도(磐越自動車道)의 인터체인지다.
33) 몬젠마치(門前町)는 유력한 사원이나 신사주변에 형성된 마을을 말한다. 대규모이고 많은 참배객을 모으는 신사나 사원 앞에 관계자 및 참배객을 상대로 하는 상공업에 종사하는 사람들이 모여서 형성된다.

제례날의 야쓰바데라 오구노인(八葉寺奧の院)

있는 「구야 염불 춤(空也念仏踊り)」이 봉납(奉納)되면서 행사는 절정을 맞이한다. 제례(祭礼) 기간 중에는 사람들이 줄을 지어서 임시 휴게소(臨時休憩所)가 설치되어 꽃을 파는 파라솔이 서 있는 문전(門前) 길인데, 겨울의 오늘은 사람 그림자가 없었다.

흰 정의(浄衣)를 입은 인왕상(仁王像)이 지키는 산문(山門)을 통과하여 정면에 세워진 것은 본당(本堂)에 해당하는 아미타당(阿弥陀堂)이다. 무로마치풍(室町風)의 양식을 가진 삼간사방(三間四方)의 띠 지붕(가야부키, 茅葺き)의 이 소당(小堂)은 세부(細部)에 이르기까지 정성어린 배려를 느끼게 하면서도 소박함을 잃지 않는 인상적인 모습을 보이고 있다. 현재는 중요문화재로 지정되어 있다.

그 양 배후에는 아미타당(阿弥陀堂)에 뒤따르는 것 같이 공야당(空也堂)과 십왕당(十王堂)이 서 있어 한층 더 높게 되어 있는 배후지(後背地)에는 오쿠노인(奥院)이 있다. 결코 큰 절은 아니지만 나무숲에 둘러싸인 경내(境内)는 따스함을 느낄 수 있는 마음 편한 공간을 형성하고 있다.

지금도 남아 있는 납골신앙

아무도 거주하지 않는 사찰이 되어 번성함을 되찾게 되는 것은 8월의 제례(祭礼) 시기만으로 되어버린 이 야쓰바데라(八葉寺)에는 진귀한 풍습이 남아 있다. 초분(初盆)을 맞이하는 고인의 치골(歯骨)이나 머리카락(髪)을 수납한 목제 오륜탑(五輪塔)을 제례 기간(祭礼期間)에 절에 봉납(奉納)하여 죽은 자의 공양을 행하게 된다. 「후유키자와마이리(冬木沢参り)」 등으로 불리는 이 납골 풍속은 현재도 이어진다.

아이즈(会津)는 옛날부터 불교문화가 번성한 지역이었다. 분지 서쪽에 있었다고 하는 고사(高寺)는 불교의 공식적인 전래 이전으로 거슬러 올라가 창건되었다고 전해지고 있다. 전교대사(伝教大師) 사이초(最澄)의 논적(論敵)이었던 덕일(徳一)은 야쓰바데라(八葉寺)로부터 직선으로 5km도 되지 않는 혜일사(恵日寺)에 거주지를 정하였다. 본존(本尊)의 약사여래상(薬師如来像)은 처음 헤이안시대 전기의 불상을 10개 이상이나 소장하는 승상사(勝常寺) 등, 고찰(古刹)·명찰(名刹)이 분지내(盆地内)에 산재(散在)하고 매년 많은 참배자와 관광객을 불

아미다당(阿彌陀堂)에 진열된 납골오륜탑

러들인다.

야쓰바데라(八葉寺)는 그러한 관광 경로에서 완전히 빠져 있던 사찰이다. 그렇지만 이 경내(境內)와 주위(周圍)의 분위기가 좋아서 몇 번이나 찾았다. 주변에 히요시 신사(日吉神社)나 구마노 신사(熊野神社)가 있어 「공야원(空也原)」, 「고야(高野)」라고 하는 관련이 있는 지명이 남아 있는 점도 나의 흥미를 끌었다.

2003년 8월, 같은 연구자인 스에키 후미히코(末木文美士), 나카무라 이쿠오(中村生雄)들과 함께 이 절을 방문하여 경내를 안내받은 적이 있다. 동행 해준 사람은 야쓰바데라(八葉寺) 주지를 겸임하고 있는 금강사(金剛寺)의 야마구치(山口修誉)와 아드님인 노리쿄(史恭), 그리고 가와 히가시 마치(河東町)의 교육위원회가 보내준 이가라시 준

이치(五十嵐純一)였다.

아미타당내(阿弥陀堂内)에서는 중앙에 금색의 아미타여래상(阿弥陀如来像)이 서 있고 그 좌우의 배후에는 히나단(ひな壇)이 만들어져 거기에 높이 15cm 정도의 납골 오륜탑이 줄지어 있다. 오랜 세월을 느끼게 하는 검게 된 히나단과 나무의 향기가 나오는 것 같은 매우 새로운 백목(白木)의 오륜탑이 선명한 대비를 이루고 있었다.

마지막으로 본 것은 지금까지 절에 수납된 납골용기(納骨容器)를 소장하고 있는 사리전(舍利殿, 収蔵庫)이었다. 1만 5천 체 정도의 납골탑파(納骨塔婆)와 납골기(納骨器)가 연대별로 정확하게 분류·정리되어 목제 상자에 수납되어 있었다. 연대를 확인할 수 있는 가장 오래된 것은 1595(文禄 4)년까지 거슬러 올라간다고 한다.

납골탑파(納骨塔婆)에 파묻힌 당내(堂内)

이 납골탑파는 긴 세월에 걸쳐 야쓰바데라(八葉寺)에 수납되어 왔던 것이었다. 이전에는 아미타당(阿弥陀堂)의 기둥이나 장압(長押), 벽판(壁板)에 고정되어 있었지만, 다이쇼(大正) 15년의 해체수리 때에 오쿠노인(奥の院)에 옮겨졌다. 당시의 상황을 느끼게 하는 것과 같이 수장고(収蔵庫)의 탑파에는 본체를 관통하는 못이 그대로 있는 것이 있다.

1971(昭和 46)년, 당시 도호쿠학원대학 교수(東北学院大学教授) 이와사키 도미오(岩崎敏夫)를 주임으로 하는 야쓰바데라오륜탑조사위원회(八葉寺五輪塔調査委員会)가 결성되어 9개월간의 조사 기간을 거쳐

그 전모가 밝혀졌다. 이와사키(岩崎)는 그때의 모습을 다음과 같이 회고하고 있다.

> 일찍 해가 지는 늦은 가을의 오쿠노인(奧の院)에서 천정이라고 할까 벽면이라고 할까 빈틈없이 붙어있는 사면 모서리의 큰 못이 박혀있는 오륜탑(五輪塔)을 하나하나 정성스럽게 떼어내는 일은 간단한 문제가 아니었다. 까마귀가 울부짖는 가운데 하얀 이나 뼛조각이 가루와 함께 어깨에 떨어지는 가운데 있으니 이 세상의 것이라는 생각이 들지 않는 쓸쓸한 감정이 엄습하였다[岩崎73].

조사위원들의 이러한 노력을 거쳐 야쓰바데라(八葉寺)의 탑파군(塔婆群)은 소화(昭和) 56년(1981년)에 나라의 중요유형 민속 문화재로 지정되었다. 그것을 계기로 국가의 보조를 받고 건립된 수장고(收藏庫)에 수납되어 오늘날에 이른다.

수장고의 내부에는 나무로 만든 단사상(箪笥狀)의 수납 박스가 놓여져 서랍을 열면 정리된 납골탑파(納骨塔婆)를 볼 수 있게 되어 있다. 서랍을 열 때마다 수많은 납골기(納骨器)가 모습을 나타낸다. 다양한 형체(形体), 다양한 재질의 탑파가 거기에 있었다.

그렇다고 해도 놀랄만한 수의 납골기이다. 여기에 필적(匹敵)하는 납골에 관한 민속자료를 소장하는 것은 나라(奈良)의 간코지(元興寺) 정도일 것이다. 지금은 사진으로밖에 볼 수가 없지만 이것들이 탑파(塔婆)에 의해서 묻혀 있었다고 하는 당내(堂內)의 광경은 어떠한 것이었을까.

사람들이 무엇을 생각하고 무엇을 원하여 고인의 치골(歯骨)을 수납한 탑파를 안고 후유키자와(冬木沢)의 먼 여정을 거친 것일까. 체계화된 교리를 취급하는 기존의 사상사나 불교사의 방법으로는 절대로 헤치고 들어갈 수 없는 정신세계가 이 납골 오륜탑의 배후에 있는 것을 그때 강하게 느꼈다.

각지(各地)에 남아 있는 납골신앙의 흔적

야쓰바데라(八葉寺)는 현재까지 납골하는 풍속 습관을 가지고 있는 희귀(希有)한 사원이다. 도호쿠(東北)지방에서도 릿샤쿠지(立石寺) 등 오늘날까지도 납골이 행하여지는 곳은 있지만 이러한 습관은 거의 모습을 감추고 말았다. 그러나 시대를 거슬러 올라가면 영지(靈地)·영장(靈場)의 납골은 결코 드문 현상은 아니었다. 그것이 널리 국민행사로서 행하여지고 있던 시기도 있었다. 중세야말로 바로 이러한 시대였던 것이다.

영장의 유골납입(遺骨納入)의 풍습이 최초로 본격화되는 것은 12세기의 고야산(高野山)에서였다고 알려졌다[田中久 78]. 그때부터 고호다이시(弘法大師)가 살아 있는 채로 그 모습을 묘소에 머물게 한다고 하는 「입정신앙(入定信仰)」34)이 퍼져 대사의 무릎 아래에 뼈를 수납하는 것을 희망하는 사람들이 증가하였다. 야쓰바데라(八葉寺)가 「아이즈(会津)의 고야산」이라고 불리고 있던 것이 상기(想起)된다. 가마쿠라시대에 성립하는 『잇뺀히지리에(一遍聖絵)』나 『덴구소시(天

---

34) 입정신앙이란 자신과 대일여래와의 본질적 동일성을 체득하게 하는 밀교만의 독특한 행법으로 그 행법은 대 우주의 상징인 오륜탑에 들어가 소우주인 자신의 신체의 각 부위를 대비시켜 법신대불여래와의 본질적 동일성을 체득하는 것이다.

狗草紙)』에는 고호다이시(弘法大師)의 묘소가 있는 오쿠노인(奧の院)의 참배 도로의 양측에 무수히 많은 납골 졸탑파(卒塔婆)가 늘어 서 있는 정경이 그려져 있다.

『헤이케이 모노가타리(平家物語)』 권3에서는 유왕(有王)이 슌칸(俊寬)의 유골을 목에 걸고 고야산(高野山)에 올라 오쿠노인에 수납하고 자신은 연화곡(蓮華谷)에서 법사가 되어 주로 후생을 빈 것이 기록되어 있다. 남도(南都) 습격의 장본인 인 다히라노 시게모리(平重衡)의 유골도 최후에는 고야산에 보내져 있다.

납골 습관은 이때쯤 널리 각지에 퍼져있었다. 조금 전에 언급한 간코지(元興寺)도 방대한 납골신앙 유물을 전하고 있는 것이 알려졌다. 그 밖에 서국(西国)에서는 하세데라(長谷寺)나 실생사(室生寺)가 일찍부터 납골의 장으로 되었다. 법륭사(法隆寺), 당마사(当麻寺), 서대사(西大寺)에서도 이전의 납골 신앙의 흔적을 남기고 있다. 『잇뺀히지리에(一遍聖絵)』에는 관사(関寺)에 부속하여 납골 장소가 설치되어 거기에 남자가 옮겨온 납골을 수납한 모양이 그려져 있다.

이전에 그 본존을 둘러싼 논의가 문제가 된 요코하마시(横浜市)의 상행사 동유적(上行寺東遺跡)이나 이와타시(磐田市)의 제일의 곡유적(谷遺跡)은 집단적인 납골 지역으로 유명하다. 상행사(上行寺)가 도시 가마쿠라(都市鎌倉)의 동쪽 경계라고 하면 그 정반대의 서쪽의 경계에 해당하는 에노시마(江ノ島)나 다키노 구치(竜ノ口)도 죽음의 냄새가 퍼져 있는 장소였다. 다키노 구치에서는 가마쿠라막부(鎌倉幕府)에 의하여 두세충(杜世忠) 등 몽고(蒙古)인 5명이 처형되어 니치렌(日蓮)이 다행히 참수를 면하였다.

사도(佐渡) 연화봉사(蓮華峯寺)의 골당(骨堂)

　기타니혼(北日本)에서도 니이가타현(新潟県)의 아와지마(粟島), 마쓰시마(松島)의 이오지마(雄島), 나토리시(名取市)의 대문산(大門山) 등이 납골의 흔적을 남기고 있다. 나카노(中野豈任)가 소개한 사도(佐渡)의 오기 마치(小木町)35)에 있는 소비예산 연화봉사(小比叡山蓮華峯寺)에는 중세로 거슬러 올라가는 것 같은 골당(骨堂)이 남아 있어 이전에는 그 내부의 흙 사이에 재를 뿌린 것 같이 새하얗게 되어 있다고 한다[中野88]. 이렇게 하여 헤이안시대 후기부터 가마쿠라시대에 걸쳐서 성인(聖人)의 묘소를 중심으로 영장이라고 불리는 신앙의 장

---

35) 오기마치(小木町)는 이전에 니이가타현 사도군(新潟県 佐渡郡)에 속하는 행정구역이다. 사도가시마(佐渡島)의 북쪽에 위치하는 료즈시(両津市)에 대응하는 섬의 남쪽 현관이었다. 2004년 병합에 의하여 현재는 사도시(佐渡市)의 일부다.

(場)이 형성되어 거기에 뼈를 수납하는 것에 의해 고인의 구제(救済)가 실현된다는 신앙이 퍼져 나가게 된 것이다.

그렇다고 하더라도 왜 12세기라고 하는 시대에 이 열도에서 납골신앙이 급속하게 널리 퍼지게 된 것일까. 고호다이시(弘法大師)를 시작으로 하는 성인의 묘소가 납골 대상이 된 것은 어떠한 이유일까. 그 배경에는 이 시기에 사람들의 죽음이나 구제에 관한 관념에 어떠한 형태의 큰 전환이 있었던 것으로 예상된다.

거기서 우리들은 납골의 문제를 생각하면서 우선은 헤이안시대 후기의 사회에 세계관의 면에서 어떠한 변용이 일어났는가를 간단하게 돌이켜 보기로 한다.

2. 확대되는 피안세계

팽창하는 타계

고대로부터 중세로 오면서 세계관의 가장 현저한 변용은 이 세상과 동떨어진 피안세계의 확대였다.

사후 세계의 관념은 물론 중세 이전에도 존재하였다. 그러나 이미 제1장에서 논한 것과 같이 거기서 중심이 되는 것은 어디까지나 현세의 생활이고, 다른 차원의 세계(異次元世界)로서의 타계(他界)의 관념이 충분한 발달을 이루지는 못하였다. 내세는 현세의 투영이고 그 연장선상에 불과하였다. 죽은 자의 나라가 있는 장소에도 기본적으로는 도보로 왕래가 가능한 이 국토의 내부였다. 그것에 대하여 10세기경부터 점차로 관념 세계로 접하는 먼 피안(彼岸)의 비율이 증대(增大)하기 시작하여 원정기(院政期, 12세기)에 이르러서 드디어 현세를 역전하게 된다.

이 세상은 결국 임시 거처지에 불과하다. 거기서의 잠시 동안의 생활을 위하여 물건을 구하고 몸을 장식하는 것은 무의미한 행위이다. 내세의 정토(淨土)야말로 간절히 바라야 할 진실의 세계이고 현세 생활의 모두는 정토왕생(淨土往生) 실현을 위하여 뒤돌아보지 않으면 안 되는 것이다.

> 지금의 인생은 하루 밤 머무는 숙소이고 꿈과 환상의 세상, 아무리 애써도 실현되지 않는다는 진실을 알아야 한다. 생애(生涯)를 가볍게 여겨 후세(後世)를 생각하기 때문에 실제로는 살아 있지 않는 것, 지금만, 단지 지금만 진실하게 생각하여야 한다.
> 『이치곤호단(一言芳談)』[36]

> 인간이 살아가는 모습을 보면 봄날에 눈사람 부처를 만들어 그것을 위해서 금은주옥(金銀珠玉)을 장식하고 성황당(堂)을 세우려고 하는 것과 닮아 있다. 『쓰레즈레구사(徒然草)』[37]

중세의 사료에는 다다르는 곳마다 이러한 현세의 무상과 인간의

---

36) あひかまへて、今生は一夜のやどり、夢幻の世、とてもかくてもありなむと、真実に思ふべきなり。生涯をかろくし、後世をおもふ故、実にはいきてあらんこと、今日ばかり、たゞいまばかり真実に思ふべきなり。『一言芳談』
37) 人間の営み合へるわざを見るに、春の日に雪仏を作りて、そのために金銀珠玉のかざりを営み、堂をたてんとするににたり。『徒然草』

제3장 납골(納骨)하는 사람들

생의 유한을 강조하는 말을 찾아볼 수가 있다. 한편 이 세상과 단절된 사후 세계로서의 타계정토(他界浄土)의 관념이 확대·정착하여 고대의 일원적 세계관에서 타계(他界)—차토(此土)의 이중 구조를 가진 중세적 세계관이 완성되는 것이다[佐藤弘 98]. 이상 세계로서의 타계정토를 대표하는 것이 아미타불이 있는 서방극락정토였다.

이 세상에 있으면서 성불을 지향하는 점에서는 사후의 구제를 이상으로 하는 정토신앙과는 대조적인 것으로 간주하기 쉬운 밀교에 관해서도 중세에는 정토왕생이 큰 비중을 차지하기에 이르렀다. 가마쿠라시대의 설화집 『샤세키슈(沙石集)』는 「영혼을 구제(救済)하여 극락에 보낸다」고 하는 기능에서도 밀교의 타라니(陀羅尼)나 광명진언(光明真言) 쪽이 염불에 앞선다는 것을 강조하고 있다[巻2-8].

여기에 이르러서는 재생과 영혼의 정화를 바라고 수행(遂行)된 옛날부터 전해오는 빈(殯)은 그 의의를 완전하게 잃었다. 죽음이 현실에는 아무리 슬픈 일이라고 하여도 그것을 별 세계에서의 더 풍부한 생을 향한 여정의 의식이었다. 영혼의 정화에 필요로 하는 시간과 생과 죽음의 중간 영역은 극적으로 축소하여 양자의 사이에는 명확한 하나의 선이 그어졌다. 생에서 죽음으로 이행하는 임종의 순간이야말로 그 인간의 일생의 축소이고 후생의 결과를 결정짓는 가장 중요한 시간이었다고 믿었다.

수적(垂迹)과의 결연(結縁)

정토왕생에 가장 높은 가치를 나타낸 중세인에게 있어서 최대의 관심사는 어떻게 하면 그것을 실현할 수 있을까라고 하는 문제였다. 그 하나의 해답이 수적의 결연이었다.

중세에 보급된 불교적 우주관에 대해서는 일본은 이 지역 가운데서도 그 중심인 천축(인도, 天竺)으로부터 멀리 떨어진「변토(辺土)」에 있다고 생각했다. 더욱이 시대는「말법(末法)」의 악세(惡世)이고 거기에 서로 태어난 사람들은 근성(根性)이 삐뚤어진 악인(惡人)이었다. 그러한 구원하기 힘든 인간에 대하여 갑자기 정토라고 하는 이상세계(理想世界)가 어딘가에 실재하고 거기에는 존귀한 부처님이 계신다고 설파하여도 순진하게 받아들일 가능성은 없었다.

그러면「말법변토(末法辺土)」의 중생은 어느 누구라도 정토에 갈 수 없는 것으로 되어버리는 것일까. 그래서 그것을 가엾게 여긴 부처를 먼 세계로부터 사람들을 손으로 부르는 것만이 아니고 중생구

성덕태자의 묘소(叡福寺)

제를 위하여 누구나가 그 실재(実在)를 인식할 수 있는 모습을 하고 이 세상에 출현하고 상벌의 생생한 힘을 행사하는 것에 의하여 사람들의 관심을 정토로 향하게 하려고 하였다. 그것이 「수적(垂迹)」이었다. 따라서 중생은 그 수적과 연(縁)을 연결하는 것에 의하여 정토의 확실한 왕생이 약속되는 것이다.

그 수적을 대표하는 존재가 신이었다. 옛날부터 전해오는 일본에 있었던 신들은 불교적 세계관의 보급에 의하여 타계(他界)의 부처가 이 세상의 중생을 구제하기 위하여 나타난 존재라고 규정하고 있었다.

수적은 신에만 머물지 않았다. 성덕태자나 전교대사(伝教大師), 고호다이시(弘法大師) 등의 성인(聖人)·조사(祖師)도 그러하였다. 고야산(高野山)의 복흥에 진력(尽力)한 가쿠반(覚鑁)은 고야산을 연 고호다이시 구카이(空海)에 관하여 「본지(本地)는 십방제불(十方諸仏)의 능화(能化)인 대일여래(大日如来)이고 수적은 육취(六趣)의 중생이 돌아가야 하는 삼지(三地)의 보살이다(本地は十方諸仏の能化である大日如来であり、垂迹は六趣の衆生が帰すべき三地の菩薩である」「고야산 사문각번신문(高野山沙門覚鑁申文)」)라고 기록하고 있다. 성덕태자의 묘소인 기장(磯長)에 전하여 지는 「성덕태자 묘굴게(聖徳太子廟窟偈)」에서는 성덕태자가 관음보살(観音菩薩)의 화신(化身)이라고 하는 것과 함께 그 어머니는 미타(弥陀), 비(妃)는 세지(勢至)의 화현(化現)으로 되어 있다. 그 위에서 「말세(末世)의 여러 유정(有情, 末世의 여러 가지 유정)」을 제도(済度)하기 위하여 부모로부터 받은 「혈육(血肉)의 몸」을 이 묘굴에 머물게 한다고 기록되어 있다.

이외에도 묘당(廟堂)에 조사(祖師)로서 모셔진 자는 모두 이승의 번뇌를 해탈하고 열반의 세계에 이른다고 하는 피안(彼岸)의 부처가 이 세상에 어울리는 모습을 하고 수적한 것이라고 관념되어 있었다. 인도에서 태어난 석가도 수적이고 그 의미로서는 성덕태자와 같은 레벨의 존재로 간주되었다.

사당(寺堂)에 안치된 불상도 본불(本仏)의 수적이었다. 가운데서도 「생신(生身)」 부처로 불리는 타입의 불상은 더더욱 중생(衆生)을 정토로 인도할 목적으로 변화하여 나타난 것으로 간주되어 사람들의 신앙을 모았다. 피안(彼岸)의 부처가 드디어 모습을 나타낸 것을 강조하기 위하여 생신불(生身仏)의 제작에 생생한 존재감과 강력한 효험(効驗)이 강조되었다. 더 높은 사실성과 생동성을 표현하는 것을 목적으로 하여 치취여래(歯吹如来, 이빨을 보이는 여래상)나 파상발(波状髪)을 한 여래상이라고 하는 독자적인 양식을 갖춘 불상이 만들어져 있었다[奥 05].

더욱이 중세에는 불사리(仏舎利, 釈迦의 遺骨)도 생신불과 동등한 존재로 파악하고 일종의 수적(垂迹)이라고 관념되어 있었다.

> 불사리(仏舎利)의 공덕(功徳)을 찾아보면 사리(舎利)는 이 인천(人天)의 복인(福因), 최상의 선인(善因)이다. 무불세계(無仏世界)에는 사리를 수납하여 믿고 의지하며 탁세말대(濁世末代)에는 사리를 가지고 중생을 교화하는 교주로서의 부처인 화주(化主, 중생을 교화하는 교주로서의 부처)로 숭배한다. 생각해보면 이 대은석존(大恩釈尊)의 큰 자비(慈悲), 생각하면 또 무상세존(無上世尊)의 법칙의 이익이

다. 그러므로 악업(惡業) 중생의 가장 아끼는 생(生)이 아닌 생을 나타내어 혈육(血肉)의 몸을 나타내고 박덕(薄德)한 우리들을 버리기 어려움이 멸(滅)이 아닌 멸을 부르짖으며 신계(身界)의 뼈를 머물게 한다. 『징헌작문집(澄憲作文集)』

사리(舍利)라고 하는 것은 「탁세말대(濁世末代)」의 중생을 구하기 위하여 석가불(釈迦仏)이 이 세상에 남겨준 의지처로 「화주(化主)」라고도 할 수 있는 존재였다. 그 때문에 사리는 종종 「신변(神変)」을 나타내어 화불(化仏)의 모습을 하고 사람들을 정토(浄土)로 인도하려고 하는 것이다(『옥엽(玉葉)』 수영(寿永) 2년 정월24일 조).

「본지수적(本地垂迹, 혼치스이자쿠)」은 오늘날 일반적으로는 인도의 부처와 일본의 신과의 관계로 이해되고 있다. 그러나 중세인은 그것을 극락정토(極楽浄土)의 아미타불(阿弥陀仏)과 같은 눈에 보이지 않는 「저 세상의 부처(あの世の仏)」와 우리들이 오감(五感)을 통하여 그 실제를 인식가능한 성인(聖人)·신·불상이나 불사리 등의 성유물(聖遺物)이라고 하는 「이 세상의 신불」과의 관계로 파악하고 있었던 것이다[佐藤弘夫 00].

현세와 정토

수적(垂迹)의 사명이 말법(末法)시대의 중생구제이기 때문에 그 소재지는 종종 성스러운 땅인 피안세계의 통로로 간주되었다. 12세기경부터 사원이나 신사의 유서(由緒)와 영험(霊験)을 논하는 사사연기(寺社縁起)나 수적의 장(場)의 성스러움을 나타내는 수적만다라(垂迹曼

茶羅)·궁만다라(宮曼荼羅)가 수없이 많이 제작되어 영지(霊地)를 밟는 것의 중요성이 강조되었다.

『젠코지연기(善光寺縁起)』는 「극락은 결코 멀리 있는 것이 아니다. 신주(信州)의 젠코지(善光寺)야 말로 즉 그 지역이다」라고 역설한 후에 「생신여래(生身如来)」가 있는 이 「영지(霊地)」를 밟으면 머무는 곳에 극락왕생이 성취된다고 주장하고 있다. 또 『분천사연기(粉川寺縁起)』에는 「수적의 빛은 새롭지만, 와서 맞이하는 행자(行者)를 극락으로 인도하는 것은 본지(本地)의 서원(誓願)에 의한다. 임종정념(臨終正念)·극락왕생을 바라는 것이면 분천(粉川)의 생신관음(生身観音)에게 부탁드려야 할 것이다.」38)라고 한 말이 보인다. 「부처나 보살이 중생을 제도하기 위하여 부모에 의탁하여 태어나는 육신이라는 생신(生身)」이 본지와 직결되는 존재이고 사람들을 극락으로 맞아들이는 특별한 힘을 가진다는 것을 강조하고 있다.

가스가(春日)나 산노(山王)·가모(賀茂)라고 하는 신사의 경내(境内)도 이 세상의 정토(浄土)(「사단정토(社壇浄土)」)로 되어 그곳의 참배가 극락왕생으로 통하는 길이라고 역설하였다. 정토신앙이 높이 숭상되던 중세에 모든 사찰과 사원은 이러한 논리로서 극락왕생을 원하는 민중의 마음을 끌어들인 것이다.

수적(垂迹) 가운데서도 특히 인기를 모은 것이 성인이었다. 헤이안시대 후기에 편찬된 「왕생전(往生伝)」에는 사람들이 성덕태자(聖徳

---

38) 垂迹の光はあらたかではあるが、来迎して行者を極楽に導くのは本地の誓願による。臨終正念・往生極楽を願うのであれば、粉川の生身観音にお願い申し上げるべきである

太子)를 모시는 사천왕사(四天王寺)나 시나가(磯長)의 성덕태자묘(聖德太子廟)에 가서 참배하고 자신의 왕생을 바란다고 하는 이야기가 수록되어 있다. 성덕태자는 아미타불의 부처를 좌우에서 모시는 두 보살인 관세음보살과 대세지보살(협사, 脇土)인 관음보살의 수적이기 때문에 사람들을 정토에 인도하는 임무를 가지고 있다고 믿었다. 다자이후(太宰府)의 안락사에 안치된 스가와라 미치자네(菅原道真)는 신자에 대해서 현세에서의 대원성취(大願成就)뿐만 아니고 사후의 구제를 약속하고 있지만(『후소략기(扶桑略記)』), 그 본지(本地)는 서방정토(西方浄土)의 십일면관음(十一面観音)이었다. 성인들은 피안의 부처의 수적(垂迹)으로서 사람을 정토(浄土)로 인도하는 존재이고 그들이 있는 공간(「영지(霊地)」, 「영험소(霊験所)」)은 「이 세상의 정토(この世の浄土)」라고 하는 것과 같이 아득히 먼 피안 세계의 입구였던 것이다.

일본각지에 「영지(霊地)」나 「영험소(霊験所)」로 불리는 성지가 생겨나는 11세기에서 12세기에 걸친 시기는 고대적인 지배질서가 종말을 맞이하려고 할 즈음에 있었다. 율령체제가 해체되어 가는 가운데서 국가의 비호(庇護)로부터 떨어져 나온 관사(官寺)는 자력(自力)으로 살아남지 않으면 안 되었다. 그렇게 하기 위해서는 많은 신자를 사찰에 불러들이는 것이 반드시 필요하였다. 이러한 과제를 짊어진 전통사원은 적극적으로 민중 가운데로 들어가 포교를 추진하였다. 그때 사찰로 사람을 모으는 동기가 된 것은 사람들을 극락으로 유도하는 수적의 존재였던 것이다.

타계(他界)의 본불(本仏)이 이 세상에 뿌리내린 구제(救済)를 행하기 위하여 나타난 수적(垂迹)은 각각의 유래를 가지고 있는 특정한 화현(化現)의 장(場)과 깊이 연결된 존재였다. 거기로 향하여 기도를 드리는 것에 의해 정토의 왕생이 가능하다고 믿었다.

오쿠노인(奧の院)의 탄생

중세의 사찰과 사원(寺社)은 수적을 매개로 하는 정토신앙을 고취하는 한편 점점 퍼져가는 성인신앙(聖人信仰)과 증가하는 참배자에 대응하여야 하는 성인 - 수적을 모시는 새로운 시설을 사내(寺內)에 설치하였다. 그 시설은 보통사원(通常寺院)의 가장 안쪽의 전망이 좋은 장소에 만들어졌기 때문에 후에는 「오쿠노인」이라고 불리게 되었다. 고호다이시(弘法大師)가 입정(入定)하였다고 하는 전설이 있는 고야산(高野山)의 오쿠노인은 그 시작이다.

어묘교(御廟橋)에서 본 고야산 오쿠노인(高野山奧の院)

『잇뺀히지리에(一遍聖絵)』에서는 고야산이 「삼지살(三地薩) =수적지(垂迹地)」(三地라고 하는 수행의 지위가 있는 보살인 고호弘法대사가 수적된 땅)로 되어 잇뺀(一遍)은 「구품정토(九品浄土, 극락정토)」의 인연을 연결하기 위하여 거기에 들어갔다고 기록되어 있다. 『일언방담(一言芳談)』에는 고야산 오쿠노인에 참배한 중원(重源)이 심야 구카이(空海)의 묘소로부터 울려 퍼지는 염불 소리를 들었다고 하는 이야기가 수록되어 있다. 팔엽연화(八葉蓮華)에 둘러싸인 밀교적(密教的)인 만다라 세계로 이미지 되어 있던 고야산이 언제인가부터 오쿠노인을 중심으로 하는 정토신앙(浄土信仰)의 메카로 변모하였던 것이다.

호류지(法隆寺)나 사천왕사(四天王寺) 등 아스카시대(飛鳥時代) 이래의 유서를 가진 사찰에서도 12세기가 되면 회랑(回廊) 밖의 승방(僧房)의 일부가 개축(改築)된 성덕태자를 모시는 성령원(聖霊院)이 설치되어 정토왕생을 원하는 중서(衆庶)의 열성적인 신앙심을 모았다. 이것들도 오쿠노인에 상당하는 시설로 간주되는 것이 가능하였다. 사천왕사에서는 절의 서문(西門)이 극락의 동문으로 간주되어 그 바깥쪽에 펼쳐지는 험한 파도가 치는 바다에는 왕생을 염원하여 바다에 뛰어들어 자살하는 행위도 성행하였다. 고대에는 진호국가의 대전당(大殿堂)이었던 사천왕사는 중세에는 사람들을 극락세계로 인도하는 다양한 장치를 가진 정토신앙의 일대 거점으로 변화하였다.

그 결과 중세사원은 본존불(本尊仏)을 안치하는 종래의 금당(金堂)에 더해 사찰에 유서 깊은 성인(聖人)을 모시는 오쿠노인이라고 하는 다른 하나의 성역을 가지는 것이 일반화되었다. 금당을 중심으로 외부로 향하여 성(聖)으로부터 속(俗)의 세계로 단계적으로 이행(移行)하는 고대사원의 동심원상(同心円狀)의 우주관으로부터 금당과 오쿠노인이라고 하는 2개의 성스러운 중심점=초점을 가진 중세사원의 타원형의 우주관의 전환이 넓게 진행된 것이다[佐藤弘 03]. 이 오쿠노인이야 말로 새롭게 영장(靈場)으로 재생된 중세사원의 중핵시설(中核施設)이 된 것이다. 정토신앙과 오쿠노인의 건립은 상호 깊게 관련하면서 성인신앙과 흔구정토(欣求浄土)의 기운을 점점 돋우어 갔다.

이리하여 피안(彼岸)과 차안(此岸)을 연결하는 통로로서의 영장이 원정기(院政期)에는 국토상에 조금씩 출현하기에 이르렀다. 영장으로 향하여 많은 사람들이 일본열도 위를 광범위하게 이동하는 순례와 참배의 계절이 시작된 것이다.

납골신앙의 시작

지금의 일본에서는 절과 묘는 끊을래야 끊을 수 없는 깊은 관계를 가지고 있다. 그러나 일본에서는 애당초 절에 뼈를 수납한다고 하는 풍습은 없었다. 승니(僧尼)가 죽은 자의 영혼의 구제를 기원하는 것은 있어도 유해 그 자체의 장제(葬祭)나 처리에는 관계하지 않았다.

뼈나 유체(遺体)를 분묘에 매장하여 공양을 계속하는 것은 천황가나 섭관가(摂関家)나 고승(高僧) 등 극히 한정된 특권 계급만의 것이었다. 그 경우에도 신의 의지처로 인식되어 봉폐(奉幣)의 대상으로 선정된 특별히 선정된 산릉(山陵)이나 분묘(墳墓) 이외는 유해가 있는 묘가 소중하게 보수 관리되어 유족이 정기적으로 그곳을 방문하는 습관은 없었다. 실제로 헤이안시대에는 많은 천황릉(天皇陵)이 일찍이 소재 불명이 되어 있었다. 9세기 중반부터 능사(陵寺)가 건립되면 진혼(鎭魂)의 의식은 오로지 사원에서만 행하여지게 되어 산릉은 단순한 유해의 매납소(埋納所)로 변화하여 그 중요성을 한층 저하 시켜 갔다[山田邦 06].

파괴 후 재현된 조교지히가시 유적(上行寺東遺跡)의 오쿠노인

 귀족층이라 하여도 격식이 있는 장례의식의 종료 후에 화장한 유골을 가모가와(鴨川)에 흘러 보내는 것은 결코 진기한 현상이 아니었다. 서민계층의 경우는 묘를 설치하는 것조차 없이 유해(遺骸)

는 일정한 지역을 정하여 거기에 버려져 썩어가는 그대로 내버려 두었다. 유해나 유골은 한차례 장례의식을 마친 후는 단순한 사물로 인식되어 돌보지 않는 부류에 속했다.

이러한 사체에 대한 관념에 변화가 생긴 것은 헤이안시대 후기였다. 귀족일기 등의 사료를 펼쳐보면 11세기에 들어오면서부터 뼈를 절에 맡기는 예가 나타나기 시작하여 12세기 중엽 이후는 고야산(高野山)이나 히에잔(比叡山) 등의 영장(靈場)의 유골납입(遺骨納入)의 풍습이 본격화되어 간다. 성덕태자(聖德太子)와 인연이 없는 호류지(法隆寺)에서도 성덕태자 신앙을 매개로한 정토신앙이 성행함에 따라서 동원(東院)의 사리전(舍利殿)의 납골이 시작되었다. 저명한 천태층(天台層)인 지엔(慈円)은 자신의 사후 그 화장뼈(火葬骨)를 자혜대사(慈慧大師)의 묘지 근변에 묻도록 지시하였다(「慈円遺言状」). 생전에 참배하는 것만이 아니고 사후도 이 세상의 정토-성인(聖人)의 무릎 아래에 잠드는 것에 의하여 고인은 피안(彼岸)의 정토로의 왕생이 약속된다고 믿었다.

불상도 또한 수적으로 인식되어 있던 것은 앞에서 지적하였다. 그런 연유로 성인을 모시는 묘당(廟堂) 이외에 불상-생신불(生身仏)의 소재지가 왕생정토의 신앙을 모아, 납골의 장소가 되는 경우도 적지 않았다. 조교지히가시 유적(上行寺東遺跡)[39]에서는 오쿠노인에

---

[39] 가나가와현 요코하마시(神奈川県横浜市)에 있는 중세유적으로 1984년 아파트 건설 사전 조사에서 횡혈식 분묘군과 상부에 아미타여래로 보이는 석굴부처 등이 발견되었다. 역사학자 시민 단체의 아파트 건설 반대가 있었지만 당시 문화재보호 조례가 없었고, 또 유적에 쓰여진 문헌 등이 존재하지 않는다는 이유로 아파트 건설이 속행되었다. 현재는 유적의 일부가 공원화되어 있다.

있는 야구라(암굴)의 아미타불(阿弥陀仏) 릴리프(浮彫)의 앞에서 대량의 화장뼈(火葬骨)가 발견되었다[田代 93].

천황의 경우에도 11세기부터 화장한 유골을 당사(堂舍)에 수납하는 것(당탑식 능묘[堂塔式陵墓])이 통례(通例)였지만 이것도 같은 시대의 뼈에 대한 인식의 부각과 공통되는 현상으로 파악할 수 있을 것이다.

교즈카(経塚, 경전을 넣은 묘)의 납골

납골(納骨) 장소로 또 다른 하나로 잊어서는 안 될 것이 교즈카(経塚, 경전을 넣은 묘)이다. 교즈카라고 하는 것은 경통(経筒)에 수납한 경전을 땅 속에 매납(埋納)하고 그 위에 무덤(塚)을 쌓은 것으로 먼 미래에 미륵보살(弥勒菩薩)이 출현할 때까지 경전의 멸실(滅失)을 방지하기 위하여 행하여졌던 것이다. 자각대사(慈覚大師) 엔니(円仁)가 직접서사(書写)한 여법경(如法経, 法華経)을 가지고 시작하였다고 되어있지만, 지금 알려진 가장 빠른 예의 하나는 1007(寛弘 4)년에 후지와라 미치나가(藤原道長)가 긴뿌산(金峰山)에 매납한 것이다.

교즈카(経塚)는 원정기(院政期)에 들어오면 일본열도 각지에 수없이 건립된다. 그 이전까지의 교즈카는 오로지 권력자 개인의 의사에 의하여 만들어진 것에 반해 원정기 이후에 유행하는 매경(埋経)의 대부분은 히지리(聖) 등의 행자(行者)가 내세 구제를 목적으로 한 결연(結縁)을 위하여 사람들에게 권하여, 그 힘을 합하여 이룬 것이다. 그 점으로부터 말하면 교즈카의 형성은 정토신앙의 보급과 지방사원의 재흥(再興) – 영장(霊場)의 형성이라고 하는 동향과 경로를 함께하는 현상이었다.

　오늘날 헤이안시대의 교즈카(経塚)를 발굴하면 그 주변에서 다량의 납골이 발견되는 것이 종종 있다. 교즈카를 중심으로 공동묘지가 발달하여 있는 경우도 볼 수 있다. 교즈카가 만들어졌을 때, 동시에 납골이 행하여졌다고는 생각하기 어렵고 이것은 2세기 중엽 이후의 납골신앙의 보급 가운데 시작된 풍습이라고 생각할 수 있다. 고야산(高野山) 오쿠노인에서는 12세기 전반의 교즈카와 그것과 결연(結縁)하는 12세기 후반 이후의 납골유구(納骨遺構)가 시기를 달리하는 모습이 확실히 간취(看取)된다[時枝 05]. 세즈국(摂津国)에 있는 만원사지산(満願寺池山)의 살생금단(殺生禁断)을 요구한 1273(文永 10)년의 「다전장 정소사미모 금제상(多田荘政所沙弥某禁制状)」은 그 근거로서 거기가 「여법경 수부봉납(如法経数部奉納)의 지(地)」이고, 「제인유령(諸人幽霊)의 묘소」인 것이 예로 들어져 있다. 교즈카와 묘지와의 밀접한 관계는 문헌으로부터도 밑받침할 수가 있다.

　이미 논한 것과 같이 최초기(最初期)의 납골 장소는 수적이 진좌(鎮座)하는 영지(霊地)였다. 「법화경(法華経)의 문자는 법신(法身)의 금신(金身) 사리」(『인연처(因縁処)』)라고 하는 말이 단적으로 나타내는 것과 같이 부처의 깨달음이 눈에 보이는 형태인 문자로 표현된 경전도 또한 당시의 사람들에게 있어서는 근원의 부처인 법신불(法身仏)의 화현(化現)이었다. 그 때문에 「법신(法身)의 사리(舎利)」를 머물게 하는 교즈카(経塚)는 「생신(生身)의 사리(舎利)」를 모시는 묘당(廟堂)과 같은 모양의 영지(霊地)로 간주되었다[村木 04].

오늘날 중세의 납골영장(納骨靈場)이나 공동묘지를 발굴하면 돌에 경문(經文)을 기록한 대량의 일자경석(一字経石)·다자경석(多字経石)이 발견되는 경우가 많다. 이것들은 납골의 매납 후(埋納後), 결연(結縁)을 위하여 묻은 것으로 추정되며 영혼을 피안에 보내는 기능을 가진 경문에 대한 중세인의 깊은 신앙심을 엿볼 수 있다. 이러한 관념에 의해 공동묘지 뒤에 교즈카(経塚)가 만들어지는 것도 받아들여지게 되었다.

안거원 징헌(安居院澄憲)이 자신의 창도문(唱導文)을 모은 『석문비약(釈門秘鑰)』에는 「인간의 사후, 모발·손톱·이빨을 영지(霊地)에 묻는 것」이라고 하는 글이 있다. 거기서는 살아서 영지를 밟는 자나 거기서 죽은 사람만이 아니고 사후에 모발이나 치골(歯骨)을 매납하여도 「땅의 영험(霊験)」에 의해서 구제가 실현된다는 것이 강조되었다. 납골신앙의 보급과 성행의 배경에는 그것을 뒷받침하는 이러한 교설(教説)을 가지고 사람들 가운데에 끼어들어간 종교자의 존재가 있었다.

납골을 거절하는 신사

무연(無縁)의 대중을 받아들여서 영장화(霊場化)한 것은 사원만이 아니다. 이미 논한 것처럼 중세에는 일본의 신들은 먼 타계(他界)의 부처의 수적(垂迹)으로 간주되어 있었다. 그 때문에 신이 진좌(鎮座)하는 신사도 또 이 세상의 정토(浄土, 社壇浄土)인 것이 강조되어 거기에 발을 옮겨 신(神)에게 왕생을 비는 것이 정토왕생의 제일보라고 역설하였다.

쾌경(快慶)의 손이 되는 동대사(東大寺)의 승형팔번신상(僧形八幡神像)의 묵서명(墨書銘)에는 「바라는 것은 임종에 즈음하여 일체의 장애를 제거하고 눈앞의 아미타불을 비는 즉좌의 안락국에 왕생할 수 있는 것을」40)이라고 하는 취지의 말이 기록되어 있다. 신상(神像)의 조립(造立)이 왕생을 목적으로 행하여진 것이다. 「대개 말세를 살아가는 우리들은 후세의 일을 걱정하는 것에도 반드시 신에게 여쭤볼 필요가 있다고 생각하는 것입니다.『홋신슈(発心集)』」41)라고 하는 것이 중세인의 일반적인 인식이었다.

그때 신의 본지(本地)와 사단정토(社壇浄土)의 앞에 있는 피안정토는 당시의 정토신앙의 주류인 아미타불과 극락정토라고 하는 경우가 압도적으로 많았지만 그 이외의 정토가 상정(想定)되는 경우도 있었다.

> 대궁대권현(大宮大権現)은 생각해보면 교주(教主)가 석가(釈迦)다. 한 번이라도 이 땅을 밟은 사람은 영산계회(霊山界会)의 벗으로 된다.

이 노래는 천태(天台)사상을 모태(母胎)로 하는 신도사상, 산왕신도(山王神道)의 관련 서적에 인용됨과 동시에 『양진비초(梁塵秘抄)』에도 수록되어 있어 중세에는 널리 사람들 입에 회자(膾炙)되었던 것

---

40) 願わくは臨終に望んで一切の障碍を除き、目の当たりに阿弥陀仏を拝して、即座に安楽国(極楽浄土)に往生できることを
41) およそ、末の世に生きる我々は、後世(死後)のことを心配するにつけても、必ず神に祈り申し上げるべきであると思われるのでございます

이었다. 히에이잔(比叡山)의 판본(坂本)에 진좌(鎮座)하는 히요시(日吉)의 신인 대궁대권현(大宮大權現)은 영산정토(靈山浄土)에 있는 구원실성(久遠実成)의 석가(인도에서 탄생한 석가의 本地)이기 때문에 한 번이라도 거기에 발을 들여놓은 것은 영산정토에 왕생할 수 있다고 하는 주장이다. 타계정토(他界浄土)로서의 영산정토는 니치렌(日蓮)도 역설하고 있고(제5장 참조), 천태종(天台宗) 관계자를 중심으로 중세에는 일정한 지지 기반을 가진 신앙이었던 것을 알 수가 있다.

그러나 신사(神社)를 이 세상의 정토로 하는 신앙은 사원의 경내(境内) 등을 이 세상의 정토(浄土)로 하는 다른 영지(靈地)・영장신앙(靈場信仰)과 한 가지 현저한 차이점을 가지고 있다. 그것은 신사에는 결코 납골(納骨)되지 않았던 점이다. 「행적을 사단(社壇)에 옮기는 것은 말할 필요도 없이 예토(穢土 이승)를 나와 정토에 참배하기 위한 초문(初門)」(「열전강식(熱田講式)」)이라고 역설되어 정토왕생을 목적으로 참배가 장려된 열전신사(熱田神社)에서도 고야산(高野山)에 납골하기 위하여 유골을 가진 인간이 거처지를 빌리는 것은 곤란하였다(『샤세키슈(沙石集)』권1-4). 이 설화에서는 자비(慈悲)를 존중하는 대명신(大明神)의 배려로 어머니의 유골을 안은 채로 신사의 향응을 받은 것으로 되어 있지만 신사에 뼈를 가지고 들어가는 것은 기본적으로는 금기사항이었다.

니이가타현(新潟県)의 야히코 신사(弥彦神社)에서는 중세에 그 본지불(本地仏)은 아미타불(阿弥陀仏)이라고 믿어져 경내(境内)는 극락정토라고 간주되어 있지만 주변의 지역 영장에서 납골신앙이 유행하여도 신사 그 자체에 대한 납골이 행하여지는 것은 없었다[中野 88].

이러한 사실은 어떻게 해석하는가에 관하여 신중한 검토가 필요하지만 그 원인을 부처와 인간의 근본적·고정적인 기능의 차이로 환원하는 것에 의하여서는 찬성할 수 없다. 불상(佛像)이나 성인(聖人)이나 신(神)의 가장 중요한 역할이 중생을 피안정토(彼岸浄土)로 보내는 것이라고 믿었던 시대가 중세다. 그 위에 각각의 성스러운 상징을 나타내는 사사(寺社)·영장(霊場)은 한 사람이라도 많은 사람을 자신의 주위에 모이게 하기 위하여 다양한 궁리를 짜내어 자신의 독창성을 강조하였다. 납골 거부는 「이 세상이 정토」라고 하는 기본적인 성격을 전제로 하여 부처에 대한 신들의 독자성의 주장이라고 파악할 수가 있을 것이다.

3. 뼈에 달라붙는 영(霊)

납골신앙의 배경에 있는 것

영장이 계속적으로 형성되는 가운데 12세기 중엽부터는 기내(畿內)를 중심으로 유골을 수납하는 습관이 전파되었다. 그 배경에 납골이라고 하는 행위를 통하여 더욱 많은 사람들을 영장(霊場)으로 끌어들이려고 하는 사원측의 전략이 있었던 것은 의심의 여지가 없다. 그것과 동시에 영장에 실제로 발을 옮겨 거기에 뼈를 수납할 수 있을 만큼의 여유를 가진 사회 계층이 중세 성립기에 일어난 계층 분화를 통하여 광범위하게 대두되었다는 사실을 흘려버릴 수가 없다.

지역 영주(領主)들에 더하여 이 시기에 기내(畿內)를 중심으로 형성되고 있던 지역 공동체의 지방 호족 세력인 도호(土豪)나 지방의 의장이었던 나누시 층(名主層)이 그것이었다. 그들은 협력하여 불상의 건립이나 교즈카(経塚)를 조영(造営)함과 동시에 육친이 죽으면 그 유골을 영장으로 옮겨 보제(菩提)하기 위하여 영세(零細)한 전지(田地)를 봉납하였다 이리하여 단지 장지(葬地)에 방치되기보다는 그 후생선처(後生善処)를 바라고 합당한 장례의식이 집행되는 것이 바람직한 양상이라고 하는 통념이 점차로 사회에 침투해 갔다.

12세기부터 납골신앙이 생겨 그것이 각지에 퍼져 있었던 것은 이 시기, 육체와 영혼의 관념에도 중요한 변화가 생긴 것을 의미한다. 인간존재를 육체와 영혼과의 두 개의 구성요소로 나누어 파악하는 것은 전근대 사회에 어느 정도 보편적으로 보이는 현상이었다. 일본에서도 이원론적인 인간 이해는 고래의 극히 일반적인 것이었다. 육체와 별도로 그 인물의 개성을 성립시켜가는 영혼이 실재하는 것이고, 죽음에 의한 육체의 소멸 때뿐만 아니라 경우에 따라서는 『겐지모노가타리(源氏物語)』의 로쿠조 미야스 도코로(六条御息所)의 생령과 같이 생전에서조차 혼은 육체를 벗어나서 부유할 수가 있다고 믿고 있었다. 그 때문에 고대에는 유리(遊離)하려고 하는 혼(魂)을 묶어 매려고 하는 진혼(鎮魂, たましずめ)의 의식이 매우 중요시되었다는 것은 이미 제1장에서 논한 바 있다.

고대에는 정화나 구제의 대상으로서 중시된 것은 오로지 영혼 쪽이었다. 죽음에 의하여 혼은 곧바로 육체를 벗어나기 때문에 불교의 추선공양의 의식도 또한 그 영혼의 정화를 실현할 수 있으면 충분하다고 생각하였던 것이다.

법화경(法華経)을 암송하는 해골

그것에 대하여 죽은 자의 유골을 영장(霊場)에 매납(埋納)하는 것은 영장에 옮긴 단계에서는 아직 뼈에 영혼이 계속해서 머물러 있다고 하는 관념이 전제되어 있다. 그리고 그러한 습관이 널리 사회에 공유된 것은 영혼과 유골이 죽음에 의해서 곧바로 분리하는 것이 아니라는 관념이 사람들 사이에 공유되어 있었던 것을 나타내는 것이었다.

물론 사체에 어떤 작용을 가하는 것에 의해 그 혼을 정토에 보낸다고 하는 사상도 한편에서는 오래 전부터 존재하였다. 사체에 정화된 토사(土砂)를 덮어서 그 성불을 비는 광명진언 토사가지(光明真言土砂加持) 등은 인도 이래의 긴 전통을 가진 수양법(修法)이었다. 겐신(源信)은 988(永延 2)년 2월 6일의 「횡천수릉 엄원 25삼매기청(横川首楞厳院二十五三昧起請)」에 모임(会)의 참가자가 죽었을 경우 광명진언(光明真言)으로 가지(加持:성불기도)한 토사를 망자의 「골해(骨骸)」 위에 덮어 그 죄보(罪報)를 제거하고 「극락」에 다다를 수 있도록 노력하여야 한다고 논하고 있다. 일본에서도 천황릉(天皇陵) 등에서는 정기적으로 하전사(荷前使)나 산릉사(山陵使)의 파견이 행하여진 것은 이미 살펴본 바와 같다. 거기에서 유해나 유골과 영(霊)과의 불가분의 관계를 볼 수가 있다.

그러나 일본열도에 거주하는 압도적 다수의 사람들이 일정한 묘지를 가지지 않는 상황 아래에서는 유해와 영혼이 사후에도 일체화하여 있다고 하는 관념은 민중에서는 쉽게 정착하지는 않았다. 일반적으로 인간은 죽음에 의하여 영혼이 곧바로(即座)로 육체로부터 분리하기 때문에 영혼의 정화를 지향하는 것이야 말로 중요하다고 하는 관념이 고대인의 기본적 입장이었다.

그렇다면 납골이 일반화하는 시기에 사람들은 뼈와 영혼과의 관계를 어떻게 파악한 것일까. 『법화험기(法華験記)』 권상(巻上)에는 「기이국 로코잔(紀伊国宍背山)에 법화경(法華経)을 암송하는 사체」라고 하는 흥미진진한 일화가 수록되어 있다. -구마노 참배(熊野参詣) 후 돌아오는 길에, 로코잔(宍背山)에서 하룻밤을 보낸 지경자 일예(持経者壱睿)는 거기에서 법화경(法華経)을 암송하는 해골(骸骨)과 만났다. 「이미 일승을 암송하였다. 심신이 엉키는 것이 있을쏘냐. 바라는 것은 본연을 듣는 것」[42]이라고 하는 일예(壱睿)의 질문에 사해(死骸)는 자신이 히에잔 동탑(比叡山東塔)의 주지 승려(住僧)인 엔젠(円善)이라는 것을 밝힌 후에 6만 부의 법화경전독(法華経転読)의 소원을 성취하기 위하여 사후도 여기에 머물러 있다고 말하였다. 올해는 여기에 있지만 곧 만원(満願)을 맞이하기 때문에 그 후에는 도솔(兜率)[43]의 내원(内院)에 태어날 예정이라고 이야기하는 것이다.

---

42) すでに一乗を誦せり。あに心神なからむや。願わくは本縁を聞かむ
43) 도솔천(兜率天)을 말하는 것으로 수미산(須弥山) 꼭대기에서 12만 유순(由旬, 40리에 해당함)이 되는 곳에 있는 천계(天界)로 여기에는 칠보(七宝)로 된 궁전이 있고 수많은 하늘 사람들이 살고 있다고 한다.

뼈에 머무는 영혼

여기에는 사후 일정 기간 영혼은 그대로 뼈에 머물러 수행(修業)이 성취되어 타계정토에 왕생하게 된 때에 처음으로 육체의 구속을 벗어난다고 하는 새로운 관념을 읽을 수가 있다. 중세에는 고호다이시(弘法大師)나 자혜대사(慈慧大師)·성덕태자 등의 성인(聖人)·조사(祖師)가 정토에 가는 일 없이 사원수호(寺院守護)나 민중구제를 위하여 굳이 이 세계에 머문다고 믿고 있었지만 그 경우도 그들이 있는 장소는 유골이 있는 묘소였다. 굳이 정토에 돌아가는 것을 거부하고 이 세상에 머물고 있다는 점에서 정토왕생이 어울리지 않는 일반서민의 경우와는 다르다고는 하지만 뼈와 인격은 일체 불이(不二)의 존재로 파악되어 있다.

예를 들면 육체가 죽음을 맞이하여 유해가 백골화 되어도 영혼은 깨달음을 열지 않는 한 기본적으로는 유골과 일체화하여 이 세상에 머물러 있다. 따라서 영혼을 구제(救済)하기에는 그 의지처라고도 할 유골을 영장에 수납하고 수적(垂迹)의 힘에 의하여 피안(彼岸)에 보내주는 것이 가장 확실한 구제 방도(方途)이다. －영장의 납골을 지지한 관념은 이와 같은 것이 아니었을까. 생사 모두의 상태에 있다고 하더라도 혼이 쉽게 육체로부터 벗어난 고대와는 달리 중세에는 뼈와 영혼과의 연결은 죽음에 의하여도 쉽게 끊기 힘든 것이었다.

중세에 염불의 히지리(聖)들이 종종 들(野)에 버려져 있는 무염불(無縁仏)의 뼈를 주어 모아 공양(供養)을 행하는 것은 뼈에 머무는 영

(靈)을 구제하여 정토에 보내기 위한 것이었다. 거기에도 **뼈**와 영에 관계되는 동일한 관념을 간취(看取)할 수 있다.

사이교(西行)에 가탁(仮託)된 『찬집초(撰集抄)』 권5에는 사람 그리움을 참아 낸 사이교(西行)가 고야산(高野山)의 안쪽에서 사람을 만들었던 이야기가 수록되어 있다. 들(野)에 떨어져 있는 **뼈** 한 사람 분량을 주워 모아서 순서에 따라 엮어 맞추어 반혼(反魂 죽은 사람의 넋을 불러냄)의 재주를 행한 것이다. 거기에서는 그러한 행위가 당시의 귀족 사회에 널리 행하여진 것을 암시하는 기술(記述)도 보인다. 반혼(反魂)의 기술 그 자체는 중국으로부터의 전래이지만 **뼈**가 중시되는 시대 풍조 가운데서 전신의 **뼈**가 갖추어져 있으면 「죽음(死)→ **뼈**(骨)→혼(魂)의 이반(離反)」이라고 하는 통상의 과정과는 역의 순서를 인위적으로 추진하는 것으로부터 살아 있는 인간을 만드는 일도 가능할 것이라고 믿게 된 것이다.

유해와 영혼

다른 하나의 예를 들어보기로 하자. 가마쿠라시대의 설화집『우지슈이슈(宇治拾遺集 권2)』에 수록되어 있는 설화이다.

청덕성(清德聖)이라고 하는 한 사람의 성인(聖人)이 있었다. 어머니가 돌아가셨기 때문에 관(棺)에 넣어서 아이코잔(愛宕山)에 올라 그것을 네 개의 돌 위에 올리고 천수타라니(千手陀羅尼)를 암송하면서 자지 않고 쉬지 않으며 관(棺)의 주위를 계속하여 돌았다.

이렇게 하여 3년이 경과한 어느 봄 날, 청덕(清德)은 꿈속의 상태에서 어머니의 목소리를 들었다.

-그렇게도 열심히 다라니(陀羅尼)를 암송하여 준 덕분에 일찍 남자로서 천계(天界)에 태어났지만 이왕이면 부처가 된 당신에게 전하려고 생각하여 지금까지 고(告)하지 않은 채로 있었습니다. 지금은 부처로 되었기 때문에 이렇게 이야기하는 것이다.

그것을 들은 청덕(清徳)은 모친의 성불을 확신한즉 유해를 화장하여 그 뼈를 묻고, 위에 돌 졸탑파(卒塔婆)를 만들어 세우고는 그 곳을 떠났다.

여기에서 유해가 중요한 역할을 수행하는 것은 그 인물이 전생(転生)하게 되어 왕생할 때까지의 기간이었다. 잠시라도 유해를 벗어나는 일 없이 그 주위에서 수법(修法)을 계속한 것은 거기에 공양 대상인 영이 실재한다는 것을(清徳이 그렇게 믿고 있던 것을) 암시하고 있다. 유해에 공을 들여 구제가 확정되었을 때 영혼은 이제 유해 주위에는 없는 것으로 인식했기 때문에 청덕(清徳)은 유골에 부끄럽지 않을 만큼의 조치를 행하고 편안한 마음으로 그 장소를 뒤로하는 것이다.

결국 청덕(清徳)의 마음은 어머니의 묘에는 없었다. 청덕이 두 번 다시 이 장소를 방문하지 않는 것은 명백하였다. 어머니의 혼은 유골이 매장된 그 장소와는 전혀 무관(無縁)하였다. 청덕이 만든 단조로운 어머니의 묘는 얼마 지나지 않아 잡초로 덮여 담쟁이(蔦) 넝쿨로 에워싸여서 소멸할 운명에 있었다. 「자취라고 하는 흔적도 사라지기 때문에 어떠한 사람인지 이름조차도 모른다. (中略) 오래된 묘는 무덤은 파헤쳐져서 밭으로 된다. 그 형태조차 없어지는 것이 슬프다」44)라고 하는 『쓰레즈레구사(徒然草)』에 내포하고 있는 여러 가지 견해는 중세의 묘에서 일반인이 다다라야 할 모습을 기록한 것이었다.

『헤이케이 모노가타리(平家物語)』 권7에서는 비후수정능(肥後守貞能)이 헤이케이(平家) 도읍 함락에 즈음하여 주군(主君) 다이라노 시게모리(平重盛)의 유골을 파내는 장면이 있다. 뼈를 향하여 몰락의 비애를 끊임없이 의탁한 후에 자신의 사후에는 반드시 같은 「일불토(一仏土)」=서방정토(西方浄土)를 맞이하게 해 달라고 기원하며 그 유골을 고야산(高野山)에 보냄과 함께 주변의 흙을 가모가와(鴨川)에 흘려보내고 있다. 비록 일정기간 뼈에 영혼이 머물러 있다고 하여도 최종적으로는 영장(霊場)의 납골을 거쳐 정토왕생이 성취된다고 믿었던 것을 알 수 있다.

정토왕생을 이룬 인물의 유골은 드디어 허물에 불과하였다. 먼 여정을 거쳐 수많은 고생을 하고 납골을 하였는데도 불구하고 한 차례 정토왕생을 하여버리면 그 후 뼈의 행방에는 거의 관심을 가지지 않게 되었다. 그 원인은 유체에서 일정 기간 머물던 영혼이 정토왕생하여 떠난다는 관념에서 유래한 것이다.

돌아갈 수 없는 정토와 돌아갈 수 있는 지옥

사후에 유해를 벗어나 정토왕생을 하게 된 영혼이 중세에는 그

---

44) 跡とふわざも絶えぬれば、いずれの人と名をだに知らず(中略)古き墳はすかれて田となりぬ。その形だになくなりぬるぞ悲しき

정토가 현세와 동떨어진 아득하게 먼 별세계라고 생각하였기 때문에 간단하게 이 세상에 되돌아올 수 없었다. 중세의 다양한 문헌을 폭넓게 찾아보아도 한 차례 정토왕생을 성취한 인간이 이 세상에 귀환(帰還)하였다고 하는 이야기는 거의 볼 수 없다. 이 점이 황천(黃泉) 등의 타계(他界)와 손쉽게 왕래할 수 있다고 생각하였던 고대적 세계관과의 결정적인 차이였다. 앞에서도 지적한 것처럼 이 세상과 동떨어진 타계정토(他界浄土) 관념의 성립과 그 비대화(肥大化)가 중세적인 세계관의 현저한 특색이었다.

그러나 그 한편에서 지옥 등의 나쁜 길로 빠진 인간이 소생하여 이 세상에 돌아온다고 하는 이야기는 중세에도 널리 알려져 있었다. 설화집에 있는 지장보살의 영험설화(霊験説話) 등을 보면 지옥에 떨어진 악인(悪人)이 지장(地蔵)의 인도로 지옥을 탈출하여 소생한 현세에서 선행을 쌓은 후에 최종적으로는 정토에 왕생한다고 하는 이야기가 수없이 많이 수록되어 있다. 타계의 정토로부터 간단하게 돌아오지 못하지만 지옥의 방향은 비교적 돌아오기 쉽다고 하는 인식이 중세인의 사회통념을 형성시켰던 것이다.

이러한 이념의 배후에는 「피안의 본불(本仏)－차토(此土)의 수적(垂迹)」이라고 하는 중세 고유의 수직(垂直)에서 중층적(重層的)인 우주관이 존재하였다. 타계의 본불(本仏)은 사바세계(娑婆世界)의 중생을 구제하기 위하여 수적이라고 하는 형태를 취하여 이 세상에 출현하였지만 실은 지옥의 주최자인 염라대왕(エンマ)도 수적에 불과할 뿐이었다. 따라서 염라대왕의 궁극적인 목적은 중생을 정토로 보내는 것이다. 염라대왕이 과혹(過酷)한 형벌을 행사하는 것도 고통을 주

는 것 자체가 목적은 아니고 사람들이 지옥에 떨어지는 것을 두려워하여 나쁜 행위를 하지 않도록 하기 위한 것이었다. 죄인이 회계하여 선을 행할 결의를 하였을 때 지옥으로부터 인간세계로 보내는 것을 주저할 이유는 아무것도 없었다.

또 염라대왕이 주최하는 지옥도 염라대왕이 수적(垂迹)이기 때문에 극락과 같은 다른 세상에 있는 것이 아니고 사바세계 내부의 공간이라고 하는 생각이다. 구체적으로는 우리들이 나날이 밟고 있는 이 대지(大地) 안쪽 깊은 곳에 존재한다고 믿었다. 다테야마(立山)의 지옥계곡(地獄谷) 등 산 가운데의 특정 장소가 망자가 모이는 지옥에 비유되는 경우도 있었다.

고대에 현세 가운데에 인간 사회로부터 같은 거리에서 병존하고 있던 극락(極樂)·천(天)·지옥(地獄)·황천(黃泉) 등이라고 하는 이계(異界)는 해체된 뒤에 새롭게 타계(他界)-현세(現世)라고 하는 입체적인 우주관의 내부에 중층적으로 새로 위치 짓게 되었다. 죽은 자의 평안함은 정화된 영혼으로 되어 이 세상에 머무는 것이 아니고 그 우주관의 정점(頂点)에 위치하는 먼 별세계로의 여정이었다.

4. 현세에 머무는 죽은 자

현세의 집착(執着)

우리들은 지금까지 중세에 왕생(往生)을 이룬 영혼은 현세를 뒤로하고 먼 정토에 간다고 믿고 있었던 것을 확인하였다. 그러나 중세에 모든 인간이 시종일관 좋게 왕생된 것은 아니었다.

왕생을 바라지만 그것이 좀처럼 성취되지 않는 사람이 있었다. 게다가 또 굳이 정토로 향하는 것을 거부하고 이 세상에 계속해서 머물고 있는 사람도 있었다. 이 사바세계(娑婆世界)는 살아 있는 자뿐만 아니라 지옥에 떨어질 정도로 나쁜 업[惡業]을 쌓기까지는 하지 않았을지라도 이러한 다양한 이유로 이 세상에 계속해서 머무는 많은 죽은 자의 혼으로 가득 넘쳐흘러 있었다.

본 장의 마지막에 죽어서도 이 세상에 계속해서 머무는 그러한 영혼의 여러 상에 빛을 비추어 보기로 하자.

왕생이 성취되지 않는 가장 일반적인 이유의 하나는 사물에 대한 집착이다. 이하에서 소개하는 것은 『곤자쿠 모노가타리슈(今昔物語集)』 중의 하나의 설화이다.

－카와라인(川原院)은 사다이진(左大臣) 미나모토노 도루(源融, 822-895)가 옛날 스스로 조성하여 주거로 삼은 집이었다. 무쓰국(陸奧国)의 시오가마(塩釜)를 닮은 연못을 만드는 등 온 정성을 다하여 궁리한 끝에 만들어 낸 훌륭한 저택이었다. 도루(融)의 사후는 그 자손이 우다인(宇多院)에 헌상(献上)하여 우다인이 체재(滞在)하여 있었을 때에는 황자(皇子)인 다이고천황(醍醐天皇)도 종종 왕래가 있었다.

우다인(宇多院)이 여기에 살고 있을 때의 일이었다. 야반(夜半) 경에 서쪽의 맞은편의 도롱(塗籠)을 열고 나온 자가 있었기 때문에 원(院)이 누가 무엇을 하고 있는가 한즉 「이 집의 주인인 노인입니다」라고 하는 대답이 있었다. 도루(融)의 영혼이었다.

토루(融)의 영혼은 「자신의 집이기 때문에 살고 있었던 것이지만 이와 같이 원(院)이 계시게 되면 황송하게도 저와 같은 자가 있을 장소가 없습니다」라고 이야기 하였다. 원(院)이 「나는 다른 사람의 집을 무리하게 취한 것이 아니다. 대신의 자손이 헌상하였기 때문에 살고 있다. 도리를 분별하지 않고 왜 그러한 이야기를 한 것인가.」[45]라고 큰 소리로 꾸짖은즉, 영(靈)은 바람처럼 사라져 두 번 다시 나타나는 일은 없었다(巻27).

『고금저문집(古今著聞集)』권15에는 「우지전 뢰통(宇治殿頼通), 보도인(平等院)의 거실에 집착하는 것(宇治殿頼通、平等院の居間に執心の事)」이라고 하는 제목 아래 보도인에는 지금도 여전히 뢰통(頼通)이 거주하고 있다고 하는 소문 이야기를 수록한 후에 「미련이 남아 머무르는 것일까.(ご執心を留めていらっしゃるゆえであろうか)」라고 맺고 있다.

생전(生前)에 스스로 정성을 다하여 조영(造営)하여 마음에 들었던 저택(邸宅)에는 사후에도 여전히 주인의 영혼이 달라붙어 거주하는 경우가 있다고 믿어진 것인가.

사라지지 않는 원념(怨念)

이 세상에서 다하지 못한 사업(事業)에 집착한 나머지 굳이 현세에 머무는 것을 선택하는 자도 있었다.

『헤이케이 모노가타리(平家物語)』권6의 한 장면이다. 죽음을 목전으로 한 다히라노 기요모리(平清盛)는 무엇인가 남기라고 하는 처

---

45) 私は人の家を押し取ったのではない。大臣の子孫が献上したから住んでいるのだ。道理をもわきまえないで、なぜそのようなことをいうのか

(妻) 도키코(時子)의 말에 대답하여 영화를 다한 이 생(生)의 바람은 무엇 하나 없다고 논하고 나아가 다음과 같이 계속한다.

> 올바른 생각을 마음에 두는 것은 이즈국(伊豆国)의 유인(流人)인 전병위좌뢰조(前兵衛佐頼朝)가 목덜미를 보는 것처럼 쉽다. 그것이 얼마간 시간이 지난 후에는 당탑(堂塔)을 세워 효양(孝養)을 하지 않고 드디어 손바닥을 사용하여 요리토모(頼朝)가 목을 쳐서 묘 앞에 둔다. 그것이 효양이라는 것이다.46)

기요모리(清盛)는 사후에 자신을 정토로 보내기 위한 다양한 선의 행위를 일체 거부하였다. 그리고 숙적(宿敵) 요리토모(頼朝)의 머리가 도달하는 것을 묘지 안에서 계속해서 기다린다고 말하고 있다.

기요모리에서의 이러한 인물 조형자체(人物造形自体)가 매우 흥미진진한 것이지만 『헤이케이 모노가타리(平家物語)』 각일본(覚一本)은 이 말에 대해 「죄가 많으면」이라고 하는 평어(評語)를 싣고 있다. 왕생을 거부하고 애증(愛憎)의 세계에 머무르는 것을 선택한 기요모리(清盛)의 언행을 「죄가 많다」고 파악한 것이 오히려 같은 시대 사람의 상식적인 감각이었다.

『헤이케이 모노타리(平家物語)』와 비견할 만한 저명한 군기 모노가타리(軍記物語)인 『다이헤이키(太平記)』에는 구스모토 마사나리(楠

---

46) ただしおもひをく事とては、伊豆国の流人、前兵衛佐頼朝が頸を見ざりつるこそやすからね。われいかにもなりなん後は、堂塔をもたて、孝養をもすべからず。やがて打手をつかはし、頼朝が首をはねて、わがはかのまへにかくべし。それぞ孝養にてあらんずる。

제3장 납골(納骨)하는 사람들　179

木正成)의 최후를 그린 유명한 장면이 있다. 주천(湊川) 전쟁에서 져 추격당한 마사나리 일당은 할복 자해하였다. 그때, 다음 생에는 어느 세계에 태어나고 싶다고 하는 마사나리의 물음에 대하여 동생의 마사키(正季)는 「칠생(七生)까지 단지 같은 인간세계에 태어나 조적(朝敵)을 멸망시키고 싶은 것이다(七生までただ同じ人間界に生まれて、朝敵を滅ぼしたいものだ」라고 대답하였다. 근대에 들어와서 「칠생보고(七生報告)」로서 선양(宣揚 널리 알려진)된 사상이다. 이에 대하여 마사나리(正成)도 「죄업이 많은 나쁜 마음(罪業深き悪念)」이기는 하지만 자신도 완전히 동감(同感)이라고 논한 것이다[권16].

나쁜 마음이라고 자각하면서 굳이 구제를 거부하고 이 속세에 재생한다고 하는 것을 원하는 이러한 자세는 중세후기(南北朝·室町時代)가 되면 볼 수가 있다. 그 배경에 관해서는 제5장에서 언급하게 될 것이다.

같은 『다이헤이키(太平記)』 권27에는 숭덕원(崇德院), 후조우원(後鳥羽院)을 중심으로 하는 원령(怨靈)들이 아이코잔(愛宕山)의 안쪽 깊은 곳에 모여서 세간(世間)을 혼란스럽게 하는 광경이 그려져 있다. 정쟁(政爭)에서 져 원한을 가지고 죽은 인물들도 또한 사회에 원수가 되는 악령이 되어 이 세상에 머무르는 것으로 생각된 것이다.

묘소의 법리(法理)

불행한 최후를 맞이하였을 경우, 혹은 보통 일상적으로 있을 수 없는 죽음을 맞이하였을 경우 그 장소에 죽은 자의 영혼이 머문다고 하는 사고도 중세사회에는 널리 수용된 것이었다.

보통 일상적이 아닌 죽음의 대표적인 것은 말할 필요도 없이 전사(戰死)다.『다이헤이키(太平記)』권18에는 장기간에 걸친 포위 뒤에 함락한 에치젠국(越前国)의 가나가자키조(金ヶ崎城)에 출몰하는 전사자의「원령(怨霊)」에 관한 기술(記述)이 있다. 아사(餓死)나 전사(戰死)한 영이 거기에 머물러「달이 흐리고 비가 내리는 어두운 밤(月曇り雨暗き夜)」에는 울부짖으며 먹을 것을 요구하는 소리가 슬프게 울려 퍼진다고 한다. 그 밖에도 중세의 설화나 전쟁 기록물에는 전란으로 목숨을 잃은 사람들이 사후(死後)에도 싸움을 반복하였다고 하는 유형의 설화를 수많이 볼 수가 있다.

이와 관련해서 생각나게 하는 것은 가사마쓰 히로시(笠松宏至)가 논한「묘소의 법리(法理)」이다. 일본의 중세사회에서는 누군가가 살해되었을 경우 범행 현장을 포함하여 일정 구역이「묘소」로서 피해자가 소속된 집단에게 재물을 주지 않으면 안 된다고 하는 주장이 종종 행하여졌다. 그 주장이 통하여 실제로 피해 집단에 재물을 준 실례도 있다. 이것의 변형으로서 범행 현장 이외의 영지 재산을 몰수하는 유형도 있다.

가사마쓰(笠松)는 이 2개 유형의「묘소의 법리(法理)」가운데 가해자의 재산 양여를 요구하는 전자(前者) 쪽을 더 원초적(原初的)인 것으로 보았고「이「묘소」의 법리에는 특수한 종교적 법리의 색채(色彩)가 느껴진다」라고 논한다[笠松 79]. 가사마쓰(笠松)가 시사(示唆) 하고 있는 것과 같이 묘소의 법리도 또한 영혼이 살해 현장에 머무른다고 하는 관념과 밀접한 관계가 있음을 엿볼 수 있다. 토지에 머무는 영혼의 관념은 중세의 몽환능(夢幻能)에서도 찾아볼 수 있다. 원아(元雅)의 「스미다가와(隅田川)」에서는 무덤 앞에서 어머니가 기리는 염불 소리에 응하여 망자(亡子)가 모습을 나타내어 창화(唱和노래로 화답함)한다고 하는 구성으로 되어 있다.

이와 같이 사고로 죽은 사람, 불행한 방법으로 죽은 사람의 영이 그 장소에 머문다는 견해는 오늘날에도 세계 각지에서 널리 보인다. 각각의 관념의 내용은 질적인 차이는 있어도 그러한 영혼관 자체는 더 보편적인 현상으로 파악하여야 하는 것인지도 모른다. 단지 자박령(自縛靈자신을 스스로 옭아 묶는 영)의 관념이 널리 알려진 것을 지적하는 것만으로는 불충분하고, 같은 시대 사람들이 공유하고 있던 계관총체(界觀総体) 가운데에서 개개 관념의 독자성을 해독하여 갈 필요가 있을 것이다.

수행을 계속하는 죽은 자

현세의 집착과 어떤 형태로든지 사령(死靈)이 이 세상에 머무르는 이유로서 잘 알려진 경우가 타계(他界)의 왕생을 원하여도 선행이 부족하기 때문에 성취할 수 없다고 하는 것이다.

『일길산 왕리생기(日吉山王利生記)』의 설화이다. 진원(眞源)이라고 하는 히에이잔(比叡山)의 석학(碩学)이 꿈속에서 조세(早世 일찍 죽음)하였을 터인 엄산(厳算)이라고 하는 아도리(阿闍梨)를 만났다. 엄산(厳算)은 다음과 같이 말하였다.

-자신은 생전에 학문에 힘을 발휘하려고 하였지만 명리(名利)를

탐하는 마음으로 인해 악한 길에 떨어지게 되었다. 그것을 불쌍하게 여긴 히요시곤겐(日吉權現)이 가까운 하치오지타니(八王子谷)에 살게 하여 부족한 수행을 쌓을 수 있도록 지켜 주었다. 곧바로 극락정토에 왕생하는 것은 문제가 없지만 거기까지 가지 않는 자신들과 같은 히에이잔(比叡山)의 관계자는 모두 오쿠야마(奧山)에서 생전과 동일한 수학(修学)에 열중하고 있다.

깨달음을 지향하여 수행을 쌓으면서도 다양한 이유에 의해서 그것이 실현되지 않는 승려가 사찰 가까이에서 괴로운 시련을 감내하면서 생전과 같이 수학(修学)을 계속한다고 하는 이야기는 동대사(東大寺)『今昔物語集』권19)나 고후쿠지(興福寺)의 『카스가 곤겐기(春日權現驗記)』에도 전해지고 있다. 사찰의 신불의 가호를 받으면서 사승(寺僧)이나 신관(神官)들은 최종적인 구제가 실현될 때까지 이 세상에 머물러 연찬(研鑽 연마)을 거듭하고 있다.

신불(神仏)이 유연(有縁)의 승려에 대하여 사후에도 지원의 손을 내민다고 하는 이야기와는 반대로 적대적인 인물에게 개별로 보복한다고 하는 경우도 있었다.

1095(嘉保 2)년의 산문(山門)의 강소(強訴) 때에 교토(京都)를 수호하는 병사가 쏜 화살에 의하여 신인(神人)이 큰 피해를 입은 적이 있었다. 그 장본인으로 지목되었을 때의 관백사충(関白師忠)은 산노(山王)의 벌을 받고 목숨을 잃었지만 사후에도 여전히 그 혼은 하치오지(八王子)의 신전에 있는 대암(大岩) 밑에 묻혀 바위의 압박에 의해 고통을 받았다. 비가 내리면 바위가 팽창하기 때문에 그 괴로움은 참기 힘들었다. 그 때문에 비가 내리는 밤은 사람이 근심으로 괴로워

하는 소리가 끊임없이 들려오는 것이다. - 이것은 『히요시 산노오리쇼키(日吉山王利生記)』의 설화지만 적대자(敵対者)는 간단하게 지옥에 떨어지는 일 없이 한 사람 한 사람 수적의 강한 복수를 받는 것도 있었다.

5. 왕생(往生)을 거부하는 사람들

수적(垂迹)의 성인(聖人)들

본래 왕생(往生)이 가능하지만 굳이 왕생하지 않고 이 세상에 머무는 인간도 존재하였다. 성인이나 고승(高僧)이 피안(彼岸)의 불보살의 중생을 구제하기 위하여 이 세상에 출현한 수적이라고 믿었던 것은 앞에서 언급하였다. 그들은 스스로의 사명(使命)을 다하기 위하여 굳이 사람의 모습을 하고 이 세상에 나타나 그 활동을 계속하고 있었다.

『고슈이 오조덴(後拾遺往生伝)』은 자혜승정(慈慧僧正, 良源)이 히에이잔(比叡山)의 불법을 수호하기 위하여 굳이 정토에 가지 않았지만 지금은 「호법(護法)」을 산에 머물게 하여 극락왕생을 이루었다고 기록하고 있다. 그들은 자유자재로 정토와 그 세상을 왕복하면서 그 임무에 종사하고 있다고 인식되었다. 지엔(慈円)이 자혜승정의 묘(廟)의 부근에 납골하도록 유언한 것도 이러한 인식에 의한 행위였다[제2절 참조].

명확하게 부처·보살의 수적이라고 인식한 고승(高僧)이나 성인이

미나모토 요리토모(源賴朝)의 묘소

외(聖人以外)에도 자손 등을 수호하기 위하여 이 세상에 혼을 머물게 하는 것을 희망한 일군(一群)의 사람들도 있었다.

가마쿠라막부(鎌倉幕府)를 창설한 미나모토 요리토모(源賴朝)는 사후에 막부의 소재지인 대창(大倉)을 바라보는 북산(北山)의 중턱에 장사지냈다. 거기에 세워진 법화당(法華堂) 내에는 그「어영(御影)」안에 초상이 모셔져 있다. 이루마다 노부오(入間田宣夫)는 히라이즈미(平泉)의 읍(町)을 내려다보는 주손지(中尊寺)의 곤지키도(金色堂)에 안치된 후지와라 미요(藤原三代)의 미이라와 대비하면서 요리토모(賴朝)의 분묘당(墳墓堂)이 가지는 의미에 관하여 논하고 있다. 이루마다(入間田)에 의하면 북산(北山)의 법화당(法華堂)이나 곤지키도(金色堂)도 당시 사람들에게 있어서는 선조의 시선을 의식시키는 시설이었다.

제3장 납골(納骨)하는 사람들

수호신으로서의 선조의 존재는 도시의 플랜 그 자체를 규정할 정도의 큰 영향력을 가지고 있었던 것이다[入間田 94].

자손을 지키는 수호신의 관념이라고 하면 중세의 야시키묘(屋敷墓)를 빼놓을 수가 없다. 헤이안시대 후반부터 지역영주나 나누시(名主)로 불리는 상층농민(上層農民) 사이에서 죽은 자를 집의 부지(敷地) 내에 매장하는 습관이 널리 보이게 되었다. 야시키묘(屋敷墓) 그 자체는 오늘날까지 계승되는 습속이지만 중세의 그것은 이에(イエ 집안의 가계)에 관계되는 모든 인간이 매장되는 것이 아니고 야시키(屋敷 집건물)의 건립자·이에(家)의 창시자라고 하는 특별한 인물로 한정되는 것이 특색이었다. 승전지(勝田至)는 야시키묘(屋敷墓)가 종종 거기에 심어졌던 수목과 일체한다는 생각에서「옥부묘(屋敷墓)에 장례된 죽은 자의 혼은 나무에 머물러 그 영력(靈力)이 옥부(屋敷)나 전지(田地)를 자자손손까지 수호한다고 하는 관념이 있었던」것을 지적한다[勝田 88].

섭정(摂政)·관백(関白)을 지낸 가마쿠라시대의 고급귀족 구조도가(高級貴族九条道家)는 자신의 사후의 재산 처분을 정한 유언에서 혹시 앞으로 이것에 반대하는 자손이 있으면「벌(罰)」을 가할 것을 명언(明言)하고 있다(「九条道家惣処分状」). 선조가 이에(イエ 한 집안의 가계)의 수호자가 된다고 하는 관념은 중세에는 널리 공유되어 있었다.

이것들은 천황령(天皇霊)이나 어령신앙(御霊信仰) 등에 보인 고대이래의「신이 되는 죽은 자」의 계보를 이루는 것으로 파악할 수가 있을 것이다. 피안(彼岸)의 부처가 성인으로서 이 세상에 수적(垂迹)하고 있다고 한 대앙(大仰)으로 교리적인 관념과는 다른 한 획을 그은

소박한 이념의 레벨로 일족 혹은 이에(イエ)의 내부에서 어떤 특별한 지위를 차지하는 인물은 사후도 이 세상에 머물러 감시를 계속하는 일이 있다고 생각하고 있었다.

묘(墓)와 유해

지금 중세의 야시키묘(屋敷墓)에 장례된 선조가 자손을 수호하는 신(カミ)으로서 인식되었던 점을 언급하였는데 유해의 소재지에 죽은 자의 인격이 머물러있다고 하는 관념은 동서고금(古今東西)을 막론하고 꽤 어느 정도 보편적인 것이었다고 추측된다. 정토왕생이 사람들의 궁극(究極)의 목표로 된 중세에 죽은 자와 묘를 연결시키는 사고가 결코 없었던 것은 아니었다. 가마쿠라시대의 설화집『고지단(古事談)』(권2-85)에서는 생전 닐간(昵懇)의 사이(間柄)였던 원아정(源雅定)과 현정(顯定)이 사후에도 묘를 나란히 세워 이야기 하려고 약속한 탓인지 비오는 밤의 심야에는 묘지에서 담소하는 소리가 들린다고 하는 이야기가 수록되어 있다.

이와 같은 정토왕생이 이상으로 되었던 중세에도 이 세상에는 많은 죽은 자가 머물러 있어 죽은 자가 산 자에게 여러 가지 작용을 한다고 생각했던 것이다. 무거운 죄업(罪業)에 걸려 아귀도(餓鬼道)에 떨어져 하카바(墓場 묘)를 헤매고 있는 망자(亡者)가 있었다. 역으로 스스로의 의사로 신이 되어 자손을 지키면서 이 세상에 머물러 있는 인물도 있었다. 그렇게 다양한 죽은 자가 산 자와 함께 이 세상을 구성하고 있었다.

일본에 정토(淨土)와 지옥과도 또 다른 하나의 사후 세계가 생생하게 이야기로 전하는 이 시기는 유럽의 기독교 세계에서도 천국과 지옥의 중간에 위치하는 죽은 자의 세계[煉獄]의 이미지가 뚜렷이 나타나기 시작한 시대였다[ゴッフ 88]. 안이한 비교는 삼가하지 않으면 안 되지만 그 공통성은 주목된다. 세례를 받으면서도 천국의 문에 들어갈 수가 없는 사람들이 시련을 받는 연옥(煉獄)이 궁극의 타계(他界)의 예비적 세계인 점에서 양자(兩者)는 닮은 점이 있다.

이 세상에 머무는 죽은 자라고 하는 관념은 고대의 죽음의 관념을 계승(繼承)하고 있는 듯 보이지만 세계관의 기본적인 골격을 조합한 것으로 중세의 죽음의 관념은 고대와 근본적으로 다른 것이었다는 것을 소홀히 하면 안 된다. 고대의 경우 현세와는 차원을 달리하는 타계 관념은 아직 발달하지 않았다. 영혼의 정화가 완성되었는지 완성되지 않았는가에 관계없이 모든 죽은 자는 이 세상에 머물러서 산자 및 신과 하나의 세계를 공유하고 있었다.

그것에 대하여 중세에는 이 세상과 동떨어진 먼 정토의 관념이 발달하여 사후, 거기에 왕생하는 것을 최종적인 목표로 하는 이념이 사람들 사이에서 공유되게 되었다. 현세는 왕생을 위한 준비 기간이고 결국은 임시 거처지에 불과하였다. 생에 집착하는 것은 죄업(罪業)이고 구원의 방해가 되는 행위였다. 현실에는 많은 죽은 자가 이 세상에 머물러 있다고 하여도 시종일관 쉽게 왕생을 이룬 인물은 지금까지는 이 세상에 없다.

고대와는 달리 이 세상에 머무는 죽은 자는 호감이 가는 존재는 아니었다. 그 때문에 고인을 확실히 정토에 보내기 위하여 연고자는 반복하여 법요를 행하였다. 무엇인가의 이유로 현세로부터 탈출할 수 없는 죽은 자가 관계자에게 추선(追善)을 의뢰하는 경우도 있었다.

　이러한 세계관의 전환 가운데서 부각되어 가는 것이 죽은 자의 의지처로서의 뼈였다. 사람들의 왕생원망(往生願望)이 심화되어 영장(霊場)의 납골신앙이 유행을 보이는 가운데 뼈는 왕생이 실현될 때까지의 영혼의 의지처로서 종교적인 의의를 부여한다. 인도의 불교에서 들어온 불사리신앙(仏舎利信仰)과는 전혀 다른 콘텍스트로 일반인의 뼈에 빛을 받는 것이 중세라고 하는 시대였던 것이다.

제4장 확산(拡散)하는 영장(霊場)

1. 아오바야마(青葉山) 식물원의 판비(板碑)

몽고 비(碑)

센다이시 아오바쿠 가와우치(仙台市青葉区川内)에 있는 도호쿠대학(東北大学)의 문학계열 캠퍼스는 다테마사무네(伊達政宗)가 축조한 아오바성(青葉城)의 니노마루(二の丸)였던 구역에 위치하고 있다. 그 남측 정면에는 혼마루(本丸)가 있었던 아오바야마가 우뚝 솟아 있다. 이 아오바야마의 북사면(北斜面) 전체가 현재 도호쿠대학의 부속 식물원으로 되어 있는 것은 의외로 알려져 있지 않다.

문학계열 캠퍼스를 빠져나가 곧장 남쪽으로 향하면 곧바로 산기슭에 부딪치는데 거기가 식물원 입구다. 문을 나와 원내(園内)에 들어가면 두 갈래 길로 나누어져 있어 곧바로 나아가면 심산유곡(深山幽谷)의 분위기에 둘러싸인 계곡 강을 따라 길이 된다. 오른쪽 작은 길로 들어가 급경사를 오르면 「몽고(蒙古)의 비석」이라고 불리는 2

기(二基)의 석비(石碑)가 선 좁
은 평지가 나온다.

  1287(弘安 10)년의 유래를
가진 폭넓은 비석은 상부(上
部)에 반(バン, 金剛界大日如来)·
박(バク, 釈迦如来)·아(ア, 胎蔵
界大日如来)의 종자(種子, 仏菩
薩 등을 상징하는 梵字)를 가지
고 하부에는 돌아간 「무쓰
주주(陸奧州主)」의 보제(菩提)

아오바야마(青葉山)의 몽고비

를 기원하는 명문(銘文)이 새겨져 있다. 1302(正安 4)년 건립된 판비의 높이가 높은 쪽에는 부동명왕(カンマーン, 不動明王)의 종자(種字)와 강의에 참석한 44명의 극락왕생을 기원하는 기원문이 있다. 이것들은 「판비(板碑)」라고 불리는 타입의 석비다. 가마쿠라부터 무로마치시대에 걸쳐서 동일본(東日本)을 중심으로 방대한 수의 판비가 조립(造立)되었다. 간토(関東) 지방에서는 대략 4만기(万基)이고 도호쿠(東北)에서도 1만기(万基) 정도의 판비가 확인되었다고 한다. 아오바야마(青葉山)의 2기(二基)의 판비도 그러한 왕성한 판비건립(板碑建立) 시기에 만들어진 것이었다.

  여기에서 주목되는 것은 이 두 개의 판비의 소재가 양쪽 모두 아오바야마 근처에서 출토된 석재가 아닐까라는 것이다. 1287(弘安 10)년의 판비의 재질은 사암(砂岩, アルコース)이고 현재지(現在地)에서 10km 정도 떨어진 센다이시(仙台市) 동북부로부터 다가조시(多賀城

市)에 걸쳐서 산출되는 것이다. 1302(正安 4)년에는 먼 이시노마키(石 巻) 근처에서 산출되는 점판암(粘板岩, 井内石)을 소재로 하고 있다. 이 판비들의 중량을 정확하게 알 수는 없지만 몇 사람의 힘으로 간단하게 옮길 수 없는 것은 삼척동자가 보아도 한눈에 분명하게 알 수 있다. 특히 정안(正安) 4년의 것은 폭(幅)과 두께가 각각 40여 센티미터, 높이가 4미터 가까이 이르는 사각주상(四角柱狀)의 큰 돌이어서 산지에서 옮겨 가공할 때까지 막대한 노력이 필요했으리라 추측된다.

이 판비들의 건립자는 왜 많은 비용과 노력을 들여서 이러한 기념비를 건립한 것일까. 당시 사람들은 석재(石材)에 종자(種字)와 기원문을 새기는 것에 어떠한 의미를 나타낸 것일까.

사람들은 왜 판비(板碑)를 세우는 것일까

현재 알려진 최고의 판비는 사이타마현(埼玉県) 대리군 강남촌(大里郡江南村)에서 발견된 1227(嘉禄 3)년의 것이다. 미야기현(宮城県)에서 오래된 것으로는 센다이(仙台) 시내에 1273(文永 10)년의 판비가 2기(二基) 존재한다. 판비의 건립과 전파에 관해 여러 설이 있지만 치지와도(千々和到)는 무사시국(武蔵国)에서 시작되어 각지에 전해져 그 후에도 상호 판비문화권 간의 교섭이 이어져「그물 망 모양의 전파(網の目状の伝播)」를 생각하여야 할 것을 제창하고 있다[千々和 95].

이미 선학(先学)에 의하여 밝혀진 바와 같이 판비에는 지역이나 시대에 의하여 다양한 유형이 보인다. 그러한 가운데 어느 판비에도 공통적으로 보이는 것이 종자(種子)이다. 판비에는 종자 외에 기년명(紀年銘)이나 기원문, 게송(偈頌) 등이 새겨진 것이 있다. 기원문에 관하여 말하면 그 내용의 대부분이 건립자 자신 혹은 고인의 추선공양(追善供養)을 바라는 것이었다. 모두(冒頭)에 언급한 아오바야마(青葉山)의 「몽고(蒙古)의 비(碑)」는 건립 목적은 「성령(聖霊)」의 「왕생극락, 정대보제(証大菩提)」(正安4年)를 들고 있다. 아오바야마(青葉山)에 비교적 가까운 전부동존(澱不動尊)에 있는 1273(文永 10)년의 판비도 「병위태랑(兵衛太郎)」이라고 하는 인물의 「멸죄생선(滅罪生善), 왕생극락, 정대보제(証大菩提)」를 바랐던 것이었다.

판비가 폭발적으로 보급되는 13세기는 헤이안시대 후반부터 융성했던 피안정토(彼岸浄土)의 신앙이 절정에 달하는 때였다. 사람은 모두 사후의 안락을 바라고 그 실현을 위하여서는 수많은 노력과 비용을 아끼지 않았다. 「왕생극락」을 목적으로 하는 판비의 발생은 바로 그러한 시대상황을 배경으로 한 현상이었다.

탑(塔)으로서의 판비

그렇다고 하더라도 판비를 건립하는 것이 어떻게 극락으로 가는 확실한 선행이라고 생각하였던 것일까. 이 문제를 푸는 데 중요한 힌트는 판비 건립 당시 「석탑파(石塔婆)」, 「졸탑파(卒塔婆)」라고 불리게 된 것으로부터 알 수 있는 것과 같이 돌로 된 탑파로서 인식되어 있던 점에 있다.

탑[塔婆]의 원류는 석가의 유골[仏舎利]을 매장한 시설에 있다고 말하여진다. 고대 인도에서는 흙을 쌓아 올린 반원형의 분구였지만 불교가 동아시아에 전래하면 삼층탑·오층탑 등의 다층탑의 형식이 정비되어 거대 건축물로서의 탑이 계속하여 건립되게 되었다. 또 한편에서 탑은 전혀 다른 방향으로 진화를 이루었다. 간소화·축소화이다. 돌이나 나무를 다듬어서 만들어지는 졸탑파(卒塔婆)는 그러한 과정을 거쳐 탄생한 것이었다. 천공(天空)에 우뚝 솟은 법륭사(法隆寺)의 오중탑도 묘석의 옆에 세워져 있는 판졸탑파(板卒塔婆)는 원래 뿌리를 같이하는 형제라고 할 수 있는 것이었다.

불사리 숭배(仏舎利崇拜)에 기원을 가지는 것도 있어 탑(搭)은 원래, 죽음이나 죽은 자를 강하게 의식시키는 존재였다. 그러한 성격은 일본에도 계승되었다. 제18대의 천태 좌주량원(天台座主良源)은 972(天祿 3)년 스스로 사후의 잡사(雜事)를 정하는 가운데 그 묘에 돌의 졸탑파를 건립하도록 명하였다(「양원승정유상(良源僧正遺狀)」). 료겐(良源)의 제자이고 『오조요슈(往生要集)』의 저자인 겐신(源信)은 횡천수릉엄원(横川首楞嚴院)에 모이는 염불결사(念仏結社)를 위한 규약(「수릉엄원 25삼매기청, 首楞嚴院二十五三昧起請」 988年)에서 「승지(勝地)」에 「졸탑파(率塔婆)」 한 기(一基)를 세워 안양묘(安養廟)로 이름 붙여서 결중(結衆, 참가 멤버)의 묘소로 하도록 기록하고 있다. 『에이가 모노가타리(栄花物語)』에 의하면 후지와라(藤原) 대대의 묘소였던 고하타(나무 깃발, 木幡)에는 「돌 졸도파(石の卒都婆)」가 하나 서 있었다고 한다. 12세기 말기에 세워진 것으로 추정되는 『가키소시(餓鬼草紙)』에는 오륜탑(五輪塔)을 시작으로 다양한 타입의 탑파가 세워져 있는 묘소의 광경이 그려져 있다.

죽은 자의 공양을 위해 유해를 매장한 장소 등에 추선(追善)의 탑파(塔婆)를 건립하는 것은 불교 신자나 귀족들 사이에서 헤이안시대 후기에 극히 일반적인 습속으로 변화되었다.

탑파공양(塔婆供養)을 권유하는 행자(行者)

공양탑으로서의 탑파의 보급에는 탑파 건립의 공덕을 역설한 것을 뒷받침하는 불교 신자의 존재가 있었다. 창도(唱導)의 명수로서 명성이 높은 징헌(澄憲)의 설법을 기록한 『징헌작문집(澄憲作文集)』에는 「탑파(塔婆)」나 「졸도파(卒都婆)」의 공덕을 역설하는 내용이 수록되어 있다. 전자(前者)에는 「탑파」라는 것은 원래는 「범어(梵語)」이고 일본에서는 「영묘(靈廟)」라고 하는 탑파를 기립하는 것에는 「십종(十種)의 공덕」이 있을 것, 탑파는 또 「식재안온(息災安穩)의 근원, 증장복수(增長福壽)의 계략, 출리해탈(出離解脫)의 요로(要路), 왕생정찰(往生定刹)의 지남(指南)」이 기록되어 있다. 후자에는 졸탑파(卒塔婆)의 공덕으로서 「멸죄생선(滅罪生善)의 기본(基), 출리해탈(出離解脫)의 근원(源), 식재연명(息災延命)의 방법, 증장복수(增長福壽)의 지남(指南)」을 예로 들었다. 그 밖에도 설교나 기원문(願文)에 탑파의 공덕(功德)에 저촉되는 것은 많다.

탑파도 졸탑파도 함께 현세와 내세의 안온(安穩)을 바라면서 건립된 것이었다. 건립자는 그 공덕에 의하여 죄를 멸(滅)하고 수명을 연장하며 사후의 안온이 약속된다. 공양되는 죽은 자들도 또 탑파(塔婆)의 힘을 언급하며 고계(苦界)로부터 빠져 나오는 것이 가능하게 된다. 더욱이 졸탑파의 공덕은 수중(水中)에 만들면 그 흐름을 받아서 중생에게 산 정상(山頂)에 서면 그것을 관통하는 바람을 접하게 되는 군류(群類)까지 미치게 되는 것이다.

이러한 가르침을 역설하며 열도 각지를 걸으면서 사람들에게 탑파를 세울 것을 권유한 자가 헤이안시대 후기에 활약한 여러 타입의 히지리(聖)들이었다고 추정한다. 그 결과 건립자 자신의 역수(逆修, 죽은 뒤의 명복을 위하여 생전에 仏事를 닦는 일)와 죽은 자의 보제(菩提, 번뇌를 끊고 진리를 분명히 깨달아서 얻어지는 경지)를 목적으로 한 탑파가 전국 각지에 수없이 만들어지게 된 것이다.

2. 판비(板碑)의 건립과 정토왕생

부처로서의 탑파(塔婆)

탑파 건립이 왕생극락을 위한 선근(善根)이라고 하는 주장의 배경에는 탑파 자체가 부처와 동등한 존재라고 하는 인식이 있었다.

가쿠반(覚鑁)[47]이 『오륜구자명비밀석(五輪九字明秘密釈)』에서 상세하게 역설되어 있는 것과 같이 밀교에서는 오륜(五輪)은 부처의 모습 그것이었다. 가마쿠라시대 말기의 설경서(説経書) 『인연처(因縁処)』에는 「오륜졸도파(五輪卒都婆)는 밀교의 졸도파이다. 대일여래(大日如来)의 주편법계 삼마야형(周遍法界三摩耶形)이다」라고 하는 말

---

[47] 가쿠반(かくばん 覚鑁, 1905-1143)은 헤이안시대의 승려. 신의진언종(新義眞言宗)의 시조로 후학 양성과 불교발전에 크게 기여한 명승이다.

이 있다. 오륜탑(五輪塔)은 대일여래의 중생구제의 서원(誓願)에 근거하여 이 세상에 출현한 구원의 상징이라고 하는 의미이다. 오륜탑 이외에도 부처의 상징인 범자(梵字)나 부처의 모습을 그린 탑파는 부처의 위력이나 깨달음의 진리를 눈에 보이는 형태로 이 세상에 구현한 것이고 성스러운 존재였다. 그 연유로 탑파는 살아 있는 자와·죽은 자를 함께 구원할 수 있는 힘을 갖추고 있었다. 그것이 건립되는 땅은 인연이 있는 유연(有縁)의 「영계(霊界)를

가쿠반
(覺鑁, 『五輪九字明秘密釋』에서)

정토에 인도」하는 「영험의 불지(仏地)」(『수선강식(修善講式)』)라고 하는 관념에 의한 것이다.

이미 논한 것처럼 중세에 판비는 「석탑파(石塔婆)」, 「졸탑파(卒塔婆)」라고 불리고 있었다. 그 정면에는 부처를 의미하는 범자(梵字)의 종자(種子)가 새겨지는 것이 일반적이었다. 부처의 상징인 범자가 각인된 판비는 부처 그 자체였다. 그 때문에 판비를 건립하고 숭배하는 것은 불상을 건립하는 것과 동등한 이익을 얻을 수 있다고 믿었다. 센다이시 미야기노쿠 데바나(仙台市 宮城野区 出花)에 있는 「반(バン)」(금강계 대일여래, 金剛界大日如来)의 종자를 가진 1311(延慶 4)년의 판비(板碑)는 「솔도파(率都婆)」[48]는 「대일편조(大日遍照)의 본지(本地), 상주(常住)의 묘체(妙体)」이고 「과거자부 유령칠세안온(過去慈父幽霊七

世安穩)」을 위하여 이 「존상(尊像)」을 나타내었다고 하는 명문(銘文, 명으로서 金石·기물 등에 새겨진 글)을 가지고 있다. 여기에서는 판비(板碑)=졸탑파(率塔婆)=존상(尊像)이라고 하는 인식이 단적으로 표명되어 있다.

판비가 본래 가지고 있는 그러한 성격 때문에 판비 가운데는 그 성성(聖性)을 강조하여야 할 다양한 장엄함을 나타내도록 제작되는 것도 있었다.

판비(板碑)의 장엄(莊嚴)

센다이시 아오바쿠(仙台市 青葉区)의 전부동존(澱不動尊) 판비는 문영(文永) 10년의 기년명(紀年銘)을 가지고 있는 미야기현(宮城県)에서 가장 오래된 판비 중 하나이다. 히로세가와(広瀬川)가 깎아 내린 험한 절벽 아래에 돌로 만들어진 도리이(石の鳥居)[49]를 통과한 안쪽에 있는 작은 부동당(不動堂)의 경내(境内)에 금줄(しめ縄)을 걸치고 다소곳이 서 있다.

이 판비는 정면상반분(正面上半分)에 키리크(キリーク, 阿弥陀如来)·사(サ, 観音菩薩)·사크(サク, 勢至菩薩)의 아미타삼존(阿弥陀三尊)의 종자(種字)가 새겨져 경계선을 사이에 둔 아래 반에는 게송(偈頌)과 기원문

---

48) 인도에서 무덤을 스투파(stupa)라 불렀으나 훗날 불교가 중국으로 전래되면서 중국에서 스투파를 한문으로 솔도파(率都婆)로 표기하였다.
49) 도리이는 신사 입구에 세워진 기둥 문으로 인간 세계와 신의 세계를 구분 짓는 의미가 있음.

(願文)이 기록되어 있다. 여기에서 주목되는 것은 삼존(三尊)의 종자(種子)가 월륜(月輪)으로 둘러싸인 위에 통상은 불보살(仏菩薩)이 진좌(鎮座)하는 연좌(蓮座) 위에 안치되어 있다. 삼존의 상부에는 영락(瓔珞)을 늘어뜨린 천개(天蓋)까지가 그려 넣어져 있다. 모두(冒頭)에서 언급한 아오바야마(青葉山)의 1287(弘安 10)년의 판비에도 이것과 동일한 천개·영락·월륜·연좌에 의한 장엄(荘厳)이 나타나 있다.

그 밖에도 종자에 무엇인가의 장식을 가한 판비는 많다. 미야기현 이시노마키시(宮城県石巻市)의 다복원(多福院)에는 1283(弘安 6)년의 명(銘)을 가진 판비가 있다. 연좌에 탄 키리크(キリーク) 앞에는 일대(一対)의 화병(花瓶)이 새겨져 있다.

연좌(蓮座)나 천개(天蓋)·영락(瓔珞)·화병(花瓶)은 말할 것도 없이 부처나 보살을 장식하기 위한 도구이고, 불상작성(仏像作成)에 극히 보통 사용되는 장엄구(荘厳具)이다. 그것이 삼존(三尊)의 종자에 사용되고 있는 것은 종자가

전부동존 판비(澱不動尊 板碑, 센다이시사 특별편 5에서)

단순한 문자가 아니고 성스러운 존재라는 것을 명시하는 목적이외에는 생각할 수 없다. 이 3개의 종자는 부처의 상징인 것을 넘어서 지금에는 부처나 보살(菩薩)이라 파악하고 있다. 히가시마쓰시마시

시오가마(東松島市 塩釜)에 있는 1279(弘安 2)년의「아미타불 삼존래영도상판비(阿弥陀仏三尊来迎図像板碑)」는 더 직접적으로 종자 대신에 아미타 삼존상(阿弥陀三尊像)이 새겨져 있다.

전부동존 판비(澱不動尊板碑)에 종자 밑에는 겐신(源信)의 『오조요슈(往生要集)』로부터 인용된 「염아미타불 즉념일절불 소정일심여무이무차고(念阿弥陀仏 即念一切仏 所証一心如 无二無差故)」라고 하는 게송이 새겨져 있고 그 하단에는 「병위태랑(兵衛太郎)」의 「멸죄생선왕생극락(滅罪生善 往生極楽)」을 기념하는 취지의 기원문이 기록되어 있다. 게송에 있는 「아미타불(阿弥陀仏)을 기원」이라는 것은 이 판비의 건립자에게는 종자를 새긴 이 비(碑)를 향하여 기념하기 위한 것이다.

이미 앞에서 논한 것처럼 중세에는 이 세상에 나타난 부처는 피안의 본불(本仏)이 차토(此土)의 중생을 구해내기 위하여 출현한 수적(垂迹)이었다. 그 때문에 불상을 건립하여 거기에 기원하는 것은 이 세상과 내세의 통로를 만드는 행위이고 왕생극락에 직결하는 선행이라고 믿어졌다. 헤이안시대 후기에 장륙(丈六)의 아미타불상과 그것을 수납하는 아미타당(阿弥陀堂)의 건립 붐이 일어난 이유는 거기에 있었다.

판비가 불상과 동등한 재질이라면 판비도 또 피안 부처의 수적(垂迹)인 것이다. 판비를 건립하여 장엄함과 기원을 담는 것은 불상에 대한 것과 완전히 동등한 공덕을 얻을 수가 있을 것이다. 정토신앙과 판비가 연결되는 이유는 여기에 있었다.

판비(板碑)의 납골

지금까지 언급한 아오바야마(靑葉山)나 전부동존(澱不動尊)의 판비는 살아 있는 자의 역수(逆修)와 죽은 자의 추선(追善)이라고 하는 차이는 있어도 양쪽 다「성령(聖霊)」의 멸죄생선(滅罪生善)·왕생극락(往生極楽)을 목적으로 건립된 것이었다. 그것들은 영혼(霊魂)의 구제를 바랐던 것이고 죽은 자의 매장지(埋葬地)에 세워진 묘표(墓標)는 아니었다. 그러나 판비 가운데는 유해나 유골과 밀접한 관련을 가진 것도 수없이 볼 수 있다.

센다이시 미야기노쿠 이와키리(仙台市宮城野区 岩切)에 있는 동광사(東光寺)는 나토리시 고관(名取市 高館) 대문산(大門山)·마쓰시마초(松島町) 이오지마(雄島)와 나란히 미야기현내(宮城県内)에서 가장 많은 판비가 모인 장소이다. 중세의 이와키리(岩切)는 칠북전천 관천(七北田川, 冠川)의 수운(水運)과 오대도(奥大道)가 교차하는 교통의 요충지이고 무쓰국부(陸奥国府)의 소재지라고 생각하고 있다. 그 무쓰국부와 깊은 관계를 가지고 있다고 추정되는 동광사의 경내(境内)로부터는 100기가 넘는 판비가 검출되어 있다.

동광사는 칠북전천에 면한 구릉(丘陵)에 안겨져 있는 것처럼 선, 자각대사(慈覚大師) 개기전설(開基伝説)을 가진 고 사찰이다. 사찰 내에 흩어져 있는 판비군(板碑群) 가운데서 모두다 1327(嘉暦 2)년의 기년명(紀年銘)을 가진 유달리 큰 2기(二基)의 판비가 도루(土塁)에 둘러싸여 서 있는 평평한 장소다. 그 주위에는 이것을 둘러싸는 것처럼 종자(種字) 만을 새긴 소형판비(小型板碑)가 다수 존재한다. 이 구역에서는 골편(骨片)을 수납한 장방형(長方形)의 토광(土壙)의 존재가 확인되어 있다[佐藤正 92]. 어느 시점인가 명확하지 않지만 판비에 대한 결연(結緣)을 위하여 납골이 행하여졌다.

판비와 납골과의 관계는 마쓰시마(松島)의 이오지마(雄島)에서도 확인되어 있다. 이오지마의 중앙부에는 상부가 잘려지고 밑 부분만이 남은 2기(二基)의 대형판비가 존재한다. 그 전면에는 제단상(祭壇狀)의 유구(遺構)가 보이고 거기에는 소형판비를 세우기 위하여 토광(土壙)이나 납골의 형적(形跡)을 보고 알 수가 있다. 동광사와 동일하게 처음으로 일대의 대형판비(大型板碑)가 건립되어 그 후 긴 기간에 걸쳐서 결연을 위하여 소형판비의 건립과 납골이 행하여진 것이다. 이오지마에서는 이것 이외에도 많은 판비가 있지만 지금도 여전히 그 밑 부분에 흰 모래와 같이 보이는 산골(散骨)의 흔적을 남기고 있는 것이 있다.

나토리시(名取市)의 대문산(大門山)에서는 판비와 화장묘(火葬墓)와의 관계는 더 직접적이다. 삼단으로 조성된 평평한 장소의 최상단으로부터는 화장골(火葬骨)을 수납하는 밀집된 돌로 쌓은 집석묘(集石墓)가 검출되어 각각의 묘지와 대응하는 것으로 추정되는 1299(正安 元)년을 최고로 하는 판비군이 그 주위에 쓰러져 있는 것이 발견되었다. 치지와도(千々和到)는 이러한 사실에 더하여 다양한 상황으로부터 추정하여 이것들을 「분묘에 세우는 판비」라고 추정하고 가마쿠라시대의 마지막 시기에 이미 성묘하는 풍습이 퍼져 있었을 가능성을 예측하고 있다[千々和 91]. 건립된 판비에 결연하여야 할 납골이 행하여지는 것이 아니고 유골의 공양을 위하여 판비가 건립되는 것이다. 중세묘지와 판비와의 밀접한 관계는 그 밖에 야마가타현 무라야마시 하도산유적(山形県 村山市 河島山遺跡), 후쿠시마현 스가가와시(福島県 須賀川市) 인산유적(籾山遺跡), 미야기현 이시노마키시(宮城県石巻市) 미기(尾崎) 등 각지에서 볼 수가 있다[川崎 92].

본래는 죽은 자 영혼의 공양을 목적으로 하였을 터인 판비에 왜 유골이 매납된 것일까. 우리들은 중세에 납골신앙의 실태에 관하여 재차 눈으로 훑어보기로 하자.

3. 만들어지는 영장(霊場)

확산하는 영장

일본에서 12세기부터 영장의 납골신앙이 성하게 된 것은 앞에서 논하였다. 납골이 보급됨에 따라 그것을 둘러싼 새로운 움직임도 일어나기 시작했다. 열도 각지에 새로 영장이 형성되어 가는 것이다.

관사(官寺)로서의 고대 사원으로부터의 탈피(脱皮)를 지향한 여러 사원은 스스로의 변신을 시도하는 것만이 아니고 지방에도 적극적으로 교선(教線)을 확대하고 있었다. 그것은 지방에서는 피폐된 사원의 재흥(再興)과 말사화(末寺化)라고 하는 형태를 취하였다. 동국(東国)에 관하여 말하면 가장 활발하게 그 움직임을 추진한 것은 천태종이었다. 이러한 운동의 중심적 역할을 담당한 것이 여기에서도 히지리(聖)라고 불리는 행자(行者)였던 것으로 추정된다.

헤이안시대 후기에 히지리(聖)에 의해서 부흥(復興) 혹은 개창(開

創)된 지방사원은 같은 시대의 기내(畿內)에서의 유행을 언급한 본당(本堂)-오쿠노인(奥の院)의 이중 구조를 가진 영장(霊場) 타입의 것이 수많이 보인다. 니치렌(日蓮)이 수학(修学)할 때 지낸 안방(安房)의 청징사(清澄寺)는 자각개창전설(慈覚開創伝説)을 가진 산사(山寺)이고 이 타입에 포함시킬 수 있는 사원이다. 보소반도(房総半島)에는 청징사(清澄寺) 이외에도 영장이 실제로 존재하였다. 후즈시(富津市)와 기미즈시(君津市)의 경계에 위치하는 암부성 유적(岩富城跡)은 최근의 발굴조사에 의하여 고대 이래의 역사를 가진 산사인 것이 확인되어 있다.

2004년 3월 군진군시(君津郡市) 문화재센터 주임 조사연구원인 마쓰모토 마사루(松本勝)의 안내로 이 지역을 방문하였다. 여기에 9세기이후 계속해서 사원이 조영되어 있었지만 중세에는 절(寺)안의 가장 높고 전망이 좋은 장소에 인공으로 평평한 장소가 조성되어 굴건주(掘建柱)의 작은 사당이 세워졌다. 그 구역으로부터는 항아리에 들어있는 화장골(火葬骨) 오륜탑(五輪塔) 「남무아미타불(南無阿弥陀仏)」의 문언(文言)이나 『법화경(法華経)』의 일문(一文)이 묵서(墨書)된 옥석(玉石) 등이 출토되어 있다. 산골(散骨)이 반복되었던 형적(形跡)도 보인다고 한다. 여기가 이전에 정토신앙(浄土信仰)에 근거한 납골(納骨)이 행하여 진 오쿠노인에 상당하는 시설이었던 것을 알 수 있다. 이것은 바로 전형적인 중세의 납골령장(納骨霊場)으로 생각할 수 있다[「암부성 유적발굴조사 보고서(岩富城跡発掘調査報告書)」].

가장 높은 곳의 평평한 장소에 서면 나무숲이 있는 남측 이외는 시야를 가리는 것은 없다. 서쪽 방향으로 쌓인 방총(房総)의 언덕

저편에 우라가 수도(浦賀水道)의 빛나는 수면이 보인다. 이 날은 봄 안개 때문에 볼 수는 없었지만 마쓰모토(松本)의 이야기에 의하면 시계(視界)가 좋을 때는 미우라반도(三浦半島) 너머로 후지산(富士山) 이나 단자와산계(丹沢山系)의 산과 들을 한 눈에 바라볼 수가 있다고 한다.

중세의 암부사(岩富寺)가 어떠한 종파에 속하였는가를 판단하는 확실한 자료는 존재하지 않는다. 그러나 천태사원(天台寺院)이었던 청징사(清澄寺)와 지리적으로 가깝고 구조적으로도 유사한 점, 12·13세기에는 보소반도(房総半島)가 천태의 종교문화의 강한 영향 하에 있었던 점, 『법화경(法華経)』과 염불을 합체한 정토신앙(浄土信仰)이 행하여진 점 등을 생각하면 청징사와 더불어 중세 성립기에 천태의 영장으로서 재개발되었을 가능성이 매우 높다.

자각전설(慈覚伝説)과 도호쿠의 영장(霊場)

도호쿠(東北)의 경우도 헤이안시대 후기에 천태종이 크게 그 세력을 확대하였다. 천태종은 각지를 둘러보고 눈에 드는 사원을 재흥하는 한편 중앙으로부터 가지고 온 최신의 토목기술을 사용하여 새로운 도로를 통한 주변의 토지를 개발하여 주위 사찰의 경제적인 기반으로 하였다. 개발되어 매입한 절터에는 소유의 상징으로서 곳곳에 당사(堂舎)가 세워져 수호신들이 권청(勧請, 神佛의 강림이나 神託을 빎)되었다. 그 위에 피안의 안내인과 사령(寺領)의 수호자로서 오쿠노인(奥の院)에 사찰과 인연이 깊은 수적(垂迹)-성인(聖人)이 모

골사촌회도(骨寺村繪図)

셔졌다.

자각대사개기(慈覺大師開基) 혹은 중흥(中興)의 전설을 가진 흑석사(黑石寺, 岩手県) 마쓰시마데라 동광사(松島寺 東光寺, 宮城県) 릿샤쿠지(立石寺, 山形県) 등의 사원 대부분은 11세기 후반에서부터 12세기에 걸쳐서 천태계(天台系)의 히지리(聖)에 의하여 재흥 혹은 창건되었던 것으로 추정된다. 이것들은 모두다 당시 최신식 스타일이었던 본당-오쿠노인의 영장형식(霊場形式)의 가람배치(伽藍配置)를 하였던 것으로 추정된다. 거기에서는 납골도 왕성하게 행하였다. 마쓰시마(松島)의 이오지마(雄島)와 동광사(東光寺)의 납골신앙에 관하여서는 이미 언급하였지만 릿샤쿠지(立石寺)에서도 중세 이래 절 안의 암굴(岩窟)에 여러 차례 납골이 행하여진 형적(形跡)을 볼 수가 있다.

이 시기에 창건되어 그 후 없어진 영장(霊場)도 있다. 이치노세키시(一関市) 아마미초(厳美町)의 본사지구(本寺地区)는 이전에는 「골사(骨寺)」라고 불렸던 주손지(中尊寺) 경장 별당(経蔵別当)의 소령(所領)이었다. 본사(本寺)는 도호쿠(東北) 자동차도로(고속도로)를 이치노세키(一関) 인터체인지에서 내려서 이와이 가와(磐井川)를 따라서 달리는 국도 342호선을 구리코마야마(栗駒山)로 향하여 서쪽으로 15km 정도 나간 곳에 위치하고 있다. 몇 겹이나 되는 산들로 둘러싸여 논이나 메밀밭이 펼쳐지는 전형적인 도호쿠의 농촌이다.

본사는 두 장의 그림 지도에 기록된 중세 장원(荘園)의 경관을 그대로 오늘날까지 전하는 귀중한 지역으로서 현재 주손지(中尊寺)와 함께 세계문화유산 등록(世界遺産登録)을 지향하고 있다. 오이시 나오마사(大石直正)는 이 본사에 관하여 그림 지도를 이용한 히지리(聖)의 구체적인 활동 내용을 재현하고 있다. 오이시(大石)에 의하면 13세기에 제작된 「골사촌회도(骨寺村絵図)」에는 천태계(天台系)의 히지리(聖)에 의한 개발사업의 흔적을 찾아볼 수 있다고 한다. 11세기에 중앙으로부터 이 마을을 찾은 히지리(聖)가 새로운 길을 열어 관개용(潅漑用) 수로를 통하여 경작지(耕地)를 재개발하고 그것을 주손지

(中尊寺)의 경장(経蔵)에 봉납한 것이다[大石直84].

마을 가장 깊숙한 장소에 솟아있는 산왕산(山王山)의 가운데는 「산왕석옥(山王石屋)」이라는 것이 그려져 그 중턱에는 「골사당적(骨寺堂跡)」이라고 하는 문자가 기록되어 있다. 「산왕석옥(山王石屋)」=산왕굴(山王窟)은 현재도 날카로운 바위가 솟아있는 산 정상(山上)에 릿샤쿠지(立石寺)의 자각대사(慈覚大師) 뉴조쿠쓰(入定窟)와 닮은 모습을 나타내고 있다.

자각대사가 잠들어 있다고 하는 릿샤쿠지의 뉴조쿠쓰는 중세 영장의 오쿠노인(奥の院 절 안쪽에 있는 사원)에 해당하는 시설이고 중세적 사원으로서의 릿샤쿠지의 재생(再生)에 의해 만들어진 교묘한 장치라고 생각하고 있다[佐藤03]. 속단은 피하지 않으면 안 되지만 골사촌(骨寺村)이 재개발되는 데 있어서 마을에 납골신앙과 백산신앙(白山信仰)을 가져온 천태종 승려(天台僧)가 골사(骨寺, 아마 통칭일 것이다)라고 불리는 사찰을 건립하여 그 오쿠노인으로서 산왕굴(山王窟)을 설치하였을 가능성은 충분히 상정된다.

골사의 산왕굴은 오늘날의 전승(伝承)으로는 자각대사가 히요시산노신(日吉山王神)을 모신 장소라고 알려졌다. 그러나 지리적인 위치관계로부터 산왕굴은 진수(鎮守)가 있어야 할 장소라고 하기보다는 골사(骨寺)의 오쿠노인이야 말로 적당하다. 흑석사(黒石寺)에서도 릿샤쿠지(立石寺)에서도 오쿠노인에 진좌(鎮座)하고 있었던 것은 자각대사 그 자체였다. 산왕굴의 경우도 본래의 전승은 자각대사에 의한 산왕신(山王神)의 권청(勧請)이 아니고 이 암굴(岩窟)에 자각대사 그 자체가 모셔져 있는 것은 아닐까. 산왕굴에서도 이전에는 납골이 행하여졌을 가능성이 있다. 본격적인 조사가 기대된다.

각지에 남아 있는 영장(靈場)의 흔적

「기제(奇祭)」로서 알려진 소민제(蘇民祭)와 정관(貞觀)의 약사불(藥師仏)을 전하는 이와테현 오슈시(岩手県 奥州市)의 흑석사(黒石寺)는 기타카미가와(北上川)의 동쪽 해안 기타카미 산지(北上山地)의 품에 안겨져 있는 오래된 사찰이다. 골사촌(骨寺村)의 재개발에 관한 앞의 오이시(大石)의 지적과 관련하여 사사키 도루(佐々木徹)는 중세의 흑석사(黒石寺)에서는 약사여래상(薬師如来像)을 안치하는 본당(本堂)=약사당(薬師堂)에 더하여 자각대사상(慈覚大師像)을 수납하는 산 정상(山上)의 오쿠노인이 본당과 줄지어 다른 하나의 신앙의 성지를 만들어 간 것을 지적한다[佐々木01]. 사사키(佐々木)는 흑석사가 본당 – 오쿠노인의 이중구조를 취하게 된 계기를 11세기 중반 이후에 일어난 천태종의 개종(改宗)으로 보았으며 그것을 주도한 주최를 골사촌(骨寺村) 등에서도 왕성하게 활동하고 있던 천태계(天台系)의 히지리(聖)라고 추정하고 있다.

천태승(天台僧)의 활동 흔적은 빼어나게 수려한 헤이안(平安)·가마쿠라 불상(鎌倉仏)을 남기는 사찰로서 유명한 야마가타현(山形県) 사가에시(寒河江市)의 자은사(慈恩寺)에도 미치고 있다. 자은사는 신앙의 산인 하야마(葉山)를 뒤로하고 모가미가와(最上川)가 관통하는 무라야마(村山)분지의 북단(北端)에 해당하는 구릉(丘)의 중턱(中腹)에 위치한다. 5월초 연휴에 야마가타 자동차도(山形自動車道)로 센다이에서 야마가타로 향하였다. 그 때 오와산괴(奧羽山塊)를 빠져나와서 무라야마(村山)분지에 들어간 부근에서부터 자은사(慈恩寺) 방향을 바라보면 사찰이 있는 언덕의 배후에는 잔설(殘雪)이 보이는 하야마(葉山)가 솟아있고 그 후방에 새하얀 모습을 한 월산(月山)의 우아한 모습을 눈에 접할 수가 있다. 어디가 산정상인지 모르는 밋밋한 하야마도 이 시기만은 성스러운 옷을 걸치고 그 신비한 자태를 과시한다. 사람이 왜 산을 성스러운 존재로 간주하여 왔던 것인가 그 이유를 실감할 수 있는 순간이다.

자은사(慈恩寺)의 소재지는 헤이안시대 후기에는 섭관가령 한하강장(攝關家領寒河江莊)이 있던 지역으로 그곳은 동해로부터 역상하는 모가미가와 해운(最上川海運)의 요충지였다. 법상종(法相宗)의 개조(開祖, 慈恩大師基)에 유래하는 그 사호(寺号)로부터도 추정되는 것처럼 이전에는 법상종의 사원이었다고 생각된다.

사찰의 배후에는 작고 낮은 구릉(丘)이 있고 경내로부터 정비된 유보도(遊歩道)가 이어지고 있었다. 천천히 걸어도 15분 정도면 올라 갈 수가 있다. 여기서부터 남쪽으로 무라야마분지(村山盆地)를 바라보는 조망은 정말로 절경이다. 산 정상에는 「산왕당(山王堂)」이라고 하는 천태풍(天台風)의 명칭을 가진 당사(堂舎)의 흔적이 남아 있다. 이전에 오쿠노인에 상당하는 시설이 있었다는 것을 엿볼 수 있다. 사찰에는 자각대사(慈覺大師)가 스스로 새겼다고 전하는 성관음 보살입상(聖觀音菩薩立像)도 전하고 있다. 본당(本堂)-오쿠노인이라고 하는 가람배치(伽藍配置)나 자각전설(慈覺伝說)에 더하여 진수(鎮守)로서 백산신사(白山神社)가 권청(勧請)된 것 등을 생각하면 중세의 어느

한 시기에 자은사(慈恩寺)가 천태종의 강한 영향 하에 있었던 것을 추측할 수 있다.

모가미가와(最上川)를 끼고 자은사와 동서(東西)로 대치(対峙)하는 약송사(若松寺)도 자각대사 중흥전설(慈覚大師 中興伝説)을 가지는 산사(山寺)다. 사찰에는 1263(弘長3)년의 성관음보살좌상 어정체(聖観音菩薩坐像 御正体)가 있다. 그 양식은 왼손에 미부연화(未敷蓮華)를 들고 오른손을 거기에 곁들인 점에는 히에이잔 요코가와 근본중당(比叡山 横川根本中堂)의 본존상(本尊像)과 일치한다[政次06]. 요코가와(横川)의 근본중당(根本中堂)은 자각대사 엔인(円仁)이 창건한 것이었다.

제3장에서 언급한 아이즈(会津)의 야쓰바데라(八葉寺)에 현존하는 가장 오래된 납골오륜탑(納骨五輪塔)은 1595(文禄 4)년의 것이다. 그러나 야쓰바데라(八葉寺)의 납골신앙이 실제로는 릿샤쿠지(立石寺)나 골사(骨寺)와 동일하게 중세전기까지 거슬러 올라갈 가능성이 있다고 본다.

야쓰바데라는 헤이안시대의 염불성 공야(念仏聖空也)가 창건하였다고 하는 전례가 있고 또 구야 입멸(空也入滅)의 땅으로 전하여져 있지만 헤이안시대까지 거슬러 올라가는 확실한 유적이나 유물은 존재하지 않는다. 절에 남는 가장 오래된 자료는 1353(観応 4)년의 비석판이다. 이것은 심해아도리(深海阿闍梨)가 부친의 열세 번째 기일을 맞이하여 부친 공양을 위하여 건립한 것으로 대일여래(大日如来)를 나타내는 「아(ア)」의 범자(梵字)와 이 공덕을 두루두루 모든 중생에게 미치게 함과 동시에 불도(仏道)를 성취하는 것을 바라는 취지의 문장이 새겨져 있다. 남북조시대(南北朝時代)에는 죽은 자의 추선 공양을 목적으로 비석 판을 세우는 풍습은 야쓰바데라에까지 미치고 있다. 판비의 건립이 종종 납골신앙을 동반한 것은 앞에서 지적한 대로이다.

현재의 야쓰바데라(八葉寺)는 본당(本堂) 배후의 높은 선반(高台)에 오쿠노인을 가진 영장형식(霊場形式)의 가람배치(伽藍配置)를 취하고 있다. 이 가람의 원형이 중세라고 하여도 아무 위화감(違和感)은 없다. 오쿠노인 뒤편에 본당과 오쿠노인을 연결하는 연장선상에 위치하는 작은 산의 정상에는 히요시신사(日吉神社)도 모셔져 있다. 상세한 검토는 금후에 맡기지 않으면 안 되지만 중세의 어느 시기에 정토신앙과 납골신앙을 가진 행자(行者)가 이 지역을 방문하여 사찰을 창건(創建, 혹은 再興)함과 동시에 「다카노(高野)」, 「구야(空也)」 등의 지명을 남기는 주변 개발을 행하였을 가능성을 생각하여도 좋다고 본다.

여산(輿山)의 왕생원(往生院)

영장신앙(霊場信仰)의 지방의 파급과 나란히 헤이안시대 후기에 보이는 다른 하나의 현저한 특색은 이미 만들어져 있는 영장에 납골하는 것만이 아니고 더 주거(住居)에 가까운 곳에 간편한 납골과 매장의 장소를 만들려고 하는 운동의 성행이다.

12세기 말은 중세 묘가 만들어지기 시작하는 시점이라고도 할 수 있는 시기였다. 후지사와 노리히코(藤沢典彦)는 『죽림사연기(竹林寺縁起)』의 기술을 근거로 하여 헤이안시대 말기부터 가마쿠라시대 초기의 시기에 이키고마시(生駒市) 여산에 응회암제(凝灰岩製)의 석탑이 만들어져 있었던 것을 지적한다. 또 이것은 같은 시기에 야마토(大和)나 가와치(河内)에서 왕성하게 조성된 층탑(層塔)의 하나이고 초창기의 중세 묘지는 이것들의 탑을 총공양탑(総供養塔)으로서 그 주변에 영위되어 가는 것을 논하고 있다[藤沢 90].

죽림사(竹林寺)에서 왕생원으로 이어지는 길

여산의 왕생원은 논밭이나 주택이 있는 계곡을 끼고 교키(行基)[50]와 닌쇼(忍性)[51]의 묘가 있는 죽림사(竹林寺)의 구릉(丘陵)과 남북으로

---

50) 교키(行基, 668-749)는 일본 나라시대 승려로 백제 왕인박사의 후손이라는 설이 있다. 빈궁한 자를 위해 베푼 복지정책을 편 승려이기도 하다. 승려를 국가기관과 조정이 정하여 불교의 일반민중의 포교를 금한 시대에 그 선을 깨고 기내(畿內)를 중심으로 민중이나 호족층을 불문하고 널리 불법을 설파하여 사람들에게 깊은 존경을 받았다.

향하는 작은 구릉 위에 있다. 죽림사로부터 남쪽 참배도(參道)를 내려와 나무숲을 빠져 경내 밖을 나오면 정면에 나무들이 우거진 여산을 바라볼 수가 있다. 이키고마야마(生駒山)를 오른쪽으로 쳐다보면서 가을에는 밭두렁에 피안화(히간바나, 彼岸花)가 피는 논 옆의 길을 따라 작은 다리를 건너서 여산을 오른쪽으로 돌아 조금 걸으면 왼쪽에 여산으로 향하는 좁은 길이 나누어진다. 대나무 숲의 작은 길을 똑바로 올라가면 곧 산 정상의 왕생원에 도달한다.

왕생원으로부터는 주택에 매몰된 이키고마 계곡을 바라볼 수가 있다. 여산의 산 정상 일대는 왕생원의 당(堂)을 중심으로 하여 묘지가 퍼져 있다. 최근에 만들어진 새로운 묘가 압도적이지만 그 가운데에는 중세까지 거슬러 올라가는 것으로 추정되는 오래된 석탑이 산재하여 있다. 왕생원의 본당(本堂) 옆에는 1259(正元 元)년에 건립한 보협인탑(宝篋印塔)이 있다. 본당을 뒤쪽으로 돌면 처마 밑에 남북조의 것으로 생각되는 오륜탑이 있고 그 앞에는 누군가가 갖다 놓은 작은 꽃병(花瓶)에 몇 송이의 야생화가 꽂혀 있었다. 중세에는 이것들의 보협인탑이나 오륜탑을 총공양탑(惣供養塔)으로 하여 주변의 사람들이 뼈나 유해를 수납하는 공동묘지가 성립되었다.

제1장 앞쪽 부분에서 언급한 교토근교(京都近郊)의 아다시노(化野) 렌다이노(蓮台野) 조부야(鳥部野)라고 하는 「무상소(無常所)」도 『가키소시(餓鬼草紙)』가 그려진 12세기 후반에는 단지 더럽혀진 사체를 버

---

51) 닌쇼(忍性, 1217-1303)는 가마쿠라시대의 율종(律宗, 真言律宗)의 승려로, 통칭은 료칸(良観)이고 야마토국 성하군 병풍리(大和国 城下郡 屏風里, 現奈良県磯城郡三宅町)에서 태어났다.

리는 장소가 아니고 이미 피안(彼岸)으로 돌아가는 길로서의 기능을 담당한 공동묘지로서의 그 종교적 역할이 높이 평가되었을 가능성이 있다. 『가키소시』에 그려진 묘지에는 매장된 인물의 공양을 위한 오륜탑이나 탑파가 줄지어 서있는 모습이 그려져 있다. 또 이 시기의 공동묘지는 묘지의 일각에 총공양탑이 만들어지기 시작한 때였다. 거기에 사체(死体)를 옮겨 놓는 것은 그 탑파(塔婆)들과의 결연을 의미한다. 얼핏 버려져 있는 것과 같이 보이는 죽은 자도 그 땅에 옮겨 놓게 되는 자체가 추선의 행위인 것이고 「땅의 영험」(『석문비약(釈門秘鑰)』)에 의하여 시종일관 좋게 피안의 왕생이 실현된다고 믿었다.

율승(律僧)과 석탑

13세기 말이 되면 기내(畿内)에서는 집단 묘지 조성이 눈에 띄게 많아진다. 거기에도 묘지의 중심에 총공양탑(総供養塔)으로서 오륜탑이 세워진 것이 알려졌다. 그 명문(銘文)에는 「일결중(一結衆)」, 「염불중(念仏衆)」이라고 불리는 다수의 사람들의 협력에 의하여 세워졌다는 기록이 보인다.

이 석탑들의 건립에 즈음하여 종종 율종(律宗)의 승려가 관여하고 있었다[細川 87]. 교토부(京都府)의 기즈소바카(木津惣墓)에는 1292(正応 5)년의 명(銘)을 가진 거대한 오륜탑이 있다. 이전의 총묘(惣墓) 시대의 흔적을 아무것도 남기지 않은 주택지의 일각에 선 이 석탑은 부근에 남아 있는 다른 많은 석탑보다도 눈에 띄게 오래된 것으로 묘지 개설에 즈음하여 율승(律僧) 주도로 건립된 총공양탑이라고도 할 수 있는 것이었다. 이러한 중세의 대형오륜탑은 오사카부 하치오시(大阪府 八尾市) 원내(垣內)의 공동묘지나 가난초(河南町) 관홍사(寬弘寺) 신산묘지(神山墓地), 천조적판촌 천조총묘(千早赤阪村千早惣墓) 등에도 남아 있다.

이 총공양탑(総供養塔)에는 많은 경우 덮개가 있는 집이 설치되어 그 옥내에 결연(結緣)을 위하여 납골이 되었다. 죽림사에 있던 인성(忍性)의 공양탑도 덮개가 있는 집이 있었다고 추정되며 그 내부에는 다수의 골장기(骨藏器)가 매납(埋納)되어 있었다고 한다[藤沢89]. 이 이외에 재지영주(在地領主)가 후생보제(後生菩提)를 위하여 건립한 오륜탑이 그 주위가 지역주민의 묘지화함에 따라서 총공양탑으로 된 예도 있다[吉井 93].

이 시기 기내에서는 유력농민을 핵심으로 하는 지연공동체(地緣共同体)가 더욱 성장하여 연공감면(年貢減免)이나 비법대관(非法代官)의 파면을 요구하는 운동이 활발하게 된다. 그 한편에서 신앙 활동과 장제(葬祭)를 촌락공동체의 상호 도움에 의하여 행하는 것이 일상적으로 되었다. 그 배경에는 신앙과 장송의례(葬送儀礼)를 전하여 사람들을 지도하면서 강(講 : 불교단체)을 조직한 종교자의 존재가 있었다. 묘지에 관해서도 그들은 집단마을 주변의 일정구역(一定区域)을 공동체 구성원의 묘지로 정하고 공양을 위한 석탑을 건립하고 죽은 자가 나오는 경우에는 공동으로 장의(葬儀)를 집행하였다. 그때 매장지(埋葬地)는 이전부터 있던 영지(靈地; 廟堂이나 古墳·経塚·有力者의 墓)가 선정되는 것이 많았던 것이다.

납골 신앙의 보급

납골의 석탑 건립은 기내(畿內)를 넘어 각지에 미친다.

나가노현 이다시(長野県 飯田市)의 문영사(文永寺)는 이다센(飯田線) 태과역(駄科駅) 부근으로부터 덴류가와(天竜川)를 동쪽 언덕으로 건너서 강이 깎아내린 단구(段丘)에 새겨진 급 비탈길을 올라간 평지에 있다. 높은 삼나무에 둘러싸인 사찰의 경내에서는 정면에 기소산맥(木曾山脈)의 산들을 바라볼 수가 있다. 이 문영사(文永寺)의 참배도로 옆에 1283(弘安 6)년 기년명(紀年銘)이 있는 석실(石室)과 그 내부에 수납된 석조 오륜탑(石造五輪塔)이 있다. 탑이 서는 상석(床石)에는 작은 구멍이 뚫려져 있고, 상하(床下)에는 도코나메야키(常滑焼)52)의 큰 옹기 독이 놓여져 화장한 뼈를 거기에 집어넣는 것 같은 구조로 되어 있다. 이 석실의 해체수리를 행할 때 옹기(甕)의 반 이상을 채

문영사(文永寺)의 오륜탑

우는 대량의 소골(燒骨)과 탄립(炭粒)이 발견되었다. 문영사(文永寺)의 석실과 오륜탑은 처음부터 납골을 하기 위한 목적으로 건립된「석조골당(石造骨堂)」이었다[水野 97].

가마쿠라(鎌倉)에 있는 망루(산중턱에 파여진 橫穴式)의 암굴(岩窟)에도 납골의 형태를 남기고 있는 것이 많다. 미우라반도(三浦半島)로부터 우라가 스이도(浦賀水道)53)를 벗어난 보소반도(房総半島)에는 가마쿠라와 닮은 형식의 망루를 찾아볼 수가 있다. 후즈시(富津市) 주천(湊川)에는 납골혈(納骨穴)을 갖춘 망루가 지금에도 모습을 남기고 있다[松本勝 02]. 통상 굴내(窟内)에는 불상이나 오륜탑 등의 공양시설이 설치되어 있다. 오륜탑 등의 석탑과 하나의 세트로 된 납골을 위한 시설이 이렇게 하여 열도각지에 한꺼번에 많이 생기게 된 것이다.

묘당(廟堂)이나 필사한 경문을 경통(経筒)에 넣어 땅속에 묻은 흙무더기인 교즈카(経塚)가 수적의 소재지로 간주되어 납골이 행하여지게 된 것은 제3장에서 논한 대로이다. 중세에는 성스럽고 거룩한 성품을 느끼게 하고 아주 두려운 감정을 일으키는 모든 존재의 근원이 부처의 수적(垂迹, 生身)이라고 믿었다. 고래(古来)의 영지(霊地)였던 고분이나 오래된 분묘(古墓)도 또한 거기가 공동묘지화 하는 전제로서 피안(彼岸)과 차안(此岸)을 연결하는 수적의 성지로 관념되어 있을 가능성은 크다.

이들 시설에 더하여 혹은 기존의 시설에 보족(補足)한 지역일 경

---

52) 아이치현(愛知県) 토코나메시(常滑市) 부근에서 생산되는 도자기를 말함.
53) 우라가 스이도(浦賀水道)는 미우라 반도(三浦半島)와 보소 반도(房総半島) 사이에 있는 해협으로 태평양과 도쿄만(東京湾)을 연결하고 있다.

우에는 오륜탑(五輪塔)을 건립하는 것에 의하여 성지화(聖地化)·영장화(霊場化)를 시도하였다고 추정된다.

총생(叢生)하는 미니 영장(霊場)

앞에서 언급한 것과 같이 오륜탑은 부처의 모습 그 자체이고 법신(法身)54)의 부처가 중생구제를 위해 화현(化現)55)한 것이었다. 헤이안시대 후기부터 정토신앙이 유행하면 오륜탑도 또 사람들을 피안(彼岸)으로 유도하는 상징으로 여겨졌다. 죽은 자를 매장하는 지역으로 오륜탑이 세워진 것은 이와 같은 이유에 의한 것이라고 생각된다. 드디어 중심에 오중(五重)의 탑을 배치한 납골당이 만들어지게 되거나 최초부터 납골탑으로서 설계된 오륜탑이 수용되게 되는 것은 그 때문이었다.

그러한 사정은 「석탑파(石塔婆)」이고 이 세상에 화현(化現)한 부처 그 자체라고 관념되어 있는 판비도 마찬가지다. 다나카 노리카즈(田中則和)는 센다이 평야(仙台平野)의 영장에 서있는 판비의 납골·산골(散骨)이 14세기 중반부터 성행한 것을 지적하고 이것을 열린 「지역영장(地域霊場)」의 시작이라고 규정하고 있다[田中則01]. 판비 자체(板碑自体)가 성스러운 표상이고 그 공덕은 그것과 인연을 연결하는 불특정다수의 중생에게도 미친다고 믿어졌기 때문에 그 주변에 화장한 뼈가 매납(埋納)되게 되었다.

---

54) 삼신(三身)의 하나로 불법의 이치와 일치하는 부처의 몸을 이른다.
55) 신불(神仏)이 중생을 교화하고 구제하려고 모습으로 바꾸어 세상에 나타나는 일을 말한다.

단지 여기에서 하나의 유의할 점은 특정인물의 위령(慰靈)을 목적으로서 건립된 것이었다고 하여도 중세의 판비는 기본적으로는 모든 사람들에게 열린 공양탑이고, 제3자의 결연을 거부하는 것은 아니었다. 정토신앙이 성하게 행하여져 농후한 피안표상이 사회에 공유되어 있던 중세에는 판비는 거기에 누군가의 영혼을 오랫동안 머물게 하는 시설이 아니고 어디까지나 사람들의 영혼을 피안으로 보내기 위한 장치였다. 먼저 소개한 기요노리(澄憲)의 창도(唱導)에도 기록된 것처럼 탑파의 공덕은 만인에게 미치는 것으로 비록 알지 못하는 인물을 위하여 건립되는 것이라 할지라도 거기에 예배하거나 납골하거나 하면 거기에 상응하는 공덕을 받을 수 있다고 믿어졌다. 특정 재지영주(在地領主)를 위하여 건립된 탑파가 공동묘지의 총공양탑(総供養塔)으로 변화하여 가는 과정과 꼭 같은 현상을 나타낼 수가 있다.

판비(板碑)는 종종 특정인물의 후생선처와 함께 「법계중생(法界衆生)」(살아 있는 모든 것)의 결연(結縁)과 구제(救済)가 칭송되고 있다. 앞에서 언급한 아오바야마(青葉山)의 정안(正安)의 판비는 강중의 「왕생극락(往生極楽)」에 이어서 「법계중생」의 「평등이익(平等利益)」이 예로 들어져 있다. 센다이시 아오바쿠 교가미네(仙台市 青葉区 経ヶ峯)의 판비에도 「과거 성령 출리 생사정 대보제(過去聖霊出離生死証大菩提), 내지법계 평등이익(乃至法界平等利益)」(4号碑)의 문자가 보인다. 중세 공양탑은 만인에 대한 열린 성격으로 특정의 인격과 일대일로 대응하여 제3자의 결연을 완전하게 거절하는 닫쳐진 성격을 기조로 하는 근세의 묘표(墓標)와는 결정적인 차이가 있었다.

4. 명승지(勝地)와 경계

판비(板碑)가 서 있는 비탈

중세에는 대형 영장(靈場)과 함께 각지에 새로운 공동묘지와 미니 영장이 계속하여 탄생하였던 동국(東國)에 판비의 건립도 기내(畿內)의 총공양탑(總供養塔)과 같은 그러한 양식에서 파악할 수 있는 것을 논하였다. 중세는 내세와 통하는 길로서 석탑=공양탑이 일본열도에 성행하던 시대였다.

여기에서 하나의 의문이 떠오르게 된다. 어느 장소가 새로운 영장으로서 입지(立地)되기 위해서는 어떠한 지세적(地勢的)인 조건이 필요하였을까하는 문제이다. 미니 영장으로서 점정(点定)된 지역이 오로지 자의적으로 선택되었다는 것은 생각하기 어렵다. 실제로 거기에는 어떤 공통적인 요소가 있는 것처럼 보인다. 그것은 도대체 무엇이었을까. 판비가 세워진 지점을 실마리로 하여 이 문제를 생각하여 보기로 하자.

도호쿠대학(東北大學)의 부속식물원의 판비는 도호쿠대학 인문학 계열 캠퍼스가 있는 히로세가와(広瀬川)의 하안단구(河岸段丘)로부터 아오바야마(靑葉山)로 이어지는 능선을 조금 오른 비탈길의 중턱에 위치하고 있다. 여기는 원래 다테 마사무네(伊達政宗)가 쌓아올린 센다이성(仙台城)의 니노마루(二の丸)에 속하여 있었지만 메이지(명치, 明治)이후에는 육군 제2사단 사령부가 놓여졌다. 전후에는 진주군(進駐軍)에 접수되어 미국 야영지로 되어 있었다. 이 일대는 일관하여 정치적·군사적인 중요시설로 수백 년간에 걸쳐서 일반인이 간단하게 들어갈 수 있는 장소는 아니었다.

그렇다면 센다이성 축성(仙台城築城)이전에는 어떻게 되어 있었던 것일까. 중세까지 거슬러 올라가면 가와우치 지구(川内地区)는 사원이 들어선 영장(霊場)이었던 것으로 추측되고 있다[伊藤信 98]. 1920(大正 9)년에는 제2사단 사령부 구내(師団司令部構内)의 뒷산이 함락하여 불상이 새겨진 암굴(岩窟)이 출현하였다고 하는 기록이 있다(『伊達家史叢談』5). 2기(二基)의 판비는 마애불이나 교닌자카(行人坂, 불법을 수행하는 사람)라고 하는 지명이 지금은 센다이 대신궁(仙台大神宮)에 옮겨져 건립된 다른 하나의 판비와 함께 이전에 아오바야마(青葉山) 일대가 영장이었던 시대의 흔적이었다.

판비의 옆에는 식물원의 유보도(遊歩道)가 산 정상으로 향하여 나 있지만 이 작은 길은 중세에는 센다이 평야(仙台平野)와 야마가타 분지(山形盆地)를 연결하는 모가미 가도(最上街道)였다. 지금 나무 수풀에 묻혀 죽은 듯이 조용한 정적이 감도는 판비는 이전의 한때에는 교통이 빈번한 가도 옆에 위치하고 있었을 것이다.

지금 아오바야마(青葉山)의 판비를 말할 때에 「비탈(坂)」과 「가도(街道)」라고 하는 두 개의 키워드를 사용하였다. 「판비」, 「비탈」, 「가도」라고 하는 세 개의 언어로부터 곧바로 머리에 떠올릴 수 있는 지역이 있다. 무쓰국부(陸奥国府)가 있는 이와키리(岩切)의 게쇼자카(化粧坂)56)다. 관천(冠川)을 넘어 동광사(東光寺) 옆을 지난 오대도(奥大

---

56) 게쇼자카(化粧坂)는 가마쿠라 칠구(鎌倉七口)의 하나로 「가쇼자카(仮粧坂)」라고 쓰기도 한다. 현재의 가마쿠라시 오기가타니(鎌倉市扇ガ谷)로부터 겐지야마(源氏山) 공원을 잇는다. 주로 무사시국(武蔵国)의 국부(国府, 현재의 府中市·国分寺市)로부

道)는 곧바로 평평한 비탈길에 다다른다. 게쇼자카(化粧坂, けはいざか·けしょうざか)라고 하는 오랜 지명을 가진 이 주변 일대는 수많은 판비가 산재하여 있는 것으로 알려졌다.

앞에서 소개한 전부동존(澱不動尊)의 판비도 원래는 가와우치(川内)로부터 북쪽으로 향하여 히로세가와(広瀬川)를 건너 길이 잘려져 나간 늪지(沢)를 따라 험한 오르막길에 다다른 장소에 있었다고 생각된다. 이외에도 오사키 마쓰야마초(大崎市 松山町)의 입정(入町) 동시(同市) 이와데야마(岩出山)의 덴노지(天王寺) 구리하라시 다카시미즈(栗原市高清水)의 젠코지(善光寺) 등 미야기현(宮城県)에서만도 가도(街道) 옆이나 비탈에 판비가 산재해 있다.

비탈(坂)과 경계(境)

그렇다고 하더라도 왜 판비가 비탈(坂)과 연결되게 되는 것일까. 그것은 비탈(坂)에 걸쳐진 「사카이(さかい)」가 경계(境界)라고 인식되었던 것과 깊은 관계가 있다고 추측한다.

전근대의 사회에서는 인간이 생활하는 공간은 근대 이후의 그것과는 전혀 다른 형태로 분절화(分節化)되어 있었다. 안과 밖을 사이에 둔 경계(境界)는 옥부(屋敷) - 집락(集落) - 마을(村)이라고 하는 중층적인 공간구분에 따라서 몇 겹이나 설정되어 있었다. 그때 경계(境界)가 되는 지표(指標)로서 강(川)·고개(峠)·물가(浜) 등이 종종 사용

터 우에노국(上野国)으로 향하는 길(上道)의 출구로 알려져 있지만 가마쿠라시대 초기에는 무사시국(武蔵国)의 동쪽 방향으로 향하는 중도(中道), 하도(下道)도 또 여기를 통하였을 가능성도 있다.

되었지만 비탈(坂)도 또한 중요한 표식이었다. 중세의 교토나 가마쿠라에 그 시역(市域)의 내부와 외부를 사이에 둔 경계로 관념(觀念)된 지역에서 조영된 사각사경제(四角四境祭)에서는 산기(山崎)·육포(六浦) 등의 항만(港湾), 가모가와(賀茂川)·가타히로세(片瀬川) 등의 자갈밭과 나란히 오사카(逢坂)·코부쿠로자카(小袋坂)라고 한 비탈(坂, 사카)이 그 이름을 잇고 있다.

아오바야마(靑葉山)의 판비가 서있는 지점은 센다이 평야(仙台平野)를 횡단하여 오대도(奥大道)로부터 나누어진 모가미(最上) 가도가 평야를 벗어나 바로 산지에 걸쳐지려고 하는 비탈의 도중이었다. 그곳은 센다이 평야라고 하는 하나의 완결(完結)된 공간이 종언(終焉)을 맞이하는 지역임과 동시에 이와키리(岩切)를 중심으로 하는 무쓰국부(陸奥国府) 지배지 남서쪽의 경계에도 해당하였다. 판비는 바로 그러한 지역을 선택하여 건립되어 있었다. 이와키리국부(岩切国府)의 북쪽에 위치하는 게쇼자카(化粧坂)도 또한 부중(府中)과 그 북쪽 방향에 펼쳐지는 외부세계와 사이를 둔 틀림없는 경계의 지역이었다.

아오바야마가 센다이 평야-무쓰국부 지배 영역 남서쪽의 외곽이라고 한다면 그 정반대에 해당하는 북동(北東)의 경계가 마쓰시마(松島)가 된다. 이와키리(岩切)와 아오바야마를 연결하는 직선을 반대 방향으로 거의 같은 거리만 연장하면 그 선단(仙丹)은 마쓰시마에 도달한다. 이미 논한 것과 같이 마쓰시마도 이와키리와 나란히 판비가 풍부하게 남아 있는 지역이었다. 이오지마(雄島)는 판비의 밀집지(密集地)로서 알려져 납골 풍습이 행하여져 있었다. 동쪽 바다를 바라보는 육포(六浦)가 중세도시 가마쿠라(鎌倉)의 경계로 관념되어 거기에 영장(靈場) - 공동묘지가 형성된 것과 같이 마쓰시마(松島)도 또한 무쓰국부의 경계의 지역으로서 영장의 색깔에 깊이 물들어 있었다.

게쇼자카(化粧坂)의 사상

영장(靈場)과 비탈(坂)에 관련하여 다른 하나를 언급하여둘 문제가 있다. 그것은 경계로서 인식되어 있던 비탈(坂)이 종종「게쇼자카(化粧坂)」(けはいざか・けしょうざか)의 명칭으로 불리고 있던 것이다. 이와키리 국부(岩切国府)의 북쪽에 위치하는 비탈 길(坂道)이 이 명칭을 가지고 있던 것은 이미 반복하여 논한 대로이다. 가마쿠라(鎌倉)의 북쪽으로부터 입구에 해당하는 게쇼자카(化粧坂)와 그 절벽을 통과

오규다 게쇼자카(小牛田化粧坂)의 판비

하는 것은 오늘날에는 관광지로서 잘 알려졌다.

도호쿠(東北)에는 그 밖에도 게쇼자카(化粧坂)라고 하는 지명이 몇 개나 더 남아 있다. 그때 주목되는 것은 이와키리(岩切) 이외에도 게쇼자카가 주변에 판비를 동반하거나 오랜 전승(伝承)을 남기기도 하는 예를 볼 수가 있다.

센다이(仙台)를 나온 도호쿠 혼센(東北本線)은 일단 동쪽으로 돌아서 시오가마(塩釜)-마쓰시마(松島) 사이에서 해안에 접한 후 재차 내륙으로 들어가 쌀의 산지 오사키 평야(大崎平野)를 북상한다. 평야 가운데쯤에서 도호쿠센(東北線)으로부터 동서로 이시노마키센(石巻線)과 리쿠오니시센(陸羽西線)이 분기(分岐)하는 터미널로 되어 있는 것이 오규다역(小牛田駅)이다.

오규다역 홈을 따라서 동쪽은 평평한 구릉(丘陵)을 이루고 있어 지금은 신흥주택지(新興住宅地)와 밭이 혼재하는 정겹고 한가한 광경을 자아내고 있다. 이 구릉을 향하여 오규다역(小牛田駅) 방향으로부터 오르는 좁은 길이 게쇼자카(化粧坂)라고 불리고 있다.

수년 전에 「게쇼자카」라고 하는 지명에 끌려서 아무 사전 준비도 없이 이 지역을 방문한 적이 있다. 노선에 접한 지점에서 완만한 S자를 그리며 뻗어 올라가는 이 비탈길(坂道)은 주택지 가운데에 있는 흔하게 볼 수 있는 생활 도로였다. 그 곳에 역사를 느끼게 하는 유적은 아무것도 없었다.

헛걸음을 한 것이라는 생각을 하면서 비탈을 올라가서 한참 걸으니 구릉(丘陵)의 최고점(最高点)에 해당하는 장소에 붉은 도리이(鳥居)와 조립식 주택 풍의 작은 당(堂)이 서 있는 것이 눈에 들어왔다.

경내의 입구에는 큰 돌 안내판이 서있고, 가마쿠라시대까지 거슬러 올라간다고 하는 이 약사당(薬師堂)의 유래와 오노노 코마치(小野小町)가 연못을 거울삼아 화장을 고쳤다고 하는 비탈(坂)의 명칭에 대한 유래가 새겨져 있었다. 당(堂)의 안쪽으로 돌아가면 기둥과 지붕만 덮여져 있는 집이 있고 그 아래에 10체(体) 정도의 석비(石碑)가 콘크리트로 고정되어 있었다. 그 가운데서 몇 개는 분명히 종자(種子)를 동반한 중세의 판비였다.

본래의 게쇼자카(化粧坂)는 현재와 달리 약사당(薬師堂)의 안쪽으로부터 올라오는 급한 비탈길을 가리켰던 듯하다. 또 판비 그 자체가 얼마든지 본래의 위치로부터 이동하였을 가능성도 있다. 그러한 점을 감안한다 하더라도 여기에는 게쇼자카(化粧坂)·판비(板碑)·당사(堂舎)와 오랜 전승(伝承)이 하나로 된 중세까지 거슬러 올라갈 수 있는 영장적(霊場的)인 신앙세계를 엿볼 수가 있다.

이치노타니(一の谷) 공동묘지

게쇼자카(化粧坂)라고 하면 중세사 연구자들 사이에서 잘 알려져 있는 장소다. 시즈오카현 이와타시(静岡県 磐田市) 이전에 존재한 이치노타니 중세분묘군(一の谷中世墳墓群)에 거의 가깝다.

1984년 택지 개발계획의 사전 조사로서 이와타시 교외의 잡목수풀(雑木林)에 둘러싸인 구릉(丘陵)의 발굴이 행하여졌다. 표면을 덮은 표토(表土)를 제거하면 그 밑에서부터 언덕 일면을 뒤덮으며 설치된 다수의 분구묘(墳丘墓)와 집석묘(集石墓)가 그 모습을 나타내었다.

3000기를 넘는 묘제유구(墓制遺構)를 동반한 일본 최대급 중세 묘지의 발견이다.

이와타시(磐田市)는 고대 이래 도오토미 국부(遠江国府)가 놓여진 지역이었다. 중세에는 견부(見付)라고 불렸던 이 마을은 도오토미의 정치의 중심이었던 것뿐만 아니라 도카이도(東海道)의 항만에 접하는 교통의 요충지이기도 하였다. 견부에는 국부에 근무하는 재청관인(在庁官人)들뿐만 아니고 다양한 직업에 종사하는 많은 주민이 모여 살고 있다. 견부의 북서쪽 교외에 위치하는 이치노타니(一の谷)는 견부 주민들의 공동묘지였다고 생각되고 있다.

이와타시의 게쇼자카(化粧坂)는 도시 견부나 그 주민들의 묘지인 이치노타니를 연결하는 선상(線上)에 위치하고 있었다. 센다이시 이와키리(仙台市 岩切)의 게쇼자카가 무쓰국부(陸奥国府)를 중심으로 하는 중세도시 이와키리의 북쪽 경계로 한정된 장소였던 것과 같이 견부도 중세도시 견부 북쪽의 경계를 나타내는 것이었다. 견부(見付)의 주민들은 죽은 자가 나오면 이 비탈을 넘어서 유해를 이치노타니로 옮겨서 화장이나 매장을 행하였다. 게쇼자카는 죽은 자가 현세를 이탈하여 별세계로 향하는 그 최초가 세키몬(関門)이고 양계(両界)를 사이에 둔 상징적인 지점에 불과하였다[石井 93].

민속학이나 문화인류학의 성과가 나타내는 것과 같이 게쇼(化粧 화장)는 가면과 같이 변신을 상징하는 행위였다. 축제 등의 경사스러운 의식에 참가자가 남녀를 불문하고 공을 들여 꼼꼼하게 화장을 하고 가면을 착용하는 것은 세계 여러 나라에서 보이는 현상이다. 「게쇼자카(化粧坂)」라고 하는 명칭은 그 지역이 가지는 경계성과 거기를 통하는 것에 의하여 경계의 돌파=변신을 단적으로 상징하는 것이었다.

비탈(坂)은 이 세상의 공간을 분절화 하는 지표인 것만은 아니었다. 고래(古来), 현세(現世)와 이계(異界)를 구분하는 장소로서의 의미도 포함하고 있었다. 요미노 구니(黄泉の国)로 향하는 이자나기(イザナギ)가 통과한 요모쓰히라사카(ヨモツヒラサカ)는 바로 그러한 지역이었다. 바다 가운데에 있는 해신(海神)의 나라와의 사이에는 해판(海坂)이 있다고 믿어져 있었다. 이계의 관념 및 현세-이계의 관계성에 시대에 의한 변화는 있어도 거기가 경계 지역이다. 라고 하는 점에서 사람들의 인식은 일치하고 있다. 이 세상과 저 세상과의 접점(接点)이라고도 할 수 있는 그 지역에 고인의 영혼을 피안으로 보내는 장치인 판비가 건립되어 있던 것의 의미는 거기에 있다고 추측된다.

명승지(勝地)에 서있는 판비(板碑)

판비가 세워져 미니 영장(霊場)이 개설되는 조건은 물론 그것만은 아니다. 중세에 판비 건립과 재지 영장(在地霊場)의 형성을 생각할 경우에 거기가 종종 「승지(勝地 명승지)」라고 형용되는 풍광명미(風光明美)한 지역이었던 것이 지적되고 있다[千々和91]. 치지와도(千々和到)가 승지(勝地)의 전형(典型)으로서 소개한 미야기현 이시노마키 오자키(宮城県 石巻市 尾崎)에 있는 해장암판비군(海蔵庵板碑郡)이 줄지어진 평평한 장소에 서면 장면포(長面浦)가 눈 아래로 내려다보이는 멋진 경치를 관망할 수가 있다. 아오바야마(青葉山)도 다테마사무네(伊達政宗)의 묘소가 마련되어 있는 교가미네(経ヶ峰)도 판비가 있는 지역은 모두 전망이 좋은 장소였다. 판비가 서 있는 곳에 발을 옮기면 「승지(勝地)」라고 하는 형용이 매우 적확한 표현이라는 것을 실감할 수 있다.

나아가 또 그러한 재지 영장(在地霊場)의 대부분이 형용하기 어려운 어떤 종류의 영성(霊性)을 느끼게 하는 장소이기도 하다는 것은 잊을 수 없다. 다양한 영장에 나아가서 많은 사람들의 이야기를 듣는 가운데 몇 번이나 들은 인상에 남는 말이 있다. 그것은 그 땅이 「구름이 솟아나는(雲の湧く)」 장소라고 하는 것이다. 몇 번인가 영장에서 비가 그친 후에는 그 일대에 가스가 솟아오르고 있는 광경을 목격한 적이 있다. 지금 나의 연구실 창문에서는 바로 정면에 아오바야마(青葉山)를 바라볼 수가 있지만 판비가 있는 계곡으로부터 구름이 솟아오르는 모습을 일상적으로 눈에 접하고 있다.

여기서 하나의 생각이 떠오르는 것이 이즈모(出雲)의 마쿠라코토바(枕詞)57)로서 사용되는 「야쿠모타쓰(八雲立つ)」라고 하는 표현이다. 『고지키(古事記)』에서는 스사노오(スサノオ)가 이즈모국(出雲国)의 스가(須賀)의 땅에 궁을 세우려고 하였을 때 그 땅에서 구름이 솟아오르는 모습을 보고 「야쿠모가 피어오르는 이즈모 야에가키 아내의 장례 때 야에가키를 만드는 그 야에가키를(八雲立つ 出雲八重垣 妻籠

---

57) 와카에 사용되는 수식어 그룹의 일종이다. 특정한 단어 앞에 붙여서 그 의미를 강조하거나, 정서를 환기시키면서 어조를 고르게 하는 기능을 한다. 죠코토바(序詞)와 더불어 만요슈(万葉集)에서 많이 쓰이는 기법이다.

みに 八重垣作る その八重垣を)」이라고 하는 시를 읊었다고 한다. 지면으로부터 솟아오르는 구름은 그 토지가 가지고 있는 활발한 생명력의 증거라고 생각되었다.

오쿠노인(奧の院)이 사역(寺域)을 내려다보는 높은 곳에 설치된 것과 같이 미니 영장은 그 창설(創設)에 일정한 조건을 만족하는 지점을 선택하여 만들어진 것으로 재지(在地) 영장에 관하여서는 이러한 시점으로부터 더 많은 검토가 필요할 것이다.

5. 영장을 거부하는 사람들

전수염불(專修念仏)의 구제이론(救済理論)

영장에 참배하고 수적(垂迹)에 결연(結縁)하는 것이 정토왕생(浄土往生)을 바라는 자에게 있어서 결정적으로 중요하다고 생각하고 있던 중세에 굳이 영장의 참배(参詣)를 부정하고 수적을 예배하는 것을 거부하는 입장을 분명하게 취한 일부 불교신자들이 있다. 호넨(法然)·신란(親鸞)을 시작으로 하는 전수염불자(專修念仏者)나 니치렌(日蓮) 등이 있다.

그들은 질병 치유나 연명이라고 한 현세의 문제에 대해 신(神) 등의 수적에 기원하는 것을 반드시 부정하지 않았다. 그러나 궁극적으로 구제에 관하여서는 특정의 성지(聖地)를 밟거나 이 세상의 신불(神仏)에게 빌거나 하는 것을 완고하게 거부했다. 그리고 진정한 왕생을 바란다면 개개의 신앙자(信仰者)가 수적을 경유하는 일 없이 직접 피안(直接彼岸)의 본불불(本仏仏)에 귀의(帰依)하지 않으면 안 된다고 주장하였다. 중생-수적-본지(本地)라고 하는 중층적(重層的)인 우주론과 수적을 피안정토의 불가결한 중개자라고 간주하는 당시의 상식적인 구제이론에 대하여 그들은 중생이 수적을 뛰어넘어 직접본지(直接本地)에 귀의하는 논리를 제시한 것이다.

가마쿠라시대의 전수염불(専修念仏)은 종종 전통 불교 측으로부터 비판과 탄압을 받았다. 그때 반드시라고해도 좋을 정도로 비판의 대상이 된 문제가 염불자(念仏者)가 신들을 예배하는 것을 거부한 점이었다. 호넨(法然)은 중세의 신들이 가지고 있던 두 개의 기능 - 현세이익의 공여와 정토의 길 안내 역할을 하는 사람 가운데 후자의 역할을 명확하게 부정하고 그 임무를 전자에 한정하였다. 그에 더불어 최종적인 구원인 정토왕생은 단지 본불(本仏)과 직접 마주하는 것에 의하여서만 성취된다는 것을 강조하였다. 전수염불자의 「신기불배(神祇不拝)」는 그 구제론의 필연적인 귀결(帰結)이었다. 그가 아미타불 이외에 이 세상의 불상(仏像)인 수적의 귀의(帰依)를 금지한 이유도 바로 여기에 있었다.

조사신앙(祖師信仰)과 묘당(廟堂)의 영장화(霊場化)

호넨(法然) 등이 이러한 사상을 형성한 배경에는 정토신앙에 수적(垂迹)이 개재(介在)하는 한 재산이나 신분·계층·성별이라고 하는 세속적인 조건이 구제의 차별화를 재생산한다고 보는 그들의 독자적인 인식이 있었다.

이미 논한 것과 같이 헤이안시대 후반부터 수적의 소재지는 이 세상의 정토라고 하는 사상이 퍼져 영장(霊場)은 왕생(往生)을 바라는 많은 참배자를 모았다. 12세기경부터는 납골도 성하게 행하여졌다. 그러나 얼핏 만인에게 개방되어 있는 것 같은 이들 성지(聖地)에도 여인금제(女人禁制) 등의 제약이 있었다. 또 금전적·시간적인 제약 때문에 성지의 참배(参詣)를 간절히 바라는 자는 누구나가 그것을 실행에 옮기는 것이 가능한 것은 아니었다. 수적인 불상의 건립도 절대적인 선근(善根)이라고 간주되었지만 그것은 서민층에는 더욱 더 곤란한 사업이었다. 정토왕생이 수적을 매개로한 결연(結縁)을 불가결한 조건으로 하는 한 성별이나 신분·계층이라고 한 세속적인 차별이 그대로 구제의 차별에 반영되는 것을 피할 수가 없었다.

그것은 석탑이나 판비를 건립하는 것에 의하여 촌락 주변에 인공적인 미니 영장을 만들려고 하는 운동에 있어서도 동일하였다. 석탑의 조립(造立)은 본격적인 불상의 건립에 비교하면 훨씬 간편한 선행을 만드는 것이었다. 판비의 조립이라고 하는 종교운동에 의하여 불교 신앙은 비약적으로 재지(在地)에 침투하였다고 하여도 그것을 건립하는 주체는 지역의 영주층이고 농민층이라 해도 유력 농민인 나누시(名主)58) 계급으로 한정되어 있었다. 그 이하의 계층은 건립된 탑에 결연하는 정도였다.

앞에서 소개한 센다이시 미야기노쿠 이와키리(仙台市 宮城野区 岩切)

---

58) 에도시대의 읍(町·村)의 장(長)을 말한다.

에 있는 동광사(東光寺)에서는 1237(嘉曆 2)년의 기년명(紀年銘)을 가진 2기(二基)의 대형판비(大型板碑) 주위에 그 판비를 에워싸듯 종자(種子)만을 새긴 많은 소형판비(小型板碑)가 세워져 있었다. 오이시 나오마사(大石直正)는 이 대형판비가 이와키리(岩切)에 놓여 있던 무쓰국부(陸奧国府)의 통괄자(統括者), 유수(留守) 일족의 것이었을 가능성을 지적하는 한편 주위의 소형판비는 부중(府中)의 도시민(都市民)이 대형판비에 결연하기 위하여 세운 것으로 추측하고 있다[大石直 99]. 오이시(大石)는 후에 이 견해를 새롭게 대형판비를 국부주인(国府住人)」의 총의(総意)에 의하여 세워진「총공양탑(惣供養塔)」에 비견되는 것이라고 해석하였지만[同氏 01], 다나카 노리카즈(田中則和)도 지적하는 것처럼 이 정도의 거대한 판비의 운반과 건립이 유수(留守)를 제외하고 이루어 졌다고는 생각하기 어렵다[田中則 06]. 역시 유수의 주도하에 행하여졌다고 보아야 할 것이 아닐까.

생신불(生身仏)로서의 조사(祖師)

호넨(法然)이 새로운 구제이론을 구축하여 극복하려고 한 것은 이러한 신앙세계였다.

지배자가 건립한 대형판비를 그 지배하에 있던 주민의 판비가 둘러싼 광경은 현세의 질서를 그대로 신앙의 세계에 투영한 것밖에 되지 않는다. 소형판비조차 만들 수 없는 계층은 거기에 결연(結緣)하기 위하여 납골하는 방법밖에 없었다. 더욱이 그 아래는 화장(火葬)과 납골조차 마음대로 되지 않는 유해를 공동묘지에 옮기는 것밖에 할 수 없는 사람들이 있었다. 이 세계의 차별이 그대로 내세까지 넘어가는 구조를 여기에서 볼 수가 있다. 헤이안시대 후기에 진행된 신앙의 대중화는 차별을 재생산하는 것은 있어도 결코 만인에게 평등한 구제를 가져오게 한 것은 아니었다.

그렇지만 조사(祖師)가 서거하고 그 교단이 형성되어 가는 단계가 되면 조사 자신과 조사를 모시는 묘당(廟堂) 그것이 점차로 신도의 예배 대상으로 되어갔다. 묘당의 납골도 성하게 행하여졌다. 『신란성인회전(親鸞聖人絵伝)』이나 『잇뺀히지리에(一遍聖絵)』 등의 에마키(絵巻)에는 조사의 일생이 끝난 후에 조사상(祖師像)이 묘소에 모셔져 있는 모습을 그린 것이 수용된다. 어영당(御影堂)에 안치된 조사의 조상(彫像조각상)·회상(絵像초상화)에 기도를 드리는 것이 바로 왕생정토의 첩경이었다. 조사 그 자체가 피안(彼岸)과 차안(此岸)을 연결하는 수적(垂迹)으로 간주되게 되는 것이다. 호넨의 사후에 그 본지(本地)가 아미타여래라고 하는 견해는 교단내부에서 널리 공유되게 된다. 신란(親鸞)의 아내인 혜신니(惠信尼)는 서간 가운데서 호넨(法然)의 본지가 세지보살(勢至菩薩), 신란의 그것이 관음보살이라고 하는 꿈을 본 것을 기록하고 있다.

니치렌계교단(日蓮系教団)에서 조사는 상행보살(上行菩薩)의 재탄생이라고 믿고 있었다. 그 초상 조각은 살아 있을 때와 같이 대우하고 생전의 조사와 같이 동일한 급사(給仕)가 행하여졌다. 태내(胎内)에 니치렌의 유골이 수납된 지상본문사(池上本門寺)의 니치렌상은 본체(本体)가 속옷 모습으로 만들어져 있어 처음부터 의복을 입히는 것을 전제로 한 것이었다. 옥안(玉眼)에 더하여 이러한 궁리가 행하여지는 것에서 보이는 것과 같이 조사상(祖師像)의 제작(製作)에는 어디까지나 사실적인 존재감이 추구되는 것이다.

즉 가마쿠라 불교의 교단 내에서도 생신(生身)의 조사상을 중심으로 조사신앙(祖師信仰)을 기반으로 하는 새로운 영장(靈場) 형성이 개시되어 혈맥(血脈)·법맥(法脈)에 의하여 조사와 깊이 연결된 특권 계층이 형성되어 갔다.

왕생원생(往生願生)의 시대

중세의 납골영장(納骨靈場)의 중심이 되는 것은 고호다이시(弘法大師) 등의 성인 아미타상의 불상이나 경전을 매납(埋納)한 교즈카(経塚) 탑파(塔婆) 판비 등이 있었다. 이것들은 당시의 사람들에게 있어서 어느 쪽도 피안(彼岸)의 본불(本仏)의 수적(垂迹)이고 깨달음의 진리의 표상으로 파악되었던 것은 새롭게 인식하여 두고 싶다.

많은 중세인들에게 있어서 궁극적인 목적은 사후에 정토의 왕생이었다. 현대를 살고 있는 우리들에게 있어서 정토신앙이라고 말하면 곧바로 떠오르는 것은 입으로「남무아미타불」이라고 기리는 칭명염불(称名念仏)이다. 그러나 진심을 다하여 회향(回向)하기만 하면 어떠한 행위라도 왕생의 인연이 되는 것이 당시의 일반적인 인식이었다. 그 가운데 널리 지지되어 확실시된 정토왕생의 방법은 스스로 수적을 만들어 내는 것으로 수적을 진좌(鎮座)하는 성지(聖地)=영장(霊場)에 발을 옮기는 것이었다.

지금 현존하고 있는 판비(板碑)의 수는 간토(関東)나 도호쿠(東北)

를 중심으로 5만을 넘는다고 알려졌다. 지금도 새로운 판비가 연이어 발견되고 있고 파기(破棄)·개각(改刻)·전용(転用)된 것을 포함하면 실제로는 이 몇 배의 판비가 제작되었을 것으로 추정된다. 이정도로 대량의 판비가 13세기 전반부터 불과 150년 정도 사이에 건립되었다.

추상적인 수량을 들지 않아도 실제로 현지를 걸어보면 여기저기 남아 있던 판비의 수에 압도된다. 판비 건립이 전성기를 맞이하는 시대는 일반 상식으로서는 호넨류(法然流)의 염불이 전국을 석권(席巻)한 시대로 간주되어 있다. 그러나 동일본(東日本)에 관하여 말하면 정토신앙의 주류는 칭명염불(称名念仏)[59]이 아니고 판비를 건립하여 결연을 위하여 거기에 참배하고 납골한다고 하는 형태였다. 대량의 판비가 잔존하고 있다는 사실 그 자체가 교과서적인 가마쿠라시대의 정신세계의 이미지를 일변시킬 만큼의 박력을 가지고 있다.

호넨(法然)이나 신란(親鸞)이 독자적인 신앙을 모색하고 있었을 때에 그들 앞에 서 있었던 것은 수적을 개재(介在)한 차토정토(此土浄土, 이 세상의 浄土)의 신앙이었다. 그들은 수적의 결연을 지상시(至上視)하는 정토신앙의 바다 가운데에서 허우적거리면서 새로운 신앙세계를 구축하여 가지 않으면 안 되었다.

호넨(法然)의「선택본원 염불(選択本願念仏)」의 논리는 이러한 같은 시대의 정신세계를 배경에 두었을 때 처음으로 그 의의가 확실히 떠오르게 된다고 생각된다. 역으로 그 교단에 조사신앙(祖師信仰)의

---

[59] 같은 말로 정정업(아미타불의 명호인 '나무아미타불'을 부르는 일)이라고 한다.

형성은 당시의 수적신앙(垂迹信仰)이 어느 정도 뿌리 깊은 것인지를 확실히 나타내는 현상이었다. 재지(在地)에 명호판비(名号板碑)나 제목판비(題目板碑)의 건립도 조사(祖師)가 연 새로운 신앙세계와 기존 신앙세계의 교섭 가운데 생겨난 것이었다고 추측된다.

부서진 비석판(板碑) 제5장

1. 파기된 판비군(板碑群)

이오지마(雄島)를 찾아서

일본삼경(日本三景)의 하나인 미야기현(宮城県)의 마쓰시마(松島)는 다테마사무네(伊達政宗)가 건립한 즈이간지(瑞巖寺) 혹은 마쓰오 바쇼(松尾芭蕉)가 방문한 곳으로 아주 유명하다. 그러나 중세까지 거슬러 갔을 때 거기가 영장(霊場)이었다는 사실은 의외로 알려져 있지 않다. 앞 장에서 논한 것과 같이 마쓰시마는 이와키리 국부(岩切国府) 지배 영역의 도호쿠(東北)의 경계에 해당하였다. 판비가 줄지어 선 납골이 성행했다. 차안과 피안이 접하는 땅(地)이라고 관념(観念)되어 있었다.

마쓰시마 가운데 가장 영장의 분위기가 농후하게 풍기는 지역이 이오지마였다. 이오지마는 마쓰시마만(松島湾)에 떠오르는 길이가 200m 정도의 가늘고 긴, 작은 섬이다. 지금은 마쓰시마를 대표하는 풍광명미(風光明媚)한 지역으로서 관광 시즌에는 많은 사람들이 방문한다.

센다이(仙台)에서 마쓰시마(松島)로 향할 경우 일반적으로는 센세키센(仙石線)을 이용하여 마쓰시마 해안역에서 하차하는 것이 편리하다. 역의 개찰구를 나와 교차로를 빠져나오면 해안을 따라 달리는 주도로가 나온다. 즈이간지(瑞巖寺)를 시작으로 하는 관광 명소가 집중하는 장소는 그 길을 향한 앞에 있지만 이오지마를 가기위해서는 역 앞의 횡단보도에서 도로를 가로질러 그대로 직접 교차하는 도로를 해안방향으로 나아갈 필요가 있다.

마쓰시마 수족관의 문 앞을 통하는 길을 따라 걸으면 드디어 이오지마로 길을 가리키는 안내판이 눈에 들어온다. 지시에 따라서 왼쪽으로 나누어지는 길로 들어가면 좁은 이끼가 낀 고도(古道)가

이오지마(雄島)의 마애불

바다를 따라 바위 사이를 잇고 있다. 한 차례 큰 바위를 나눈 갈라진 길 앞에는 평평한 장소가 있다. 그 오른쪽 산 옆으로 암벽을 따라서 몇 개의 굴이 뚫린 탑파가 새겨져 있고 왼쪽은 수직으로 떨어져 들어가는 돌담 아래가 곧바로 바다로 연결되어 있다. 간조시(干潮時)에는 간석(干潟)이 되는 작은 수면을 끼고 그 앞에는 이오지마와 거기에 걸쳐진 붉은색을 칠한 다리가 보인다.

가져가 버린 판장(板場)

평평한 장소를 지나 더 앞으로 나아가면 도월교(渡月橋)라고 불리는 붉은색 다리 부근에 다다르게 된다. 다리를 건너면 이오지마(雄島)다. 섬 입구의 석굴(岩窟)에는 석불(石佛)이 하나 새겨져 있다. 풍화(風化)가 진행되어 눈과 코가 사라지고, 지금도 바위 가운데로 녹

밑둥에서 잘라진 2기의 판비

아들어가려고 하고 있다.

섬 위에는 유보도(遊歩道)가 정비되어 거기에 다다르면 자생하는 소나무 사이로부터 마쓰시마 만(松島湾)의 경치를 감상할 수가 있다. 섬 안에는 가마쿠라시대의 선승(禅僧), 일산일녕(一山一寧)의 필치로 되어 있는 「뇌현비(頼賢碑)」를 시작으로 골탑(骨塔), 암굴(岩窟), 노래비(歌碑) 등 그 역사를 느끼게 하는 많은 유적이 남아 있다. 가장 많은 것이 판비(板碑)이고『마쓰시마 정사(松島町史)』(1989年)에는 70기의 판비가 기재되어 있다.

1988년 섬의 거의 중앙에 위치하는 좌선당(座禅堂)의 남쪽에 있는 2기(二基)의 대형판비(大型板碑)의 발굴조사가 행하여졌다. 전장(前章)에서 언급한 것이다. 이 2기(二基)의 판비는 그 서체(書体)·문양의 유사성이나 지면을 깊이 파고 들어간 같은 하나의 도랑에 줄지어 서 있는 것으로부터 동시에 건립된 것이라고 생각되고 있다. 그 시기는 14세기 초기라고 추측되고 있다. 판비의 서쪽 전면에는 가늘고 긴 제단상(祭壇状)의 유구(遺構)가 있어 거기서부터 범자(梵字)만 새긴 소형의 연호나 서력 연월이 새겨져 있지 않은 무기년 판비(無紀年板碑) 다섯 기가 발견되었다. 더욱이 제단 위와 그 주변에는 긴 세월에 걸쳐 반복되었다고 추정되는 다수의 납골 형태의 흔적이 있다. 여기는 중세에는 판비를 중핵(中核)으로 하는 납골신앙이 행하여 진 곳이다. 바로 전형적인 재지영장(在地霊場)이었다.

지금 2기(二基)의 판비가 나란히 서 있다고 기록했다. 그러나 엄밀하게 말하면 그 표현은 정확하지는 않다. 이 판비들은 모두가 다 뿌리째 잘려져 있고, 지금 눈으로 볼 수 있는 것은 지면으로부터 아주 조금 돌출한 돌의 단편밖에 없다. 잘려서 분리된 본체의 소재는 불명확하다. 판비의 대부분은 잃어버렸기 때문이다. 아주 전문가가 아니면 현지를 걸어도 이것이 판비의 일부라는 것을 눈치 채지 못한다.

여기에서 주목되는 것은 이 판비는 자연적으로 잘라진 것이 아니고 두 기 모두 다 거의 같은 시기에 물리적인 힘에 의하여 파단(破斷)에 이르렀다고 추정할 수 있다. 남아 있는 부분에 보이는 다양한 생생한 상처 흔적이 더하여진 힘의 강대함을 추측할 수 있다.

가마쿠라시대 후기에 세워진 이 두 기의 판비는 그 후 대략 100년에 걸쳐서 사람들의 신앙을 모아 결연(結緣)을 위한 소형판비의 조성이나 납골이 행해졌다. 그러나 어느 시점에서 어떤 이유에서 신앙의 대상으로서의 지위를 박탈당하여 절단된 주요한 부분을 누군가가 가져가 버리게 된 것이다.

판비(板碑)의 명운(命運)

마쓰시마(松島)의 이오지마(雄島)에는 이 2기(二基)의 대형판비(大型板碑) 이외에도 다수의 판비가 남아 있다. 1989(平成 元)년 간행의 『마쓰시마초사(松島町史)』에는 70기의 판비가 기록되어 있다. 그러나 이후 현재에 이르기까지 꽤 많은 수의 소형판비가 소실되어 버렸다.

잃어버린 판비 중 어떤 것은 누군가 고의(故意)로 바다에 투기한 것이 아닌가 하여 2007(平成 18)년 여름에 이오지마(雄島) 서쪽의 간석(干潟) 탐색을 행한 것이 신야일호(新野一浩)이다. 그 이외에도 이오지마(雄島)의 판비가 바다 속에 떨어져 있을 가능성이 있어 지금까지 알려지지 않은 새로운 판비가 발견될 것으로 예상한다.

신야(新野)의 표채 작업(表採作業)은 예상했던 것보다 더 많은 성과를 올렸다. 직선거리로 하여 약 60m이고, 해안으로부터 2~5m라고 하는 매우 한정된 범위의 간척으로부터 101점이라고 하는 대량의 판비를 발견할 수 있었다.

그 가운데 종자(種子)나 문자가 나타나 있는 판비는 44점이나 된다. 또 새로 발견한 판비 가운데서 소재 불명의 판비와 중복되는 것은 하나도 없었고, 모두 지금까지 알려져 있지 않은 것이라고 한다. 신야는 이번의 분포 상황으로부터 판단하여 이오지마 주변에 아직 수백의 발견되지 않은 판비가 묻혀 있을 가능성을 언급하고 있다[新野 06].

신야의 조사 결과는 이오지마에 현존하는 판비의 총수(総数)를 넘는 새로운 자료의 대량 발견이라고 하는 획기적인 성과를 가져왔다. 그 외에 우리에게 보고 알 수 있는 또 다른 하나의 중요한 식견을 제공하여 주었다. 그것은 발견된 판비가 「어느 정도 일정한 한정된 장소에서 찾은 것이 많아 누군가가 인위적으로 투기하였다고 짐작할 수 있다」고 하는 지적이 있다. 판비가 어느 시점에서 어떤 특별한 의도로 집중적으로 바다 가운데 투기되었을 가능성이 높다.

판비(板碑)가 투기된 시기는 아직 확실하지 않다. 투기가 한꺼번에 일시에 행하여진 것인지 아니면 몇 번에 걸쳐 단계를 밟아 행하여진 것인지 지금으로서는 알 수 없다. 확실히 말할 수 있는 하나는 판비가 투기되었다는 점을 전제해 볼 때 여기에서도 판비가 가지는 종교적 가치의 상실이 있었다고 하는 점이다. 중세에 절대적인 신앙의 대상이었던 판비는 어느 시점에서 그 역할을 잃어버리고 무작위로 바다 가운데 던져지는 것과 같은 단순한 사물로 변화하여 버린 것이다. 우리들은 거기에서 이오지마(雄島)의 부서진 대형판비와 동일한 공동 운명을 볼 수 있다.

판비(板碑)의 해체

판비가 최종적으로 비참한 운명으로 더듬어 가는 것이 실은 이오지마만의 현상은 아니었다. 각지의 판비를 둘러보고 인위적으로 파손된 것을 눈으로 보는 것은 어렵지 않다. 앞에서 소개한 이와키리(岩切) 동광사(東光寺)의 2기(二基)의 대형판비가 실은 그러하였다.

토루(土壘)에 둘러싸인 이것들의 주위에는 결연(結緣)을 위한 다수의 소형판비가 봉납(奉納)되었다. 또 그 주변에서는 납골도

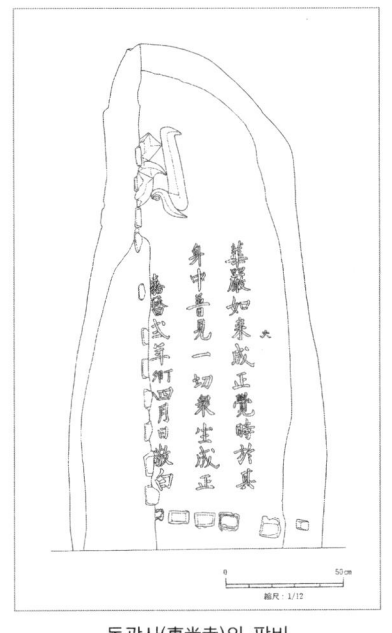

동광사(東光寺)의 판비
(센다이시사 특별편 5에서)

행하여진 것으로 추정된다. 거기에서는 한 쌍의 대형판비에 대하여 이오지마(雄島)의 그것과 완전히 같은 타입의 신앙이 행해지고 있었다. 이 판비는 건립된 이후 장기간에 걸쳐서 사람들의 신앙을 모아 성스러운 존재로서 소중하게 취급되어 있었다.

이 2기(二基)의 판비 가운데 가력(嘉曆) 2년 4월 명(銘)은 오른쪽 반을 잃어버렸다. 비면(碑面)의 중심선을 따라서 점점 화살 구멍이 뚫려져 인위적으로 파손된 모습을 볼 수가 있다. 화살 구멍은 판비의 아래쪽에도 지면과 평행하게 뚫려져 있어 실행에 옮기지는 않았지만 최종적으로는 이 판비를 4분할 계획이 있었던 것을 알 수가 있다.

화살 구멍(矢穴)은 비면 중앙의 종자(種子, 梵字) 위에도 존재한다. 판비(板碑)가 신앙의 대상이 되어 있는 동안에는 가장 신성한 부분인 종자 위에 구멍을 내는 조치를 취하는 것은 생각하기 어렵다. 이 판비도 또한 이오지마(雄島)의 그것과 동일하게 어느 시점에서 종교적 의의를 잃어버리고 단순한 사물 가공의 대상으로 간주되게 된 것이다.

동광사(東光寺)의 이 판비에 관하여서도 절단된 오른쪽 반을 어디에 가져가졌는지 무엇에 사용하였는지는 전혀 알 수 없다. 그러나 잃어버린 부분이 어떠한 운명을 거쳤는가를 추측할 수 있는 실마리는 존재한다.

그 문제를 검토하기 위하여 우리들은 마쓰시마(松島)-이와키리(岩切)로 이동하여 온 시선을 그 연장선상에 있는 센다이에 향하도록 하자.

건축자재로의 전용(転用)

센다이(仙台)의 아오바야마(青葉山)가 이전에는 영장(霊場)이었던 것은 이미 지적하였지만 그 바로 근처에 또 다른 하나의 영장이 존재하였다. 사행(蛇行)하는 히로세가와(広瀬川)를 끼고 아오바야마와 대면하는 교가미네(経が峯)가 있다. 시가지와 아오바 성지(青葉城址)를 사이에 둔 히로세가와의 대교(大橋) 위로부터는 똑바로 남쪽 방향에 나무들이 덮여진 삼각형의 윤곽을 볼 수가 있다.

지금은 다테 가문(伊達家) 3대의 묘소(廟所, 霊屋)가 있는 지역으로서 알려진 교가미네는 그 명칭이 이전에 만해상인(満海上人)이라고 하는 행자(行者)가 여기에 납경(納経)하였다고 하는 전설에서 유래하는 것처럼 원래 성지적(聖地的)인 색채가 진한 장소였다.

오른쪽은 중세의 판비, 왼쪽은 막말(幕末)의 석비(石碑)

1891(昭和 56)년, 교가미네에 있는 다테(伊達) 제2대 번주 묘소 감선전(感仙殿)의 발굴 조사가 행하여졌다. 그 묘광(墓壙) 내로부터 방토(防土)와 개석(蓋石)에 전용(転用)된 5기(五基)의 정내석(井内石)의 판비가 발견되었다. 모든 비석의 상부가 결락되어 있었고 일부는 측면도 소실되어 있었다. 표면이 마멸되어 있는 것으로부터 어느 시기에 정형(整形)하여 발 디디게 돌로 이용하게 되어 사당 건설에 재차 전용된 것으로 추측되고 있다[佐藤正 92].

판비가 건축 자재로 전용된 예로는 마쓰시마(松島)에서도 볼 수가 있다. 즈이간지(瑞巌寺)에서는 경내(境内)의 발굴조사 때에 오랜 수로(水路)가 발견되어 있는데 그 측벽(側壁)에 방토(防土)를 위하여 세워진 것이 정내석제(井内石製)의 소형판비(小型板碑)였다.

판비(板碑)가 전용(転用)되었던 것은 토목공사의 자재만이 아니다. 동광사(東光寺)에서는 대형판비(大型板碑)가 있는 평평한 장소를 지나 마애불(磨崖仏)의 옆을 빠져나가 뒷산으로 올라가면 지금은 묘지로 되어 있는 평탄한 장소가 나온다. 그 광장의 가장자리를 따라 묘지 조성 때에 주변으로부터 모아진 판비가 줄지어져 있다. 그 안에 1317(正和 6)년의 기년명(紀年銘)을 가진 한 차례 훌륭했던 판비가 존재한다. 그 뒤를 돌면 1679(延宝 7)년 금석문(銘)의 「불허 훈주 입산문(不許葷酒入山門)」의 문자가 새겨져 있는 것이 보인다. 이 글은 「냄새가 강한 야채나 술을 가지고 들어와서는 안 된다」라고 하는 의미로 선사(禅寺)의 문 앞에서 자주 볼 수 있다. 이 판비는 뒤에 다른 문언(文言)이 새겨져 그쪽을 표면으로 하여 에도시대에는 전혀 다른 용도로 전용되었다.

사토 유이치(佐藤雄一), 미야케 소기(三宅宗議)의 두 사람은 이시노마키(石巻)주변에 남아 있는 판비(板碑) 613기 가운데 그 과반수가 넘는 것에 개각(改刻) 혹은 재이용의 형적(形跡)을 나타내고 있다고 한다[『石巻의 歷史』]. 미야기현 다카시미즈초(宮城県高清水町)에서도 근세가 되어서 비면(碑面)을 깎아 묘석(墓石)이나 개산비(開山碑)60) 등에 전용(転用)한 것이 수많이 보인다고 한다[佐藤正01]. 그 이외에도 실제로 필드를 걸어보면 분명하게 판비를 전용·개각(改刻)하였다고 보이는 석비(石碑)의 수는 매수를 들 수 없을 정도로 흩어져 있다. 절단되어 행방불명이 된 이오지마(雄島)나 동광사(東光寺)의 판비의 일부도 별도의 용도로 재이용되었을 가능성이 매우 크다.
  그렇다고 하더라도 왜 이러한 전용(転用)이나 개각(改刻)이 행하여지는 것일까. 이 문제에 대해 오래된 비석의 재이용에 성적(聖的)·종교적인 의의를 나타내었다는 설이나 판비는 애당초 개각을 전제로 한 것이라는 설 등, 다양한 견해가 있다. 아마 경우에 따라서는 단 하나만의 이유는 아니었을 것이다.
  그러나 그렇다고 하더라도 어느 시기부터 판비가 거의 건립되지 않게 된 것은 틀림없는 사실이다. 신앙의 대상으로서의 가치를 잃어버리고 세속적 용도로 전용되어 버리는 것도 광범위하게 보이는 현상이다. 판비와 관련하여 무엇인가 큰 가치관의 변화가 있었던 것이 추측된다.

---

60) 야쿠마산(矢熊山) 산 정상에는 높이 2m의 개산비「개산명심지비(開山明心之碑)」가 있다.

우리들은 중세후기부터 근세에 걸쳐서의 사회상황과 시대사조(時代思潮)에 눈을 돌리면서 이 문제를 추구하여 보기로 한다.

2. 공양탑으로부터 묘표(墓標)로

기명묘표(記名墓標)의 보급

13세기 전반에 북관동(北関東)에 출현하는 판비는 순식간에 동(東)일본 일대로 퍼져 100년 정도 사이에 각지에서 방대한 수의 판비가 제작되었다. 그러나 14세기 중반을 절정으로 판비의 건립은 급속하게 감소한다. 미야기현(宮城県)에서도 15세기에는 판비를 거의 볼 수 없게 된다. 왜 이러한 현상이 생긴 것일까.

판비(板碑)의 종말을 생각하는 면에서 주목하여야 할 현상은 시기적으로 판비가 마침 서로 교체되는 것처럼 칸사이(関西)지방에서는 죽은 자의 이름을 새긴 소형 오륜탑이 출현하게 된다[吉井 93]. 이것은 각 부분을 연결하여 조립하는 종래의 대형 총공양탑(惣供養塔)과는 달리, 하나의 돌로 새겨내는 특색이 있어 16세기에 대량 제작되었다. 그 가운데서도 주류를 이루고 있었던 것은 주형(舟形)의 광배(光背, 회화 조각에서 불상 뒤에 있는 광명을 상징하는 장식)를 가진 「주형오륜탑(舟形五輪塔)」이라고 불리는 형식이었다.

다른 한편으로 치지와도(千々和到)는 15세기에 들어와서 판비 그 자체가 쇠퇴하는 가운데서 피공양자(被供養者) 개인 이름을 새긴 판비가 증가하여 15세기의 중반에는 그것이 판비의 대부분을 차지하게 되는 것에 주목한다. 더불어 묘비적(墓碑的)인 것을 포함하는 「불교적 공양탑(仏教的供養塔)」으로부터 「개인명판비(個人銘板碑)나 강(講)·결중(結衆) 등에 의한 민간 신앙적 판비」의 이행을 간파하고 있다 [千々和88]. 수등진(水藤真)은 치지와(千々和)의 지적을 이어받아 사이타마현(埼玉県) 판비의 데이터 해석을 행하여 「14세기에 들어와 서서히 기록하게 된 피공양자명(被供養者名)이 15세기에 들어와서는 갑작스럽게 기록되게 되어 이번에는 거꾸로 기록되게 되는 것이 보통이 되었다. 그것은 판비의 공양탑으로부터 묘탑(墓塔)의 변화를 뜻하고 있다」라고 결론 지우고 있다[水藤 91].

판비가 특정 개인의 공양을 위하여 조립되는 것은 극히 일반적인 사례였다. 그것은 오륜탑의 경우도 동일하였다. 그러나 결연(結緣)을 위하여 납골이 되면 거기에 특정 인물과 해당 판비와의 일체일(一体一)의 대응관계를 표출하는 것은 거의 불가능하다. 한차례 건립된 판비나 오륜탑에 대하여 연고가 없는 사람이 예배를 올리거나 전혀 다른 사람이 납골하거나 하여도 그것을 방해할 수는 없었다. 당시의 사람들은 애당초 제3자의 납골을 저지하지 않으면 안 되는 이유를 느끼지 않았던 것이다.

어느 인물의 유골 매납(遺骨)과 판비 건립이 연동(連動)하는 경우에도 판비의 기본적인 기능은 만인(万人)의 성령(聖霊)의 구제에 있다고 간주되었다. 그 의미에서 판비는 총공양탑(惣供養塔)으로서 오륜탑과 동일하게 어디까지나 열린 공양탑으로 결코 닫힌 묘표(墓標)는 아니었다.

그것에 대하여 판비의 뒤에 등장하는 소형 일석 오륜탑(小型一石五

輪塔)은 특정개인의 유골과 일대일로 대응하는 것이다. 그래서 같은 탑이라고 하여도 그 이전의 오륜탑이나 판비와는 근본적으로 성격을 달리하는 것이었다. 개인명을 새긴 판비의 증가도 그 배경에는 유해와 판비 사이의 대응관계가 강하게 연결되어 있다는 점을 지적할 수 있다.

마침 16세기에는 죽은 자의 이름을 기록한 각주(角柱)의 묘석(墓石)이 등장한다. 현재에도 묘표의 기본형을 이루고 있는 양갱형(羊羹型)의 묘석이 이때쯤부터 보급하기 시작하는 것이다. 지역에 따라서 차이는 있지만 대략 15·16세기를 전환기로 하여 죽은 자을 위하여 건립된 석탑은 불특정 다수의 영혼 구제를 목적으로 한 공양탑으로부터 특정 인물의 유해나 유골과 별개로 대응하는 묘표로 점차로 그 성격을 변화시킨 것이다.

죽은 자의 기억장치로서의 묘석(墓石)

이 변화가 열린 공양탑으로부터 닫힌 묘표(墓標)의 전환을 의미한다는 것은 이미 언급한 대로이다. 그렇지만 거기에는 다른 하나의 의미가 포함되어 있었던 것을 잊어서는 안 된다. 그것은 이름을 새긴 석탑이 특정 인물의 유해·유골의 소재지와 그 사람이 이 세상에 존재한 흔적을 오랫동안 후세에 전하려고 하는 의도였던 것이다.

제1장에서『가키소시(餓鬼草紙)』를 인용하여 중세전기의 공동묘지의 광경을 재현하였다. 거기에서는 대부분의 사체는 매장되지 않은 채로 지상에 방치되었다. 물론 그 가운데는 정중한 장송의례(葬送儀

禮)가 행하여져 흙 만두형(土饅頭型)의 묘지에 매장되는 자도 있었다. 또 묘 위에 훌륭한 돌 오륜탑이 세워지는 경우도 있었다. 그러나 그러한 경우조차도 각각의 묘소에 누가 묻혀있는지를 나타내는 표시는 원칙적으로 존재하지 않았다. 또 같은 제1장에 후지와라(藤原)의 묘지인 고하타(木幡)에 삼매당(三昧堂)이 건립된 목적은 고인 한 사람의 묘지의 보수가 아니고 거기에 매장된 모든 사람들의 보제(菩提)를 바랐던 것이었다고 지적하였다.

고대나 중세에는 사람들의 관심이 유해의 소재지에는 향하지 않았다. 묘소에서 연기법요(年忌法要)61)가 행해지는 일이 있었다고 하여도 그 인물이 일정 영역 내 어딘가에 잠들고 있는 것을 알게 되면 충분하고 개개의 유해의 구체적인 소재를 특징지을 필요는 없었다. 죽은 자의 공양은 그 영혼을 피안에 보낼 목적으로 행하여진 것이고 영혼이 묘에 언제까지나 머물러있는 것은 아니었다. 사후 일정한 시간을 경과하면 황족이나 고급귀족의 묘조차도 그 지역이 애매모호하게 되어 버리는 배경에는 이러한 관념이 있었다.

유해나 유골 그 자체에 대하여 사람들이 무관심하게 된 배후에는 구제된 영혼은 이미 유해나 뼈에는 머물지 않는다고 하는 당시 사람들이 안고 있었던 공통의 세계관이 있었던 것은 이미 상세하게 논한 대로이다.

---

61) 연기(年忌)라는 것은 상월명일(祥月命日) 또는 그 날에 행하여지는 불사(仏事)로 일본 불교에서 정하여진 해에 고인에 대한 법요를 연기법요(年忌法要, 年回法要)라고 말한다. 추선공양을 위하여 행해지는 정토진종에서는 추선공양을 행하지 않기 때문에 불법에 접하는 기연법요(機緣法要)다.

그것에 대하여 유해 혹은 화장한 유골을 매납한 표식 위에 그 이름을 새긴 묘석이나 오륜탑을 건립한다고 하는 행위에는 그 이전과는 분명하게 다른 유해나 유골의 영속적인 강한 관심과 묘표를 통한 죽은 자를 기억에 머물게 하려고하는 새로운 지향성을 간취(看取)할 수가 있을 것이다.

납골신앙의 종언(終焉)

지금은 나라(奈良)의 마을 민가 가운데 묻혀 조용히 머물러 있는 간코지(元興寺)는 나라시대에는 고후쿠지(興福寺)와 나란히 당시 최대급의 국가 사원으로서의 위용을 자랑하고 있었다. 그러나 고대국가의 해체에 따른 재정적인 기반을 상실하고 일단은 존망의 위기에 직면하게 된다.

간코지에는 당시에 지광(智光)이라고 하는 승려가 그렸다고 전하는 한 폭의 만다라(曼荼羅)가 전하고 있었다. 극락정토(極楽浄土)의 광경을 기록한 이 지광 만다라를 표면에 세워서 정토신앙의 유행에 편승(便乗)하여 위기를 넘긴 간코지는 13세기 중반에 행하여진 대규모 개축(改築) 이후, 적극적으로 납골신앙을 추장(推奬)하였다. 그 결과 가마쿠라시대 후반에는 고야산(高野山)과 나란히 서일본 굴지의 납골 영장으로 성장하게 된 것이다.

지금도 간코지(元興寺)에 남아 있는 무수의 납골용기(納骨容器)는 이 절이 뼈의 절이었던 시대의 흔적이다. 중세에 극락방본당(極楽坊本堂)의 내부는 중앙에 총공양탑(惣供養塔)으로서의 오륜탑이 진좌(鎮

座)하고 나게시(長押)62)라고 하는 나게시, 벽이라고 하는 벽(壁)에는 목제 오륜탑(木製五輪塔)의 납골용기가 부착되어 있고 평상 위에는 발을 디딜 틈이 없을 정도로 유골함이 놓여 있었다. 그러나 간코지의 납골신앙은 전국시대(戰國時代)에 절정을 맞이한 후 종식(終熄)의 길로 접어들어 에도시대에 들어오면 완전히 사라진다. 대신 주변의 거주자를 중심으로 하는 묘소로서의 색채를 깊이 하여 간다. 간코지는 납골의 영장으로부터 묘표(墓標)가 줄지어 서있는 도시 내의 묘지 사찰로 재차 그 성격의 근본적인 전환을 가져온다[岩城99].

중세적인 납골영장(納骨靈場)의 변용은 고야산(高野山)에서도 볼 수가 있다. 고야산의 납골은 근세이후에 들어와서도 계속되었다. 지금 우리들이 오쿠노인(奧の院)을 방문하면 에도시대의 다이묘(大名)들이 세운 많은 영묘(靈廟)를 눈에 접할 수가 있다. 묘의 건설과 묘탑의 건립은 지금도 여전히 주변에서 계속되고 있다. 「영장(靈場)」오소레잔(恐山)에서도 최근은 묘표를 동반한 그 「영원화(靈園化)」가 진행하고 있다고 한다[鈴木 07].

납골이라고 하는 점에서는 12세기부터 현재에 이르기까지 일관하여 같은 형식을 취하면서 어느 시점에서 거기에 큰 변화가 일어났는지 소홀히 하여서는 안 된다. 중세에서는 납골을 마친 후는 **뼈**에 대한 관심을 가지게 되는 일은 없었다. **뼈**의 소재도 곧바로 분명하지 않게 되는 것이 일반적이었다. 이에 반해 다이묘가(大名家)63)

---

62) 일본 건축에서 기둥과 기둥 사이에 수평으로, 또 안쪽으로 댄 나무.
63) 지방 호족 출신으로 에도시대에는 주로 1만 석 이상의 영지와 부하를 막부로부터 부여받은 무사를 말한다.

의 오타마야(御霊屋)64)을 중심으로 하는 근세의 납골은 거기에 뼈가 보관되어 있는 것을 미래를 생각하며 기록하는 것에 초점이 맞추어져 있다. 납골 이후에도 자손이나 연고자가 계속하여 거듭 찾아오는 것을 예상한 것이었다. 그것은 옛날부터 전해 내려오는 납골영장에 세워져 있어도 그 내실은 근세이후에 일반화 하는「닫혀진」묘표 이외의 아무것도 아니었다.

유해·유골의 보존에 대한 관심의 고양이라고 하는 현상은 천황릉(天皇陵)의 경우도 동일하다. 17세기 이후, 존왕 사상을 배경으로 하는 천황릉의 탐색과 수복 사업이 점차로 활발하게 된다. 그 흐름은 막말의「문구(文久)의 수릉(修陵)」에 의한 각 천황릉의 제정과 대규모적인 수복사업으로서 집대성되게 된다. 그때 주목되는 것은 그 사업들이「천황의 유체·유골의 매장 장소로서의 산릉(山陵)에 철저하게 집착하고 그 장엄화(莊嚴化)에 최대한의 노력을 하는 한편 천황의 진혼(鎮魂)에 큰 역할을 하여 온 사원이나 영묘(霊廟)에 대하여서는 일고(一顧)의 가치조차 없었다」는 것이다[山田邦 06].

에도시대에는 천황릉은 무엇보다도 실제로 유체(遺体)를 수납하고 있는「묘(墓)」가 아니면 안 되었다. 천황릉에 반드시 유해·유골이 있을 필요는 없다고 하는 중세 이래의 전통적 관념과는 명확하게 다른 원칙이 에도시대에 들어와서 고안되어 확립된 것이다.

아이즈(会津)의 야쓰바데라(八葉寺)에서도 에도시대 이후의 납골은

---

64) 오타마야 혹은 미타마야(御霊屋)로 불리는 영묘(靈廟)로 귀인의 영혼을 모신 사당을 말한다.

중세의 일반적인 납골과는 다른 것이었다. 야쓰바데라의 납골 풍습은 아이즈 분지 일원에 미치고 있지만 야쓰바데라에 치골(歯骨)을 수납하는 경우에도 그것은 어디까지나 「분골(分骨)」이고, 주로 하는 유골은 예외 없이 각각의 집의 묘지에 매납(埋納)되었다. 그러한 형태는 현재까지 납골이 이어져 있는 릿샤쿠지(立石寺)에서도 히가시혼간지(東本願寺)에서도 일반적인 것으로 되어 있다.

종래 납골신앙과 판비의 종언을 둘러싸고 성곽축조(城郭築造)의 석공 동원이나 지역 영주제(領主制)의 쇠퇴, 에도막부(江戸幕府)의 정책 등, 지역의 동향과 관계 지은 다양한 가설이 제시되어 있다[千々和 88]. 또 석탑 건립의 주체에 관하여서도 중세의 지역 영주나 도호(土豪)를 대신하여 「농민신분」이 부상하였다[吉井 93]. 그러한 사회 변동을 고려하여야 할 것은 말할 것도 없이 공양탑(供養塔)의 시대부터 묘표의 시대라고 하는 이 시기에 일어난 변화를 보면 일본열도에 사는 사람들 사이에 이때쯤 죽음을 둘러싼 관념에 관한 결정적인 변환이 일어난 것으로 보인다. 납골신앙과 판비문화(板碑文化)의 쇠망(衰亡)은 오히려 그러한 정신문화의 변동 가운데 위치지우는 것에 의해 그 의미가 더욱 선명해질 것이다.

3. 축소하는 타계(他界)

중산 법화경사(中山法華経寺)

치바현의 이치가와시(千葉県 市川市)에 있는 중산 법화경사는 니치렌(日蓮)의 문인이었던 부목상인(富木常忍, 日常)을 초조(初祖)로 하는 니치렌종(日蓮宗) 굴지(屈指)의 고찰이다. 니치렌 자필의 『릿쇼안코쿠론(立正安国論)』, 『관심본존초(観心本尊抄)』(양쪽 다 국보)를 시작으로 니치쇼(日常)가 수집한 여러 점의 니치렌 유문(遺文)이 지금에도 전하고 있다.

중산 법화경사(中山法華経寺)와 가장 가까운 역은 게이세이(京成) 전철의 게이세이 중산역(京成中山駅)이다. JR65)의 경우는 소부센(総武線) 시모후시 중산역(下総中山駅)이 된다. 어느 쪽의 역으로 내려도 개찰구를 나와 노선과 직접 만나는 길을 북쪽으로 향하면 곧바로 정면에 검은 문이 보인다. 이 문을 나가 완만한 오르막길을 따라 삼문(三門, 赤門)까지 가면 그 앞에는 법화경사의 광대한 경내(境内)가 나온다.

가마쿠라시대의 종교지도자 니치렌은 예배 대상으로서 문자 만다라(文字曼荼羅)를 남기고 있다. 법화경사에도 니치렌 자필(日蓮筆)의 만다라가 소장되어 있다. 그러나 지금의 법화경사에서는 「중산(中山)의 귀자모신(鬼子母神)」으로서 사람들에게 친숙하게 되어 있는 귀자모신 쪽이 훨씬 유명하다. 중산이라고 하면 귀자모신이라고 생각하는 것이 세상의 통념으로 되어 있다. 그 귀자모신당은 새로 건립된 거대한 예배당을 빠져나가면 바로 앞에 있다.

법화경사(法華経寺)의 황행당(荒行堂)에서는 이 귀자모신(鬼子母神)을 본존(本尊)으로 하는 가지기도(加持祈祷)의 수법(修法)을 습득하기

---

65) Japan Railway, 일본국유철도.

위하여 매년 11월 1일부터 100일간에 걸친 추위 가운데 황행(荒行)이 행하여진다. 기도법을 전수한 승려는「수법사(修法師)」의 자격이 주어지고 이후는 각지의 말사(末寺)나 교회에서 사람들의 희망에 따라 현세이익(現世利益)의 기도를 행하게 되는 것이다.

오늘날의 법화경사(法華経寺)에 귀자모신당(鬼子母神堂)과 함께 가람(伽藍)의 중심을 차지하는 건조물(建造物)은 종조 니치렌(宗祖日蓮)을 모시는 조사당(祖師堂)이다. 히요쿠이리 모야 즈쿠리(比翼入母屋造り)라고 하는 독특한 구조를 가지는 이 건물은 17세기의 것이고 중요문화재로 지정되어 있다. 주위를 압도하는 당당한 위용(威容)을 자랑하고 있다.

중산 법화경사(中山法華経寺)는 조사당과 귀자모신당 이외에도 니치렌과 니치쇼(日常)의 상(像)을 안치하는 대황행당(大荒行堂), 십나찰(十羅刹)을 모시는 죄정소멸(罪証消滅)의 영장(霊場, お消滅堂)인 찰당(刹堂), 우하신당(宇賀神堂), 묘견당(妙見堂) 등 서민 신앙의 대상으로 되어 있는 다양한 당(堂)을 끼고 있다. 날마다 많은 사람들이 이 사찰을 방문하여 인연이 있는 당(堂)에 참배하여 어린이의 건강한 성장, 교통안전, 화재예방 등 다양한 이 세상의 기도를 드리는 것이다.

릿쇼안코쿠론(立正安国論)과 영산정토(霊山浄土)

니치렌은 같은 가마쿠라시대에 태어나 살면서 활약한 호넨(法然)이나 신란(親鸞)에 비하면 현세에 대한 관심이 한층 더 높았던 인물이었다. 호넨 등 당시 전성기를 누리고 있던 정토신앙의 계보에 연결되는 인물에게 있어서 이 세상은 기본적으로는 싫어하여야 할 예토(에도穢土, 이승의 더러운 땅)로밖에 되지 않았다. 현세에서의 깨달음을 단념하고 속사(俗事)에 대한 집착을 버리고 피안의 이상세계, 즉 정토의 왕생을 지향하는 것이야 말로 그들이 생각하여야 할 신앙자의 모습이었다.

그것에 대하여 니치렌이 무엇보다도 중시한 것은 이 세상에서의 행복의 실감이었다. 그것을 실현하기 위하여 정토를 타계(他界)에서 구하는 것이 아니라 현실 세계를 변혁(変革)하여 정토(浄土)로 다시 만드는 것을 목표로 하였다. 올바른 가르침을 유포(流布)하여 전하는 것에 의하여 이 세상으로부터 재해(災害)와 전란이 없어지고 민중의 안온(安穩)한 생활이 보장되는 이상사회를 실현하는 것이 니치렌의 당면한 과제였다.

니치렌의 대표작인 『릿쇼안코쿠론(立正安国論)』은 그 구체적인 방책을 논한 것에 불과하다. 「나라를 잃고 집이 없어져 버리면 이 세상을 도망쳐 어디로 가려고 하는 것인가. 자신의 몸의 안도를 생각한다면 우선은 세상 가운데서 전체 정밀(静謐)을 빌어야 하는 것이 아닌가」[66]라고 하는 『릿쇼안코쿠론』의 한 구절은 니치렌의 입장을 단적으로 나타내는 것이다. 니치렌의 눈에는 현세를 지나서 정토왕생을 지향하는 호넨(法然)의 가르침은 비참한 현실을 덮어 감춘 채 사람들에게 먼 정토의 정신적 망명을 권유하는 현실도피의 종교로

---

[66] 国を失い家が滅びてしまったならば、この世を逃れてどこに行こうというのか。わが身の安堵を思うならば、まずは世の中全体の静謐を祈るべきではないか

비춰졌던 것이다[佐藤弘 03].

그러나 니치렌의 신앙에 피안표상(彼岸表象)이 완전히 결락되어 있는가라고 하면 그렇지는 않았다. 니치렌의 만년(晩年)의 서간이나 저작에는 「영산정토(霊山浄土)」라고 하는 말이 종종 보이게 된다. 영산(霊山, 霊鷲山)은 본래 석가(釈迦)가 법화경(法華経)을 역설하였다고 되어 있는 인도 지역에 있다. 니치렌은 사도(佐渡)에 유배(流罪)되었을 대부터 인도에 탄생한 석가의 본지(本地)인 구원실성(久遠実成)의 석존을 실체시(実体視)하여 전 우주를 지배하는 절대적인 존재로 파악하게 되었다. 그러한 석존관(釈尊観)의 성립에 따른 석존(釈尊)이 있다고 하는 영산과 지상의 한 지점으로부터 이 땅과는 차원을 달리하는 타계의 정토로 그 이미지가 변화되어 간다. 그리고 최말년에는 아미타불의 서방정토를 생각되게 하는 사후왕생의 대상으로서의 영산정토의 관념을 전면적으로 전개하여 그 정경묘사도 점점 사실적으로 되어 갔다.

그러나 지금의 중산 법화경사(中山法華経寺)는 사후의 안온(安穏)을 위한 기도와는 전혀 무관하다. 거기에는 철두철미한 현세이익의 기도의 세계였다. 매점에서는 다수의 부적이 판매되고 있다. 경내를 걸어도 피안신앙의 요소를 나타내고 있는 곳은 찾아볼 수 없다.

타계정토(他界浄土)의 리얼리티의 쇠퇴

이 세상에서의 생활을 먼 정토에 도달하기 위한 수단으로 보는 중세 전기의 세계관은 무로마치시대에 들어와 크게 선회(旋回)한다.

고대사회가 해체하는 10세기경부터 계속 팽창하여 12세기에는 사람들의 관념 세계에 차토(此土)를 압도하고 있던 피안세계가 14세기 중반경부터 급속하게 축소되기 시작하는 것이다.

니치렌 문류(日蓮門流)에 니치렌의 종교가 본래 가지고 있었던 「영산정토(靈山浄土)」 등의 피안적(彼岸的) 요소가 삭제되고 조사신앙(祖師信仰)을 표면에 내세운 현세에서의 소원성취가 왕성하게 강조된 것이 바로 이 시기였다. 때마침 니치렌의 손자 제자(孫弟子)인 니치쇼(日像) 등의 손에 의하여 니치렌의 법화종(法華宗)은 급속하게 교토로 퍼지기 시작하였다. 마치슈(町衆)라고 불리는 신흥 상인층은 그 진취의 기개에 부합하는 현실 긍정의 종교로서 만이 아니고 그 단결과 자치를 지탱하는 사상적인 연결고리로 니치렌 신앙을 수용하고 있었다. 마치슈가 바란 것은 사후의 왕생이나 안락 등이 아니고 이 세상에서 그들의 세속적·경제적 활동을 유지하는 정신적인 거처지였던 것이다[高木 70].

호넨(法然)이나 신란(親鸞)을 스승(祖師)으로 숭상하는 교단에서도 무로마치시대부터 교학 레벨에서 「평생성업(平生成業, 이 세상에서의 깨달음)」이 중시되는 한편 신도대상의 설법에서는 현세이익이 표면적으로 논하게 되었다. 성직자가 논하는 교리의 차원에서도 수용하는 측의 요망(要望)의 면에서도 사후의 구제 이상으로 현세에서의 안온(安穩)으로 향한 관심의 비율이 증가하여 간다. 이전에 최대의 관심사였던 타계정토의 왕생의 소망이 완전히 없어지는 것은 아니지만 사후의 문제 이전에 사람들은 살아 있는 현세에서의 생활의 개선에 마음이 향하게 되는 것이다.

이것은 피안세계가 쇠퇴·축소하여 현세가 지닌 의의가 그것에 비례하여 확대하여 가는 현상으로 파악할 수가 있을 것이다. 중세 전기에는 피안세계야말로 진실의 세계이고 세상은 그 세계에 도달할 때까지의 일시적인 세상에 지나지 않았다. 그것이 같은 시대의 대부분의 공통적인 인식이었다. 그러나 중세 후기를 전환기로 하는 그 인식은 일변하였다. 사람들은 피안의 이상 세계의 실제에 대한 사실성을 껴안을 수가 없었다. 현실 사회야말로 무엇보다도 사실적인 실체였다.

먼 피안의 이미지를 상실한 사람들은 점차로 내세에서의 구제보다도 이 세상에서의 행복의 실감과 생활의 충실을 중시하는 길을 선택하여 가는 것이다.

근세적 세계관의 형성

「세속화」라고 하는 말로 총괄할 수 있다고 하는 이러한 풍조는 에도시대에 들어와서 사회 전체에 퍼지게 되었다. 17세기의 가인(歌人)인 도다 모스이(戶田茂睡)[67]는 젠코지여래(善光寺如来)의 데가이초(出開帳)[68]에 사람들이 군집(群集)하는 모습을 다음과 같이 기록하고 있다.

---

[67] 도다 모스이(戶田 茂睡, 1629-1706)는 에도시대 가학자(歌学者)로 슨뿌성내(駿府城치)에서 태어났다.(市立静岡病院玄関 동쪽에 탄생의 지 비석이 있다) 下野国黒羽에서 지낸 후 에도에 나가서 伯父 戶田氏의 양자가 되어 本多家에 종사했다.
[68] 불교사원에서 본존(本尊)이나 비불(秘仏) 등을 다른 고장으로 옮겨서, 감실(龕室)을 열고 참관할 수 있도록 하는 것을 말한다.

부처의 도(道)나 사람의 도(道)도 다르지 않고 동일한 작법(作法, 규범 규칙)이다. 그렇다면 극락정토라고 하는 것도 이 나라(此國)와 다르지 않다. 부처조차도 가짜이고 거짓이라는 것이 되면 극락이라고 하는 것도 이 세상의 일상과 같아서 근심걱정과 슬픔이 많은 나라인지도 모르니 이 세상에 있는 것은 이 세상의 작법을 잘 행하여 덧없는 극락이라는 것은 바라지 말아야 할 것이다(『梨本書』).

부처의 길도 사람의 길도 다른 것이 아니다. 극락도 반드시 이 나라와 같을 것이다. 의외로 근심걱정과 슬픔이 많은 나라일지도 모른다. 그렇기 때문에 이 나라에 있는 것은 이 나라의 작법을 확실하게 행하여 어떠한 곳인지도 모르는 극락 등은 바라지 않는 것이 좋은 것이다.

눈에 보이지 않는 세계를 이것저것 생각하기보다는 우선은 이 세상의 삶을 중요시 하여야 한다고 하는 발상은 유교 등을 중심으로 한 사상계에서는 하나의 흔들리지 않는 전통을 형성하고 있다. 불교에서도 원시불교의 단계에서는 사후의 세계나 영혼을 언급하지 않고 현세에서의 실천을 중시하는 입장을 취하고 있다. 그러나 그러한 사상은 사람들이 모두 사후의 왕생을 희구(希求)하여 타계표상(他界表象)이 사회전체를 짙은 색으로 덮고 있던 중세의 단계에서는 일반인에게는 수용되지도 않았다.

이 모스이(茂睡)의 발언과 닮은 현세중심주의의 사상이 각 방면에서 공공연하게 주장되어 저항 없는 사회에 수용되게 되는 것과 같은 객관정세(客觀情勢)가 사회의 세속화와 피안표상(彼岸表象)의 축소를 배경으로 하여 에도시대에 처음으로 실현되게 되었다. 세속생활과 인륜을 중시하는 유학의 본격적인 수용은 그러한 경향에 점점 박차를 가하게 되었다.

스이카신도(垂加神道)와 히라타 아쓰타네(平田篤胤)의 타계관

18세기에 들어왔을 때부터 불교가 설파하는 사후의 세계와 피안(彼岸)의 우주론에 대항하여 적극적으로 독자의 타계관(他界観)을 제시한 것이 야마자키 안사이(山崎闇斎)의 학통(学統)을 이은 스이카신도였다.

다마키 마사히데(玉木正英), 요시미 유키카즈(吉見幸和), 와카바야시 교사이(若林強斎) 등 스이카신도의 학자들은 후생세계(後生世界)로서의 극락과 지옥을 논하는 불교와 다른 안심론(安心論)의 구축을 주장 하였다. 또 인간을 형성하는 「기(気)」가 사후(死後)에 이산(離散)하는 것을 설파하며 영혼의 영속(永続)을 인정하지 않는 주자학의 교설(教説)과도 다른 사후의 안심론을 구축하는 것을 지향하였다. 그 결과 탄생한 교설이 생전에 신으로서의 천황에 충성을 다하는 것에 의하여 사후 자신도 신이 되어 「팔백만(八百万)의 신의 말석(末席)에 앉아서」(요시미 유키카즈『국학변의(国学弁疑)』) 오랫동안 국토와 천황을 수호할 수가 있다고 하는 것이었다[前田 02]. 죽은 자의 영혼이 천황의 번병(藩屛)이 되어 영원히 이 국토에 머문다고 하는 그들의 주장은 영혼이 먼 정토에 도달하는 것을 이상으로 하는 중세적인 영혼관과는 전혀 이질적인 것이다.

스이카신도(垂加神道)의 영향을 받으면서 새로운 타계관을 형성하고 있었던 것이 모토오리 노리나가(本居宣長)를 시조로 하는 국학자들, 그 가운데서도 막부 말기의 사상가 히라타 아쓰타네(平田篤胤)와 그 문인들이었다.

모토오리 노리나가는 사람이 사후에 가야 할 땅으로 황천의 나라를 상정하고 있었지만 그 실태에 관하여서는 더럽고 오염된 장소라는 것만 말하고 다른 상세한 이야기를 하려고 하지 않았다. 그것에 대하여 아쓰타네(篤胤)는 『영(靈)의 진주(眞柱)』 등의 저작에서 오오쿠니노 미코토(大国主命)가 주최하는 사후의 세계, 즉 「유명(幽冥)」계의 모습을 상세하게 기록하였다.

아쓰타네에 의하면 죽은 자의 망혼이 향하는 곳인 「유명계(幽冥界)」는 어딘가 먼 장소가 아니고 살아 있는 자가 살고 있는 이 세상(世界)=「현세(顯世)」(우쓰시요, うつしよ)의 내부에 존재하는 것이었다. 「유명(幽冥)」의 세계로부터는 「현세」를 볼 수 있지만 그 반대는 불가능하였다. 「유명」계에 간 죽은 자는 이 세상의 경계를 벗어나는 것만으로 같은 공간의 생전과 다름없는 생활을 보내고, 드디어 모두 신이 되는 것이다.

이러한 아쓰타네의 설은 사후세계를 논하면서도 거기에는 「현세」와 「유명」 양계(兩界)를 시간적·공간적·내용적으로 엄격히 구별하려고 하는 지향성은 전혀 없다. 그 근저에 있는 것은 모스이(茂睡)나 스이카신도(垂加神道)와 공통적이며 혹은 그 이상의 현세중심주의의 발상이다. 그리고 그것은 동시에 죽은 자가 가까이에 머물면서 결국에는 조신(祖神)이 된다는 점에서는 야나기타 구니오(柳

田国男)의 조령관(祖靈観)에 접근하는 것이다[桜井 77]. 야나기타(柳田)의 조령관은 일본열도에 일관하여 존재하는「일본인」의 영혼관을 나타내는 것은 아니고 에도시대 이후에 새롭게 형성된 영혼관을 전제로 하여 형성된 것이었다.

『영(靈)의 진주(真柱)』에서 영계(靈界)의 설계도를 그린 아쓰타네는 이번에는 그 구체적인 내실을 가득 채우는『선경이문(仙境異聞)』등 후기의 일련의 저작에「덴구(天狗)」,「야마비토(山人)」,「무스비노카미(産土神)」라고 하는 민속적인 타계표상에 관심을 보이고 그것을 포함한 더 구체적인 타계관의 구축을 시도하였다[岩松 03].

세속화의 물결은 불교계에도 미치고 있다. 중세후기부터 현세이익이 클로즈업되는 것은 앞에서 언급하였지만 에도시대에 들어와서도 극락에 왕생한다고 믿고 있었던 인물의 전기를 모은 왕생전(往生伝)은 왕성하게 제작된다. 또 이상적인 신앙자(信仰者)의 모습을 그린「묘호인전(妙好人伝)」도 저술되었다.

단지 거기에서는 갖추어야 할 신앙자의 조건으로서 정직·효·근면이라고 하는 세속도덕(世俗道德)이나 영주(領主)에 대한 공경 등이 매우 중요한 요인으로 클로즈업되어 있다[笠原 76]. 중세 전기의 신란(親鸞)이나 니치렌의 경우, 그 특색은 세속 윤리와 신앙실천을 완전히 분리한 점에 있었다. 일체의 작선(作善)의 노력을 포기하고 악인(惡人)으로서 스스로의 본성을 있는 그대로 보는 것이야말로 구제로 연결된다고 하는 즉「악인정기설(惡人正機説)」은 극북(極北)이라고도 할 수 있는 논리였다. 악인정기설에서 윤리 도덕은 구제의 조건에서 100% 제외되어 있었다. 그것이 에도시대의 왕생전(往生伝)에서는 같은 극락왕생을 지향하는 신앙이면서도 세속도덕이 빼놓을 수 없는 역할을 지니고 들어오는 것이다.

덧붙여서 다음 절(節)에서 논하게 되는 것은 극락의 관념 그 자체가 중세와는 이질적인 것으로 변화하여 버린다는 것에 대해서이다.

즉신불(即身仏)의 사찰(寺)

얼핏 중세 이래의 피안신앙을 계승하고 있는 것과 같이 보이면서도 근세 이후가 되면 그 내실이 전혀 다른 것으로 되어 버린 예를 하나 들어보기로 하자. 여기에서 언급한 것은 데와산잔(出羽三山)의 탕전산(湯殿山)을 중심으로 하는 즉신불(미라) 신앙이다. 탕전산 기슭에 위치하는 주련사(注連寺)·다이니치보(大日坊)와 그 계통을 잇는 쇼나이(庄内)의 여러 사원(諸寺院)에는 오늘날까지 여섯육체(六体)의 즉신불이 전하여지고 있다. 그 대부분이 즉신불이 될 수 있는 스스로의 의지로 엄한 수행을 거듭하는 토중입정(土中入定)[69]을 이룬 에도시대의 사람들이다.

1783(天明 3)년, 96에 토중입정(土中入定)을 이룬 진여해상인(真如海上人)을 모시는 다이니치보는 월산에 연결하는 산괴(山塊)의 품속 깊

---

69) 진언밀교(真言密教)의 궁극적인 수행의 하나로 승려가 생사의 경지를 넘어 미륵출세(弥勒出世) 때까지 중생구제를 목적으로 한다. 후에 그 육체가 즉신불(即身仏)이 되어 나타나는 것이다. 명치기(明治期)에는 법률로 금지 되었다. 또 입정 후(入定後)에 육체가 완전하게 즉신불로서 미라화하는 것에는 긴 세월이 필요하였기 때문에 파내지 않고 묻힌 채로의 즉신불도 다수 존재하는 것으로 되어 있다. 단지 현재로서는 자살 방조죄에 저촉되기 때문에 사실상 불가능하게 되어 있다.

다이니치보(大日坊)의 산문(山門)

이 안긴 대망 지구(大網地区) 내에 위치한다. 모리 아쓰시(森敦)의 소설 『월산(月山)』의 무대로 알려져 있는 추렌지(注連寺)70)도 그 가까이에 있다. 추렌지에는 철문해상인(鉄門海上人)의 즉신불(即身仏)이 전하여지고 있다.

대망(大網)의 집락(集落)은 야마가타(山形)에서 쇼나이(庄内)로 빠져 나가는 60리가 넘는 가로수길이 통하는 곳에 위치하고 있다. 이 가도(街道)는 이전에는 대단히 접근하기 어려운 장소였다. 겨울은 눈에 묻혀 일반인이 통행하는 것이 불가능하였다. 지금은 야마가타

---

70) 추렌지(注連寺)는 山形県 鶴岡市(旧東田川郡朝日村)에 있는 真言宗 智山派(新義真言宗系)의 사원으로 전후 일시적으로 新義真言宗湯殿山派의 大本山으로서 독립하여 있을 때도 있다. 산호(山号)는 湯殿山이고 本尊은 大日如来이다.

자동차도(山形自動車道, 고속도로)가 개통하여 비교할 수 없을 정도로 접근이 편리하게 되었다. 고가 위를 통하는 자동차 도로로부터는 북쪽 방향의 대망지구(大網地区)를 한눈에 바라볼 수 있다.

다이니치보(大日坊)[71]에 가기 위해서는 쇼나이(庄內) 아사히 인터체인지 혹은 탕전산(湯殿山) 인터체인지에서 야마가타(山形)자동차도로를 내려가 국도 112호선으로 들어갈 필요가 있다. 이 국도도 고속도로에 뒤지지 않을 정도로 잘 정비된 넓은 도로이다. 대망방면(大網方面)의 분기점에서 국도를 북쪽으로 꺾으면 가사(袈裟)를 걸치고 있는 것처럼 보이는 소승(小僧)이 그려진 다이니치보의 간판이 나타난다. 안내판(案內板)은 그 후 다이니치보에 도착할 때까지 계속해서 보인다.

수풀사이로 열려진 새로운 도로를 한참 동안 올라가면 전망이 탁 트인 대망지구(大網地区)의 전원풍경(田園風景)이 나타난다. 안내판을 따라 나아가 초등학교를 지나면 곧바로 사찰이 나온다. 주차장에 차를 세우고 고풍(古風)의 인왕문(仁王門)을 빠져나가면 논 가운데로 나 있는 참배도로(參道) 앞에 즉신불(即身仏)을 안치한 다이니치보의 본당이 보인다.

늪(沢)의 물소리가 들리는 이 참배도로로부터는 남쪽 방향에 방해가 되지 않는 경치를 볼 수가 있다. 열린 완만한 경사지에는 단을 이룬 논밭이 펼쳐져 있고, 본지가와(梵字川)계곡을 사이에 둔 아득히

---

71) 다이니치보(大日坊)는 야마가타현 쓰루오카시(山形県 鶴岡市, 旧東田川郡朝日村)에 있는 真言宗 豊山派의 사원이다. 山号는 湯殿山이고, 院号는 金剛院이다. 6-7세기경으로 추정되는 국가의 중요문화재 「銅造如来立像」이 있다.

먼 하늘에는 니이가타(新潟)와 현(県) 경계를 이루는 조일연봉(朝日連峰)의 능선이 우뚝 솟아 있다. 당내에 들어와 강화(講話)를 배청(拜聴)하고 본텐(ボンテン, 幣束)에서 두상(頭上)을 스치는 하라에(お祓い 죄와 부정을 없애고 몸을 깨끗이 하는 의식)를 받고 나면 그제야 유리문을 지나 즉신불과 대면을 하게 된다.

고호(弘法)와 즉신불(即身仏)의 사이에서

데와산잔(出羽三山)의 즉신불이 구카이 입정전설(空海入定伝説)을 가진 고야산(高野山)의 영향을 받고 있는 것은 지금까지도 여러 번 지적되어 왔다. 고야산의 「지상형입정(地上型入定)」으로부터 탕전산(湯殿山)의 「토중형입정(土中型入定)」의 변천에서 양자의 관계를 파악하는 견해도 나타나 있다[内藤99].

함께 「성인신앙(聖人信仰)」의 범주(範疇)로 통과할 수 있는 양자가 어떤 형태의 내적 관련을 가지는 것 자체는 나도 부정하지 않는다. 그러나 그 신앙의 내실은 매우 대조적이다. 고야산 오쿠노인(奧の院)에 잠들어 있는 고호다이시(弘法大師)는 입정신앙(入定信仰)의 성립 당시에 피안의 안내인으로서 신앙되었다. 그것에 대하여 다이니치보(大日坊)의 즉신불은 미라라고 하는 그 본질에 유래하는 농후(濃厚)한 죽음의 그림자를 드리우면서도 지금 거기에 피안신앙(彼岸信仰)의 요소는 전무(皆無)하다.

설법에서는 다이니치보가 살아 있는 자를 위한 기도 전문 사찰인 것이 반복하여 강조된다. 즉신불이 안치되는 부엌(주자, 厨子)의 주변에는 참배하여 받은 이익에 감사하는 여러 가지 물건이나 편지가 놓여 있다. 거기에 쓰인 내용은 모두 질병치유(病気平癒)라고 하는 현세에서의 이익이고 사후세계에 관한 이야기는 보이지 않는다. 다이니치보에는 즉신불 이외에 거대한 대흑천(大黒天)이나 변재천(弁財天),. 파분 부동명왕(波分不動明王) 등이 안치되어 각각 상업번성(商売繁昌)·학업성취(学業成就)·자손번성 등의 신앙을 이루고 있지만 즉신불도 그것과 흡사 동일하게 질병치유(病気平癒)라고 하는 완벽한 현세이익의 기원 대상으로 되어 있다. 같은 성인신앙의 계보에 연결되면서도 중세와는 달리 탕전산(湯殿山)의 즉신불은 그 자체의 성성(聖性)은 가지고 있어도 그 배후에 피안세계를 가지지 않는 것으로 변화하여 버린 것이다.

고야산(高野山)의 고호다이시(弘法大師) 그 자체가 현대에서는 현세이익(現世利益) 기원의 대상으로 되어 있는 것을 생각하면 양자의 차이는 고야산과 유노도산(湯殿山)이라고 하는 지역의 차이에 의한 것이 아니고 중세와 근현대라고 하는 시대의 차이에 기인한다고 생각하여야 할 것이다. 두 시대 사이에 걸쳐져 있는 우주론의 단절은 신앙의 내실 그 자체를 규정하는 역할을 수행하게 된 것이다.

영장(霊場)의 변질

중세후기에 먼 타계(他界)에 대한 관념 축소는 중세적인 영장의 변모를 초래하는 결과가 되었다. 이미 정토왕생(浄土往生)이 사람들의 최대 관심에서 벗어나고 현세에서의 평화로운 생활에 대한 희구

(希求)가 부상함에 따라서 영장은 이 세상과 저 세상을 연결하는 통로의 기능을 상실하였다. 대신하여 이승에서의 더 충실한 생활을 기도하는 현세이익 신앙의 색채를 강하게 띠게 되었다. 그 결과 중세적인 정토신앙의 거점으로부터 근세적인 현세이익의 기도 사찰이라고 하는 본질적 차원에서 영장의 성격이 변용된 것이다.

그러한 영장의 변천상을 단적으로 나타낸 것이 중세말기에 등장하는 사사참예 만다라(社寺參詣曼荼羅)다[西山克98]. 나지(那智) 이세(伊勢) 젠코지(善光寺) 기타노(北野)라고 하는 당시의 많은 사람들을 모았던 영장을 원색(原色)을 사용하여 한 폭의 거대한 화면에 그려 낸 참예 만다라는 같은 신앙의 성지를 그린 것이지만 중세전기의 궁만다라(宮曼荼羅)와는 전혀 이질적인 것이었다. 영장을 피안(彼岸)의 통로라고 파악한 세계관을 배후에 가지는 궁만다라는 그 자체가 성스러운 존재이고 신앙의 대상이고 타계정토(他界淨土)로 돌아가는 길이었다.

그에 대하여 성지(聖地)의 광경에 참배자(參詣者)의 무리나 인연이 있는 사람들과 신, 부처, 죽은 자 등의 성속(聖俗)에 이르기까지 다양한 요소를 선명한 색채로 빈틈없이 그려 넣은 참배 만다라(參詣曼荼羅)는 그 사찰과 신사의 유래를 설명하기 위한 소재이고 그림 해석의 텍스트였다. 참배 만다라가 그리는 영장이 이제는 배후에 궁극적인 성스러운 세계를 상정하기보다는 그 자체가 완결한 신앙세계를 구성하고 있다.

그 결과 근세의 기도 영장(祈禱靈場)에서는 중산 법화경사(中山法華經寺)와 같은 하나의 경내(境內)에 많은 신불·조사(祖師)가 동거하는 형태가 일반화한다. 금당(金堂)을 중핵으로 하는 고대 사원의 우주론, 본당(本堂)과 오쿠노인을 두 개의 주요한 초점으로 하는 중세 사원의 우주론에 대하여 근세 사원은 등질적인 현세이익의 기능을 나누어 가지는 여러 가지 신불(神仏)을 사내(寺内)에 끌어안은 다수의 초점을 가진 우주론을 그 특색으로 하게 되는 것이다.

영장참배(霊場参詣)의 방법도 변화하여 간다. 납경(納経)의 회국성(回国聖) 등을 별도로 하면 중세에서는 하세데라(長谷寺)나 구마노(熊野)라고 하는 하나의 영장 참배를 중심 목적으로 하는 주거와 그 지점과의 왕복이 일반적인 형태였다. 그것에 대하여 근세의 영장은 33관음(観音), 시코쿠(四国) 88개소와 같이 하나의 경내에 일정지역에 점재(点在)하여 성지를 원으로 그리는 것 같이 주회(周回)하는 형식이 일반화 되어 갔다.

에도시대의 신불분리

피안세계의 축소는 신사의 역할에도 중대한 영향을 미쳤다. 중세에 일본의 신은 성인(聖人)·조사(祖師)나 불상 등과 함께 말법변토(末法辺土)의 사람들을 구제하기 위하여 이 세상에 모습을 나타낸 수적(垂迹)으로 파악하고 있었다. 신사(神社)의 경내(境内)는 피안(彼岸)과 차안(此岸)을 연결하는 통로였던 것이고 그 점에서는 불교의 영장(霊場)과 같은 기능을 가지고 있었다. 사람은 정토왕생을 원하면서 신사에 참배하며 신에게 사후의 안락을 기원하였던 것이다.

중세후기에 생긴 우주론의 변동 과정에서 당연한 것이지만 신사

또한 정토신앙(浄土信仰)의 영장으로서의 기능을 포기하기에 이르렀다. 니이가타현(新潟県)의 야히코 신사(弥彦神社)는 오늘날 아메노 가구야마노 미코토(天香語山命)72)를 제신(祭神)으로 하는 고사(古社)이다. 거기에 남아 있는 「고연기(古縁起)」에는 중세까지 거슬러 올라 이전의 신앙의 실태가 기록되어 있다.

「고연기(古縁起)」에 의하면 야히코 다이묘진(弥彦大明神)의 본지(本地)는 아미타여래(阿弥陀如来)이고 「팔엽령(八葉嶺)」인 야히코야마(弥彦山)에 수적(垂迹)하였다고 되어 있다. 그 때문에 야히코는 「안양구품장엄(安養九品荘厳)」 즉 극락세계(極楽世界)의 장엄(荘厳)을 갖춘 지역이고 한 차례 거기에 참배한 것은 모든 죄상(罪障)을 소멸시킬 수가 있다. 중세의 야히코 신앙에는 정토신앙의 색채가 매우 농후하였다[中野 88]. 그러나 다른 신사와 같이 에도시대가 되면 신불습합(神仏習合)의 형태는 남기면서도 그 신앙의 내실은 현세이익으로 그 중심을 옮겨간다. 이러한 경향은 정도의 차는 있어도 어느 신사에서도 볼 수 있는 것이었다.

근세의 신사는 이미 피안의 통로=「사단정토(社壇浄土)」로서의 기능을 잃어버리고 있었다. 죽은 자의 장송(葬送)에 관여하지 않는 신

---

72) 아메노 가구야마노 미코토(天香山命)는 일본의 신으로서 「天香語山命」, 「天賀吾山命」 등으로도 쓰여지기 때문에 「아마노 가구야마노 미코토」라고도 읽는다. 『先代旧事本紀』에 의하면 아마테라스오미카미(天照太神)의 손신(孫神)인 饒速日尊(天火明命)과 아메노미치히메(天道日女命)와의 사이에서 태어나 신(天照太神의 曾孫神)으로 오와리씨(尾張氏) 등의 조상신으로 간주되어 모노노베씨(物部氏) 등의 조상신인 우마시마지미코토(宇摩志摩治命)와는 모신(母神)을 달리하는 형제신으로 되어 있다. 『新撰姓氏録』에도 보이고 後裔氏族으로서 오와리씨(尾張氏, 左京神別等)를 시작으로 伊福部氏(左京神別下)·六人部氏(山城神別)·津守氏(摂津神別) 등을 들고 있다.

사가 거기에 더하여서 이 세상이 정토로서의 지위를 상실함으로 인해 신기신앙(神祇信仰)은 불교와의 큰 공통점을 잃어버리게 되었다. 많은 묘사(墓寺)가 탄생하여 불교=장제(葬祭)라고 하는 이미지가 정착하여 가면 사후의 세계를 담당하는 불교에 대하여 신사측(神社側)은 신(神)은 생전(生前)의 기도에 응한다고 하는 현세적 측면을 적극적으로 강조하게 되어 양자의 서로 다른 역할분담이 진전되었다. 에도시대에 신기관계자(神祇関係者)가 불교와의 이질성(異質性)과 일본고유의 신앙으로서의 독자성을 강하게 어필하는 사회적 기반은 이렇게 형성되어 간 것이다.

4. 묘에서 쉬는 죽은 자

재현된 포교관정(布橋灌頂)

1996년 9월 29일에 옛날부터 전해오는 신앙의 산이었던 입산(立山)의 중턱에 위치하는 도야마 현립 야마초 아시쿠라사(富山県立 山町 芦峅寺)73)에서 오랜 세월 중단되어 있었던 하나의 종교의식이 재현되었다. 포교관정회(布橋灌頂会)이다.

이 의식은 에도시대에 성립된 입산 만다라(立山曼荼羅)에 그려져 있다. 백장속(白装束)에 몸을 둘러싸고 엷고 어두운 염마당(閻魔堂)에

---

73) 아시쿠라사(芦峅寺)는 도야마현(富山県 中新川郡 立山町)의 지명으로 원래는 신불습합(神仏習合)의 형태였던 당시의「雄山神社 中宮祈願殿」의 사명(寺名)으로서 中宮寺라고도 불린다. 에도시대부터 입산신앙(立山信仰)의 거점으로 변성하였고 전후는 산악가이드의 집락으로서 알려졌다.

모인 여성들은 염마상에 손을 모은 후에 눈을 감고 엮은 초롱을 덮어쓰고 인도되어 지면에 깔려 있는 한 줄로 길게 펼쳐진 흰 베 위를 밟으며 밖으로 향하여 천천히 걸어갔다. 백포가 이어지는 앞에는 다리가 있고 다리 부근에 다다른 여인중(女人衆)은 대안(対岸)으로부터 마중 나온 내영중(来迎衆)에 인도되어 다리를 건너서 요망관(遥望館)으로 들어갔다. 밀폐된 어둠속에서 눈가리개가 벗겨지고 독경(読経)이 절정에 달하였을 때 건물의 덮개가 일제히 열려 눈앞에 햇살을 받은 다테야마렌보(立山連峰)의 모습이 떠올랐다.

에도시대에 산악신앙이 왕성하였을 때 다테야마는 여인금제(女人禁制)의 성지였다. 그 당시 산에 들어가는 것이 허가되지 않은 여성을 구제하기 위하여 행하여졌던 이 행사에서는 포교가 이 세상과 저 세상을 연결하는 경계(境界)의 상징이었다. 눈가리개를 한 여성들이 다리를 건너는 의식이 피안으로의 왕생을 의미하는 것은 다시 지적할 것도 없다.

그러나 여성이 왕생하는 대상으로서의 정토는 드디어 이 세상과 차원을 달리하는 먼 세계는 아니었다. 그것은 닫힌 어둠을 뚫고 갑자기 눈앞에 출현하는 다테야마렌보 그 자체이고 그 산중에 있는 아미타가 들판으로 되었다.

이 의식의 해설에 사용되는 「다테야마(立山)에 왕생한다」고 하는 표현조차 실은 죽음과 관련이 없는 정신적인 안도 획득(安堵獲得)의 비유적 표현일 가능성이 높다. 포교관정(布橋灌頂)의 핵심은 오늘날의 민속신앙 등에서 자주 보이는 어둠으로부터 빛으로의 전환에 의한 의사재생(擬死再生)이다. 거기에는 사후의 문제는 개재할 여지

가 없다. 「자신의 마음과 마주하고 있는 것 같았다」(「북일본신문(北日本新聞)」9월30일)라고 말하는 참가자의 한사람, 헨미 준(辺見じゅん)의 코멘트에서도 알 수 있는 것과 같이 참가자에게 있어서 그 목적은 내세에서의 구원이 아니고 오히려 심신의 재충전이었다.

포교관정(布橋灌頂)의 의식은 얼핏 매우 내세적 색채가 진한 내용이면서 실제로는 사후의 문제와 피안표상(彼岸表象)이 주도면밀하게 배제되어 있다. 그 의미에서 이 의식의 형성과 정착은 먼 타계(他界)가 축소하는 근세이후의 사회에 대응하는 것이었다고 생각되는 것이다.

뼈(骨)와 영(靈)과의 영속적 관계

그렇다면 사후 구제의 문제는 근세 이후 사람들의 주요한 관심으로부터 완전히 빠져있었던 것일까.

그렇지는 않았다. 피안의 사실성이 소실되고 사람들의 주요한 관심이 현세의 생활에 이행하여도 죽음의 문제는 여전히 인간에게 있어서 근원적인 과제로서 계속되었다. 나날이 생활에 쫓기고 있어도 타인의 죽음을 목격하였을 때나 무거운 병으로 누워 있을 때에 사람은 스스로의 사후의 행방을 생각하며 떠올리지 않을 수 없게 된다.

그러나 중세 후기에 세계관의 변용은 당연하지만 사람들의 죽음이나 구제의 관념(觀念)에도 결정적인 영향을 미쳤다. 사후왕생(死後往生)의 대상으로서의 피안세계(彼岸世界)의 관념이 빛바래기 시작한 지금 죽은 자가 가야 할 지역은 이미 이 세상과 동떨어진 먼 정토(浄土)는 아니었다. 사람은 죽은 후에도 아직 이 세상의 일각에 계속하여 머무르게 되는 것이다.

그 의지처로 된 것이 유골이고 그 소재를 나타내는 것이 석탑=묘표(墓標)이었다. 모든 죽은 자의 영혼은 유골이 잠든 묘를 벗어나지 않고 거의 영구적으로 거기에 계속하여 머물러 있다. 성불은 먼 타계(他界)의 여정이 아니고 이 세상에서의 편안한 잠이었다. 살아 있는 자에게는 가능한 한 쾌적(快適)하게 계속하여 잠들 수 있도록 정기적으로 죽은 자를 방문하여 그 안온(安穩)을 비는 의무가 있었다. 그렇게 하기 위해서는 죽은 자의 유골이 안치되어 있는 포인트를 확인할 수 있는 표식(標識)의 존재가 불가결하였다. 그 역할을 담당한 것이 개인명(個人名)을 새긴 오륜탑이나 묘표였던 것이다.

죽은 자가 언제까지나 유해가 있는 묘에 거처한다고 생각했기 때문에 유해를 어떻게 처리하여 어떻게 매장하는가라는 문제가 고인의 사후의 문제를 규정하는 요인으로 부상하게 되었다. 죽은 자가 조금이라도 빨리 그 불길한 사령(死霊)의 옷을 벗어버리고 지정된 장소에서 편안하게 잠들게 하기 위해서는 무엇을 하면 좋을까-사망에서 납관(納棺)·매장(埋葬)에 이르기까지의 장례의식의 형식, 매장의 방법, 공양의 작법이 상세하게 규정되어 지역공통의 룰로서 전승(伝承)되고 축적되어 가는 필연성은 여기에 존재한다.

포교관정(布橋灌頂)에서는 포교(布橋)와 요망관(遥望館)을 잇는 연장선상에 주민이 잠드는 묘지가 있다. 이 의식의 핵심이 의사재생(擬死再生)을 통한 심신(心身)의 재충전에 있는 것은 앞에서 지적한 대로

이지만 그것이 사후의 구원까지를 수비범위(守備範囲)에 넣는 것이라 할지라도 그것은 그 묘지에 안락한 잠 이상의 것은 아니었다. 드디어 죽은 자는 수직 방향으로 피안세계를 지향하지 않을 뿐 아니라 현실세계에서도 먼 수평 방향으로의 여정은 없었다.

시중사원(市中寺院)의 성립

지금 중세후기를 과도기로 하는 타계관과 왕생의 이미지에 대한 변용에 관하여 논하였다. 이 시기 장례의례에 관하여서는 빼놓을 수 없는 또 다른 하나의 중요한 변동이 있었다. 중세적인 공동묘지의 종언이었다. 중세에 발달한 화장골(火葬骨)의 매납(埋納)을 중심으로 하는 대규모의 공동묘지가 근세의 전환기와 더불어 사라져 가는 것이다.

제4장에서 언급한 시즈오카현 이와타시(静岡県 磐田市)의 이치노타니(一の谷) 유적은 중세도시 미쓰케(見付)의 교외에 형성된 대규모의 분묘군(墳墓群)이었다. 미쓰케 마을을 바라보는 대지(台地)를 가득 채우는 묘는 300년 이상의 장기간에 걸쳐서 3,000기를 넘는 다양한 타입으로 조성되어 있다. 그러나 16세기 말을 전기로 하여 이곳은 묘지로서의 기능을 상실한다. 에도시대에는 누구나가 이 땅에 죽은 자를 매장하지 않으면 안 되었다.

중세 묘제(墓制)의 특색은 한차례 매납된 유해나 유골에 대하여 거의 관심이 없었다는 점에 있다. 매장이 행해지게 되어 연고자의 방문이 끊어진 이 묘지는 초목이 우거진 채로 방치되어 드디어 사람들의 기억으로부터 사라져 버리는 것이다.

　이치노 타니(一の谷) 유적의 매장을 그만 둔 근세의 미쓰케(見付) 주민들은 유체(遺体)를 어떻게 처리하게 된 것일까. 그것은 미쓰케 마을 안의 사원의 매장이었다고 추정된다[石井 93]. 교외의 집단묘지로부터 도시 안의 보제사(市中菩提寺)의 경내로 죽은 자가 잠자는 장소가 변하는 큰 전환을 보였다.

　장송(葬送)을 둘러싼 이러한 변화는 동일한 시대에 일본열도 각지에서 광범위하게 보이는 현상이었다. 다카다 료스케(高田陽介)는 중세말기의 교토(京都)에 아다시노(化野), 도리베노(鳥部野)라고 하는 전통적인 장례의식 장소를 대신하여 낙중사원(洛中寺院)의 경내에 만들어진 것이 묘지(墓地)의 주류를 이루게 되었고 그 배경에는 단가(檀家)로서 장례되는 정주형(定住型) 인구의 증가와 「본당(本堂)의 옆에 영면(永眠)하여 항시적인 추선공양(追善供養)을 받고 싶다」고하는 그 원망(願望)이 있었던 것을 지적하고 있다[高田86].

　가마쿠라시대에도 15세기 이후 도시화의 성숙과 함께 니치렌슈(日蓮宗) 사원이 시의 중심부에 진출하여 그 경내(境內)에서 방형(方形) 계획을 기본으로 하는 토광묘(土壙墓)가 다수 검출되었다[田代 97]. 이 시기에 니치렌슈 사원(日蓮宗寺院)의 주류는 현세이익의 기도로 축족(軸足)을 옮기는 한편 많은 사찰이 묘사(墓寺)로의 길을 걷게 된다. 다른 종파와 같이 니치렌슈도 기도 사찰(祈祷寺)과 묘지 사찰이라고 하는 2극 분화(二極分化)가 진행하는 것이다. 또 이 시기에는 영속(永続)하는 이에(家 가계)라고 하는 관념이 서민층까지 침투하여 사후에도 후손이 자신을 공양하여 준다고 하는 감각이 더 넓은 계층에 공유되었다고 하는 사실도 빼놓을 수는 없다[竹田 57]. 이렇게 하여 죽은 자와 유해·유골이 완전히 일체화하여 취급되는 시대가 도래하는 것이다.

여전히 이점에 관련하여 흥미진진한 사실이 있다. 에도시대에 들어오면 문인(文人)의 회고 취미(懷古趣味)나 존왕사상을 배경으로 하여 능묘(陵墓)에 대한 관심이 높아진다. 그 절정이라고도 할 수 있는 사업이 1862(文久 2)년부터 우도궁번(宇都宮藩)에 의하여 행하여진 「문구(文久)의 수릉(修陵)」이었다. 능묘의 확정과 수리 보수(修補) 그리고, 제사시설의 건설 등이 이루어진 이 사업은 공무합체(公武合體)와 존왕양이가 교차하는 에도막부 말기의 정치과정 가운데에 위치 지으면 여러 가지 흥미진진한 문제가 보이게 된다[外池 97].

동시에 거기에서 주목되는 것은 반드시 유해나 유골의 실재에 집착을 보이지 않던 전 시대의 천황릉에 대하여 에도시대 중·후기에 천황릉 탐색·수리 사업이 「천황의 유체(遺體)·유골 매장장소로서의 산릉(山陵)에 철저하게 집착하였던」 점이다[山田邦 06]. 권력이 주도하는 정치적인 사업도 또한 같은 시대의 죽음과 깊은 관계를 가지고 있었다.

양묘제(兩墓制)의 역사적 위치

지금까지 사람은 죽어도 여전히 유골과 묘탑(墓塔)을 의지처로 하여 이 세상의 일각에 계속하여 머물러 있다고 하는 관념이 중세후기부터 이 열도에 퍼져 있었던 것을 지적하였다. 죽은 자의 편안한 잠을 위해서는 연고자의 정기적인 방문과 공양을 전제로 하여 죽은 자의 유골이 안치되어 있는 장소를 확인할 수 있는 표식의 존재가 불가결하였다.

그 성립 배경을 둘러싸고 긴 논의가 계속되어 온 양묘제의 성립도 이러한 시점에서 보면 이해할 수 있는 부분이 있을 것으로 본다. 양묘제라고 하는 것은 사체를 매장하는 묘지와는 별도로 석탑(石塔, 詣り墓)을 건립하는 묘제(墓制)로 긴기(近畿)지방을 중심으로 간토(関東) 지방에서 주고쿠(中国)지방에 걸쳐서 분포하는 것이다. 양묘제의 배후에는 사세(死穢)를 기피하는 전통적인 관념이 있고, 그것이 장지(葬地)와는 별도로 영혼을 모시기 위하여 청정한 장소를 설치하는 원인으로 되었다고 하는 설이 오늘날에도 큰 영향력을 가지고 있다[最上56]. 한편 그 후 조사에 근거한 실증적인 연구가 진전함에 따라서 양묘제의 시작을 중세 말기에서 근세 초기로 보는 견해가 승인되었다.

우리들이 양묘제를 생각함에 있어서 우선 전제로 하여야 할 점은 특정의 고인을 오랜 기간에 걸쳐서 공양(供養)·상기(想起)하게 되는 시스템의 일반화는 중세 말기 이후의 현상이었다. 석탑인 「공양탑(詣り墓)」의 광범위한 설치는 그러한 역사 단계에 대응하는 것이라고 추정된다. 그 점에서 말하면 양묘제는 영혼의 피안의 비상(飛翔)을 이상적으로 생각하고 있어 유체(遺体)나 유골에 대해 관심을 나타내지 않는 중세적인 죽음의 관념과는 전혀 이질(異質)적이다. 따라서 중세의 영장신앙(霊場信仰)의 연장선상에 「공양탑」의 탄생을 전망하는 견해에는 찬성할 수 없다. 또 「공양탑」의 탄생을 어떠한 형태라 하더라도 사예(死穢)의 금기(禁忌)와 연결시키는 논의에도 동의하기 어렵다.

중세의 기본적인 묘제는 「매장하는 묘」뿐이었다. 다른 한편 개인의 영혼을 모시는 「공양탑」과 같은 타입의 석탑은 중세말기가 되어서 처음으로 보급하기 시작한 것이다. 따라서 양묘제는 이 세상에서 개개인의 영혼의 거주 장소를 확정하려고 하는 지향성(指向性)을 밟았던 근세적인 묘제의 변화라고 보아야 할 것이 아닐까. 니타니 나오키(新谷尚紀)는 일본의 토장 묘제사(土葬墓制史) 가운데 석탑이라고 하는 새로운 요소가 도입되어 그것을 죽은 자의 영혼에 의지하는 표식으로 간주하는 관념이 양묘제 성립의 전제(前提)가 되었다고 하였으나 경청하여야 할 견해일 것이다[新谷 91].

묘사화(墓寺化)하는 영장(靈場)

유골유기형(遺骨遺棄型)의 납골신앙과 교외형(郊外型)의 공동묘지의 쇠퇴, 그것을 대신하는 도시 안의 사원(市中寺院)인 경내묘지(境內墓地)의 형성도 중세 후기에 일어난 세계관의 선회(旋回)에 대응하는 현상이다.

다른 한편에서는 경내묘지(境內墓地)의 수요의 증가에 대응하여 중세의 납골영장(納骨靈場)이 묘사화(墓寺化)하여 가는 현상도 널리 나타났다. 그 가운데는 고야산(高野山)과 같이 기도 사찰(祈祷寺)로서의 성격과 묘지 사찰(墓寺)로서의 성격인 양자(両者)를 겸비한 근세 영장(近世靈場)도 탄생하게 되었다. 이 두 가지 성격은 결코 모순되

현대의 영장(현세이익의 祈祷寺와 묘지가 동거하는 山寺千手院)

는 것이 아니고 양쪽 다 왕생하여야 할 피안세계의 해체와 현세 부정이라고 하는 정신세계의 동향에 순응한 것이었다.

중세의 대표적인 납골영장이었던 고야산이나 간코지(元興寺)가 근세에는 묘표(墓標)를 동반하는 묘사화(墓寺化)가 진행되는 것은 이미 논한 대로이다. 영장에는 불특정 다수의 영혼을 피안정토(彼岸淨土)로 보내는 장치인 공양탑(供養塔)이 쇠퇴하여 개인의 유골이나 영혼과 일체일(一体一)로 대응하는 묘표가 넓혀져가는 배경에도 그러한 변동이 있었다고 추정한다.

재지(在地)에 판비(板碑)가 그 종교적 의의를 상실하고 단순한 사물로서 재이용(再利用)되어 가는 원인도 여기에서 구할 수가 있다. 공양탑으로서의 판비가 그 사명을 마치고 묘비(墓碑)로 전용(転用)되는 것이 각지에서 광범위하게 보이는 현상은 죽음을 둘러싼 관념의 전환을 단적으로 나타내는 것이었다. 그리고 집집마다 묘지의 형성과 묘표로서의 석탑의 보급은 단가제도(檀家制度)[74]의 정비와 대응하면서 에도시대 중기 이후에 최종적인 완성을 본다. 그러한 근세적 이라고도 할 수 있는 장제(葬祭)와 선조제사(先祖祭祀) 시스템의 확립에 위패(位牌)를 시작으로 하는 유교적인 의례(儀礼)와 이념이 도입되어 가는 것이다[加地 84].

거기에서는 뼈와 영혼과의 연결=죽은 자가 묘에 머문다고 하는 관념은 연기(年忌)·명일법요(命日法要)의 의무화라고 한 사회적·정책적인 규정에 따라서 중세보다도 훨씬 강고하고 지속적인 것으로 변화되어 있다. 유골에 대한 일본인의 강한 집착은 이와 같은 장기간에 걸친 역사 과정을 거쳐 형성하게 되었다고 본다.

5. 보제사(菩提寺)의 시대

마을(村) 사찰, 초(町) 사찰 건립

오늘날의 일본열도에는 곳곳에 사원이 산재(散在)하고 있다. 그 총수는 7만에서 8만을 넘는다고 한다. 이 방대한 사원군(寺院群)은 언제 형성된 것일까.

---

74) 단가제도(檀家制度)라고 하는 것은 사원이 단가(檀家)의 葬祭供養을 독점적으로 집행하는 것을 조건으로 결합되어 사찰과 단가의 관계라고 말한다. 寺檀制度 혹은 寺檀関係라고도 한다. 에도막부의 기독교 금지령에 설명되는 경우는 테라우케제도(寺請制度)라고 한다.

근대 이전의 유서(由緖)를 가진 사원의 경우 그 대부분이 16·17의 2세기에 창건되었다는 것은 이미 지적했다[圭室 77]. 그 가운데서도 16세기 후반부터 17세기의 전반에 걸친 100년간에 집중되어 있다. 지금 우리들이 눈에 접하는 초(町) 사찰과 마을 사찰의 대부분은 근세초기에 그 연원(淵源)을 가진 것이다.

이것은 구게(公家, 조정에 출사한 사람)나 무사계층(武士階層)에 머물지 않고 일반서민층이 이 시기 자신의 보제사(菩提寺)[75]를 가지게 된 것을 의미하고 있다. 사람이 죽으면 가까운 보제사로 옮겨져 생전(生前)에 앞면이 있는 주지(住職)에 의하여 인도를 받은 후에 경내의 묘지에 매장된다고 하는 정해진 코스가 이때부터 형성되었다.

근세 초기에 보제사를 통한 장송의례(葬送儀礼)의 보급은 지금까지 종종 들에 방치하여온 그때까지의 유체 처리(遺体処理)로부터 민중의 소망(願望)에 근거한 이에(家)의 묘로 매장한다고 하는 도식으로 파악되어 왔다. 그 이전은 만족할 만한 장례의식(葬式)을 받지 못하였던 사람들이 겨우 장의(葬儀)의 대상이 되었다고 하는 것이다.

보제사의 족생(簇生)에 장송의례의 사회하층의 침투라고 하는 측면이 있었던 것도 결코 부정할 수가 없다. 그러나 이치노타니(一の谷) 유적에서 보아 온 것과 같이 중세 특히 그 후기에는 공동묘지가 눈부신 발달을 보이고 있다. 재지 영장(在地霊場)의 서민의 납골신앙도 보급되어 무수한 미니영장이 탄생하고 있다. 민중을 대상으로 하는 장송의례는 이미 중세의 단계에서 퍼져 있었기 때문에 보제사의

---

75) 조상 대대로의 위패를 안치하여 명복을 비는 절을 말한다.

보급을 장례의식의 대상자의 양적 확대에만 연결시켜서 파악하여 버린다면 이 현상의 본질을 정확하게 파악하였다고는 할 수 없다.

우리들은 무엇보다도 중세와 근세 사이에 일어난 장례의식의 질적인 전환을 정확하게 인식할 필요가 있다. 그리고 그렇게 하기 위하여서는 그 전환의 배후에 있는 죽은 자가 가야 할 피안세계의 관념과 구제관의 변용을 정확하게 이해하는 것이 불가결한 것이다.

사체에 봉해진 영(靈)

근대의 장송의례(葬送儀礼)를 보면 각각의 지역에 따라 다양하고 진귀한 장치가 행해졌다. 그 가운데서도 비교적 널리 보이는 것이 「개 연주(犬弾き)」이다. 지역에 따라서는 「맷빠지키(メッパジキ)」, 「매하지키(メハジキ)」 등으로도 불리는 이 장치는 사체를 막 매장한 장소에 호상(弧状)으로 구부러진 몇 개의 대나무 양끝(両端)을 찔러 그것을 교차시켜서 공간을 만들어 내는 장치이다. 가운데는 교차하는 중심으로부터 줄(縄)로 돌을 매단 것도 보인다. 묘 위에 풀을 베는 낫을 두는 경우도 있다.

이러한 관습에 관하여서는 통상 들개(山犬)가 묘를 파는 것을 방지하기 위하여 라고 설명한다. 동물 등에 의하여 불길하게 묘가 파헤쳐져 버리는 것을 피하기 위하여 이러한 장치를 만든다고 하는 것이다. 이에 대하여 그러한 장치는 오히려 사령(死霊)을 묘에 봉하는 것을 목적으로 한다고 하는 견해도 있다. 이와타 시게노리(岩田重則)는 죽은 자가 머리를 북쪽으로 향하여 칼을 안고 잠들고 머리맡에는 밥(枕飯)이 놓이는 것으로 시작되는 일련의 장송의례 및 개 연주(犬弾き) 등의 묘상장치(墓上装置)에는 한결같이 영혼을 육체에 묶어 두려고 하는 성향을 파악할 수 있다고 지적하고 있다[岩田06].

인간이 근친자의 사체에 대하여 가지고 있는 감정에 친근감과 공포의 기분이 교차하는 것은 보편적인 현상이다. 황천(黄泉の国)을 찾은 이자나기(イザナギ)의 예를 들것까지도 없이 일본에서도 옛날부터 2개의 서로 모순되는 감정이 존재한다. 그때, 통상은 사후 얼마 되지 않아 인간의 혼이 다른 사람에게 위해를 가할 가능성이 높은 위험한 존재라고 인식되었다. 그러한 거친 영혼을 여러 가지 수단에 의하여 진정시켜 해가 없는 영으로까지 정화시키는 것이 장송의례의 중요한 역할이었다. 이 과정이 없이 사령(死霊)이 방치될 경우 방랑(放浪)하면서 사람들에게 재앙이나 해를 미치는 무연불(無縁仏)이 된다고 믿어졌다.

근세 이후에 정착한 죽음에서 매납(埋納)에 이르기까지 일련의 장례의식은 죽은 자의 영을 유해에 봉하면서 무해화(無害化)와 정화를 의도한 것이었다고 추정된다. 개 연주(犬弾き)도 그러한 시스템의 일환을 낳는 장치였다. 이러한 기획이 공을 쌓아 사령(死霊)이 무해화(無害化)되어 처음으로 죽은 자는 절기에 따라 자택에 초대할 수 있는 친한 조령(祖霊)으로 바뀌는 것이다. 유해나 뼈가 안치된 묘에 영구히 머무는 연고자를 방문하는 것과 초대되었을 때만 위패(位牌)가 있는 자택에 돌아가는 것이 근세이후의 영의 모습이었다. 일정한 시간이 경과한 후, 묘에 세워지는 석탑은 영의 정화가 완성된 것을 나타내는 상징으로 되었다.

중세에는 영혼이 유체(遺体)나 뼈를 벗어나 먼 세계로 여행을 떠나는 것이 이상적이라고 생각했다. 지금까지도 유해(遺骸)에 혼이 머무르는 것은 바람직한 것이라고는 생각하지 않았다. 그러나 근세가 되면 이 관념은 일변한다. 사령은 유체와 일체화 하면서 혹은 묘표를 의지하여 이 세상 가운데서 정하여진 장소에 영원히 편안하게 영민할 수 있기를 바랐던 것이다.

개인의 묘지로부터 집안(家)의 묘지로

지금까지 중세에서 근세에 걸쳐서 생긴 세계관의 전환과 그에 따른 죽음에 대한 관념의 변화에 관하여 논하여 왔다. 근세에 형성된 사령관(死靈観)과 다양한 장송의례(葬送儀礼)는 현대에 이르기까지 우리들의 생활을 규정하고 있다. 그러나 근세의 것이 그대로 현대에 이어져 온 것은 아니다. 거기에 큰 차이점이 존재하고 있다.

우리들 현대인은 묘라고 하면 우선은 그 지하에 납골을 위한 공간(カロ−ト)을 가지는 「−집안(家)의 묘」, 「−집안선조(家先祖) 대대의 묘」라고 새겨진 사각기둥(四角柱)의 석탑(石塔)을 생각하게 된다. 최근에는 석탑의 형태와 거기에 새겨지는 문자도 모양을 바꾸어서 「몽(夢)」, 「공(空)」이라고 한 추상적 개념이나 개성이 넘치는 문장도 받을 수 있게 되었지만 하나의 묘에 복수의 친족의 유골을 수납하는 형식을 취한 점은 대부분의 묘가 공통적이다.

그러나 중세 말기부터 근세 초기에 걸쳐서 보급하는 최초기(最初期)의 묘표(墓標)는 집안의 묘라고 하는 형태로는 취하지 않았다. 거기서는 한사람에 대하여 1기(一基)의 묘탑(墓塔)이 세워지는 것이 기본이었다. 석탑의 표면에는 계명(戒名)이 새겨져 거기에 누가 매장되어 있는가를 긴 시간에 걸쳐서 표시하는 역할을 하였다. 그것은 자손들이 조상의 공양을 행할 때 표시가 되는 것이다. 그것에 대하여「집안의 묘지」가 탄생하여 하나의 공간에 복수의 유골이 수납되는 것은 전후(戰後), 그 중에서도 고도성장기 이후의 것이다. 그 배경에는 토장(土葬)의 쇠퇴와 화장의 보급, 묘지 확보의 곤란 등의 요인이 있다고 생각된다.

이와 같이 하여 형성된「집안의 묘지」도 결코 묘제(墓制)의 최종 도달점(最終到達点)은 아니었다. 장송의례도 묘제도 그것을 규정하는 사람들의 죽음을 둘러싼 관념도 지금 여전히 시시각각으로 변용을 하고 있다. 오늘날 유행하는 장송의례가 어떠한 것이며 그것은 어디로 향하려고 하고 있는 것인가. 이 문제에 관하여서는 지금까지의 논의를 총괄하면서 종장(終章)에 전망(展望)을 시도하여 보려고 한다.

결장 죽음의 정신사로부터

1. 이계(異界)로부터의 시선

죽은 자가 보는 고향

도노 야마구치의 덴데라들판을 뒤로하여 평탄한 경작지를 끼고 덴데라들판과 대치하는 단노하나(ダンノハナ)로 향하였다. 농로를 통하여 조금 앞으로 나아가니 강이 있고 작은 다리가 나온다. 『도노모노가타리(遠野物語)』에 「렌다이노(蓮台野)의 사방은 모두 습지(沢)이다」라고 쓰여 있는 그 습지(沢)의 하나이다. 다리 난간을 지탱하는 기둥에는 노인을 버리는 것을 동기로 한 것이었을까 남자가 노파(老婆)를 업은 모습을 그린 조각이 새겨져 있다.

멀리서 바라보는 단노하나는 육각우산(六角牛山)으로부터 뻗어져 나온 작은 미근(尾根)의 일각을 밑에서부터 위까지 바리칸으로 밀어 올린 그곳에 몇 층이나 되는 작은 단(壇)을 만든 것 같은 곳이다. 『도노모노가타리』의 화자로 되어 있는 사사키 기요시(佐々木喜善)의

단노데라에서 본 전경

묘도 이 지역에 있었다. 훌륭한 묘석(墓石)이 세워진 평평한 장소를 옆으로 하면서 급한 비탈길을 따라 맨 꼭대기까지 올라가면 거기서부터 마을의 모습을 손에 잡힐 듯 환하게 엿볼 수 있다.

단노하나로부터의 전망은 언젠가 나의 뇌리 속 고향의 묘지에서 본 모습과 중첩(重畳)된다. 나의 고향은 미야기현(宮城県) 남부의 산촌이다. 내가 소학교 학생이었을 때, 아버지의 전근(転勤)으로 인하여 센다이(仙台)시로 이주했다. 옛집은 흔적도 없어졌지만 마을의 묘지에는 에도시대 초기부터 이어지는 선조대대의 묘지가 남아 있었기 때문에 매년 오본(お盆)이 되면 빠짐없이 성묘를 계속하여 왔다.

고향의 묘지는 마을이 내려다보이는 경치가 좋은 언덕의 중턱에 있다. 묘의 청소를 끝내고 선조께 인사를 한 후 항상 묘지의 한쪽에 있는 나무 그늘에 앉아 한참 동안 아무 생각 없이 멍하니 마을을 바라본다.

　민가와의 적당한 거리가 유지되어 있기 때문에 산자의 신음 소리랑 우는 소리, 누군가를 꾸짖는 소리도 묘지까지 들리지 않는다. 마을의 일상의 소음으로부터 떨어진 이 지역에 잠들어 있는 사람은 남아 있는 연고자의 나날의 생활상을 눈앞에 하고 일희일우(一喜一憂)할 필요가 없다. 그러나 반대로 혹시 묘지와 마을과의 거리가 이 이상 멀어져 버리면 어떻게 되는 것일까. 그리운 집들의 모습이나 마을 사람들의 표정도 분별할 수가 없게 되어 외로운 기분이 들게 될 것이 틀림없다.

　여기에 있으면 제멋대로 부는 바람의 방향에 따라 자주 들은 소리가 들릴지도 모른다. 때로는 어린이들의 소리 높은 환성을 듣고 묘지에서 달려 나와 그 가운데 자신의 자손의 소리를 알아들을 수 있을지도 모른다. 그러한 것을 가만히 즐기면서 이전에 자신이 생활한 고향의 광경과 남겨진 사람들이 생활에 힘쓰는 모습을 조용히 지켜본다. 문득 정신을 차려보면 항상 거기에는 묘지에 잠들어 있는 죽은 자 측으로부터 마을을 보고 있는 자신의 시선이 있었다.

　단노하나도 고향의 묘지도 야나기타 구니오(柳田国男)가 『선조의 이야기(先祖の話)』에서 「무난하게 일생을 마친 사람들이 가는 곳은 지금까지보다 조용하고 청결하여 이 세상의 일상적인 웅성거리는 소리로부터 멀리 떨어지고 그 위에 구체적으로 저 부근이라고 대략 멀리서 바라보이는 장소가 아니면 안 된다」[76]라고 기록한 바로 그러한 지역이었다.

이것을 생각하였을 때 왜 야나기타(柳田)가 죽은 자가 가야 할 장소로서 이러한 장소를 상정(想定)하지 않으면 안 되었던 것인가 그 이유의 한 단면을 이해할 수 있을 것 같은 기분이 든다. 이 열도에서 살아가는 한사람의 현대인으로서 야나기타가 논하는 것에 깊이 공감하는 자신을 발견할 수 있었다. 또 동시에 그것이 역사적인 사실을 답습하는 것이 아니고 야나기타가 바라는 소원이고 사상이기도한 것을 새삼 강하게 실감하였다.

유골에 의탁하는 생각

오늘날 일본인은 뼈를 매우 소중하게 생각하고 있는 것처럼 보인다. 제2차 세계대전 종료 후 60년이 지난 지금에 조차도 이전에 죽은 자의 유골 수습을 계속하고 있다. 먼 이국(異國) 땅에서 친족이 죽었을 경우 적어도 한 조각의 뼈만이라도 가지고 가고 싶다는 심정은 우리 일본인들 대부분이 공유하는 감각이다. 야나기타가 말하는 것과 같은 산위의 경치 좋은 장소에 만들어지는 집안의 묘지에 그에 걸맞은 고인의 뼈를 수습하고 나서 비로소 유족은 편안한 마음을 얻을 수 있다.

그렇지만 그것은 이 열도상에 보편적·초시대적으로 존재하는「일본적」인 감성은 아니었다. 예를 들면 11세기경까지는 천황가나

---

76) 無難に一生を経過した人々の行き処は、これよりももっと静かで清らかで、この世の常のざわめきから遠ざかり、かつ具体的にあのあたりと、おおよそ望み見られるような場所でなければならぬ

상급귀족 승려 등 일부의 특권계층을 제외하고 묘지가 조성되는 일은 없었다. 서민층의 사체는 특별히 정해진 장지에 옮겨지면 간단한 장례의식을 행한 후 그대로 방치된다. 권력자나 유복한 사람들 사이에서는 흙을 파고 매장하여 분묘를 만들거나 석탑을 세우거나 하는 일도 행하여졌지만 현대와 같은 정기적인 성묘가 행하여지는 일은 없었다. 시간이 흐르면 분묘(墳墓)는 초목에 덮여 누구의 것인지 분간할 수 없는 것이 당연한 실정으로 되었다. 사람들의 관심은 오로지 혼의 정화에 집중되어 있어 사후는 고인의 뼈나 유해에 관한 관심이 거의 없어져 버리는 것이다.

12세기경부터 보급하기 시작한 새로운 장례의식으로서의 납골신앙에는 그때까지와는 달리 유골에 대한 연고자의 지속적인 관심을 볼 수가 있다. 그 이전의 사람들이 사체나 유골에 관심을 가지지 않았던 것에 대해 뼈를 영장(靈場)으로 옮긴다고 하는 행위에는 남아 있는 뼈에 어떠한 형태인가 종교적인 의미를 나타내는 모습을 엿볼 수가 있다. 그것은 같은 시기에 발달하는 중세적인 공동묘지의 양상에서도 간취(看取)된다. 그러나 영장의 납골이라도 공동묘지의 매납(埋納)의 경우에는 한 차례 뼈와 유체가 적당한 장소에 수납되어 버리면 고대와 같이 드디어 그 행방에 관심을 가지는 일은 없었다.

15세기에서 17세기에 걸쳐서 일본열도에서 유해·유골에 대한 견해는 재차 크게 전환한다. 영속적으로 이어지는 이에(イエ, 家) 제도와 관념이 서민층까지 퍼져 그것을 배경으로 한 개인의 묘·집안의 묘지가 널리 일반화하여 간다. 오늘날까지 이어지는 「일가의 묘지」

의 기원이다. 죽은 자는 단나데라(檀那寺)의 경내묘지(境內墓地)에 매장되었고 그 존재를 영원히 기록에 남겨야 할 법명(法名)을 새긴 석탑도 건립되었다. 그리고 후손에 의한 정기적인 성묘 습관도 확립되었다. 그러한 상황의 변화에 대응하여 대량의 묘지사찰(墓寺)이 집중적으로 건립되어 간다. 뼈를 수납하는 묘지에는 선조가 잠들어 있고 거기를 찾으면 언제든지 고인을 만날 수 있다고 하는 현대인과 통하는 감각이 점차로 사회에 정착하여 가는 것이다.

유해나 유골을 방치하고 돌보지 않았던 고대의 사람들, 화장골(火葬骨)을 영장이나 공동묘지까지 옮겼던 중세의 사람들, 집안의 묘지를 만들어 뼈를 수납하고 정기적으로 성묘를 계속하는 근세 이후의 사람들, 이 일본열도에 거주하여 온 사람들의 죽은 자에 대한 태도는 이 정도로 크게 변화하고 있다. 「일본인은 뼈를 소중히 한다」고 하는 테마는 뼈를 물건으로 밖에 취급하지 않았던 고대인에게는 통용되지 않는다. 「죽은 자가 근처에 머문다」고 하는 감각은 먼 정토의 여정을 바라는 중세인과는 무관하였다. 이 삼자(三者)에 죽은 자나 영혼을 둘러싼 공통의 관념을 찾아내는 것은 불가능하다. 장송의례(葬送儀礼)의 격변이라고 하는 사실 그 자체가 「일본인의 사생관」이라고 하는 형태로 총괄되어 온 지금까지의 통설·속설에 확실하게 파탄을 선고하는 것이었다.

2. 죽음 관념의 변용

장송의례(葬送儀礼) 배후에 존재하는 것

장송의례를 논함에 자주 등장하는 하나의 오해를 언급하기로 한다. 그것은 의례의 변천 배후에「야만」으로부터「문명」에 이르기까지「진화」의 과정을 나타내려고 하는 시점이다.

일본열도에 생활하는 일반생활자를 생각한 경우 죽은 자의 취급 방법은 고대에 유기(遺棄), 중세의 납골, 근세의 사찰 안의 묘지(寺内墓地)라고 하는 것처럼 일관하여 정중한 방향을 향하여 있는 것 같이 보인다. 그러한 사실을 고려하면 장례의식(葬儀)과 묘지제도의 변화의 배경에 장송(葬送)에 관한 문화의 세련과 의례의 축적을 보고 싶은 것도 당연한 것일 것이다. 그러나 그것은 올바른 이해가 아니다.

오늘날에도 묘지를 만들지 않는 민족이나 지역은 수많이 존재한다[松濤 91]. 인도에서는 화장한 유해를 강에 흘려보내고 죽은 자에 대한 기억을 간직하는 장치를 일체 가지지 않는 것이 일반적이다. 묘를 만들지 않는 인도는 가정의 묘를 만들어 공양을 하는 일본인보다도「야만」한 단계에 머물러 있는 것일까. 말할 필요도 없는 것이지만 이러한 견해는 전혀 다른 것이다. 죽은 자의 유골을 갠지스강에 뿌리는 풍습의 배경에는 그것을 지탱하는 죽음에 관한 독자적인 이념이 존재하는 것이다.

인도인에게 있어서 갠지스강은 하늘(天)에서 히말라야 산맥으로 뻗어있는 수맥이 그대로 하류까지 연결된 것이다. 강은 하늘과 연결되는 성스러운 흐름이고 거기에 뿌려진 유해의 영혼은 그 수맥을 소급하여 천(天)의 세계로 돌아간다는 것이다. 티베트의 조장(鳥葬)에서도 새와 일체화된 죽은 자의 혼은 하늘 높이 날아올라가 천계(天界)로 이른다고 믿고 있다.

묘를 남기지 않는 이들의 장송의례의 배후에 있는 것은 그러한 풍습을 필연적으로 하는 고유의 사생관이고 그것은 「야만」적인 「문명」이라고 하는 범주와는 완전히 이질적이다. 생각해보면 일본열도에도 조몬인(繩文人)은 모든 구성원을 촌락의 중심 혹은 근처에 매장하였다. 일반서민의 장송(葬送)이 풍장(風葬)에 가까운 형태를 취하고 있던 헤이안시대와 비교하면 조몬시대 쪽의 유해가 훨씬 정중한 취급을 받았다. 그렇다고 하여 조몬시대 쪽의 문화가 앞서 있다고 생각하는 사람은 없을 것이다.

나중에도 언급하겠지만 타계표상이 발전하여 피안에 관한 것보다 정밀한 도표가 그려지는 것에 따라 사람들의 관심은 영혼의 행선지 문제에 집중하여 이 세상에 남아 있는 유해나 뼈가 소중하게 취급되는 경향조차 보인다.

고대인의 영혼관

그러면 지금까지 살펴본 바와 같이 일본열도에서 뼈나 사체에 대한 태도 변화의 배후에서 우리들은 도대체 어떠한 죽음 관념의 변용을 이해할 수가 있는 것일까.

묘지를 만들지 않는 고대인의 경우로부터 생각해보기로 하자. 당시의 사료(史料)에는 인간에 대해서 영혼과 육체라고 하는 두 개의 구성요소로부터 성립되어 있다고 하는 인식이 널리 산견(散見)된다. 인간을 영혼과 육체에 의해서 구성되는 존재라고 보는 사상은 동서고금을 불문하고 널리 보이는 것이다. 그러나 일본의 고대에서는 영혼이 육체에 내재해있어 그것이 이탈하여 돌아가는 것은 불가능하게 된 상태가 그 인물의 죽음을 의미하는 것으로 생각하였다. 생과 사의 순간을 엄밀하게 구별하려고 하는 현대인과는 달리 고대인은 양자의 중간에서 어느 쪽에도 속하지 않는 어떤 폭을 가진 중간영역을 인정한 것이다.

한 차례 죽음이 확인되었을 때 다음으로 직면하는 가장 중요한 문제는 아직 거친 성격을 가지고 있던 영혼의 정화와 침정화(沈靜化)를 어떻게 실현할까라고 하는 문제였다. 남은 육체나 뼈는 혼의 껍질이고 영혼의 안식처로 간주 되지 않았다. 그것은 이미 단순한 사물이고 껍질에 불과하였다. 사후에도 영혼이 육체에 부착하여 있을 경우가 있었지만 그것은 우연히 그렇게 되어 있는 것이고 혼의 다양한 존재 형태의 하나에 불과하였다. 고대에 장지(葬地)에 옮겨진 유해가 방치된 채로 두 번 다시 보살핌을 받지 못하던 배경에는 유해를 물건으로 취급한 관념이 있었다고 추측된다. 또 고대불교가 유해 처리에 전혀 관여하는 일 없이 오로지 영혼의 정화를 임무로 하고 있었던 것도 유해를 경시하는 이 시대의 사회통념에 규정되었던 것이었다. 다양한 의식을 통하여 정화된 영혼은 산중이나 동굴·땅 끝의 섬 등에 있는 죽은 자의 나라로 향하였다. 그러나 사후의 영혼과 육체의 분리 이념이 명확하였던 고대에는 영혼이 신과 같이 유행(遊行)하는 존재이고, 엄밀하게 한 장소에 머무는 것이라고는 생각하지 않았던 것 같다. 혼은 하늘 가운데를 자유롭게 비상할 수 있는 존재였다. 죽은 자는 하나의 공간을 살아 있는 자와 공유하고 있었다.

죽은 자의 영혼 가운데서도 특히 위력이 있다고 생각된 영혼은 신으로서 취급되었다. 7세기 말에는 율령국가의 정책에 의하여 역대 천황의 영혼이 국가수호의 신으로까지 모셔져 특정한 고분이 그 의지처로 추정되었다. 신으로 승격하여 승화하는 영혼의 발생과 그 사회적인 인지(認知)는 서로 대치하는 불특정 다수의 사람들이 재앙을 행하는 사악한 영혼관념인 원령(怨靈)의 발생을 재촉하였다. 단지 신과 원령의 구별은 고정화된 것이 아니고 일정한 작법(作法)을 언급하는 것에 의하여 원령은 비교적 용이하게 신으로 전환할 수가 있다고 생각되었다.

먼 곳으로 사라져 가는 죽은 자

영혼이 이탈한 유해를 물건으로 취급하였던 종래의 장례방법에 대하여 12세기가 되면 영장(靈場)이나 공동묘지가 성립하고 거기에 납골신앙이 개시되었다.

고대적인 사회구조로부터 중세적인 것의 전환이 완료하는 12세기는 사상이나 세계관의 면에서도 큰 변동기에 해당하였다. 불교의 본격적인 수용과 정토신앙의 침투에 힘입어 헤이안시대의 후반부터 차토(此土)는 동떨어진 먼 피안세계(彼岸世界)의 관념이 팽창하여 원정기(院政期)에 이르러서 이 세상과 단절한 사후에 왕생하여야 할 타계정토(他界浄土)의 관념으로서 정착되기에 이르렀다. 고대적인 일원적 세계관(一元的世界観)에 대하여 타계(他界) - 차토(此土)의 이중 구조를 가진 중세적 세계관의 형성이다. 많은 사람들은 사후, 극락에 대표되는 이상적인 정토에 왕생하는 것을 인생의 궁극적인 목표라고 생각하게 된 것이다.

이러한 세계관의 전환(転換)에 동반하여 오쿠노인(奥の院)에 모셔진 성덕태자(聖徳太子 쇼토쿠 타이시)·고호다이시(弘法大師) 등의 성인(聖人)은 피안(彼岸)의 부처의 수적(垂迹)으로서 사람을 정토로 인도하는 존재라고 규정하였다. 그들이 있는 공간(空間, 霊場)은 이 세상의 정토인 것과 동시에 아득한 피안의 정토 입구이고 거기에 발을 옮겨 기도를 드리는 것에 의하여 타계 정토의 왕생이 가능하게 된다고 역설하였다. 영장에 뼈를 수납하는 것에 의하여 죽은 자의 구제가 약속된다고 하는 관념도 이러한 견해의 연장선상에서 성립하는 것으로밖에 되지 않는다. 고호다이시가 입정(入定)하고 있다고 믿고 있던 고야산(高野山)의 오쿠노인에 납골이 행하여지는 이유도 여기에 있었다.

오륜탑(五輪塔)이나 판비(板碑) 교즈카(経塚) 등도 일종의 수적이라고 간주되어 그것들을 중심으로 하는 미니 영장이 각지에 탄생하였다. 거기에도 종종 결연을 위한 납골이 행하여졌다. 또 총공양탑(総供養塔)으로서의 오륜탑이 만들어진 성스러운 공간의 주변에 공동묘지가 발달하였다. 교토주변의 아다시노(化野)나 렌다이노(蓮台野)라고 하는 장지(葬地)도 12세기경에는 단순한 사체의 유기(遺棄)장이 아니고 많은 공양탑이 숲을 이루어 서 있는 것과 같은 피안으로 돌아가는 성지(聖地)라고 인식하였을 가능성은 높다.

뼈를 아주 소중하게 간직하고 영장이나 공동묘지까지 옮긴다고 하는 행동의 배경에는 적어도 거기에 도달할 때까지 뼈에 영혼이 머문다고 하는 관념이 공유되어 있을 필요가 있다. 여기서부터 우리들은 사후도 일정 기간 영혼은 그대로 육체의 일부에 계속해서 머물러 있다고 하는 새로운 관념의 정착을 읽을 수가 있다. 생사 어느 쪽의 상태라고 하더라도 혼이 용이하게 유해로부터 벗어난 고대와는 달리 중세에는 뼈와 혼과의 결합은 더 지속적이고 강고(强固)한 것으로 되어 있다.

단지 한차례 영혼이 먼 세계로의 왕생을 한 새벽에는 뼈는 영혼의 의지처가 아니고, 단지 잔해에 불과하였다. 언제까지나 뼈에 머무르는 영혼은 바람직한 것이라고는 생각되지 않았다. 영장에 수용된 유골이 계속적인 공양의 대상으로 되지 않은 배경에는 이러한 인식이 있었다고 추정한다. 묘지에서의 추선공양이나 연기법요(年忌法要)가 행하여지기도 하였지만 그 목적은 사후의 편안한 영민이 아니고 여전히 토지에 머물러 있을 가능성이 있는 영혼을 확실하게 정토에 보내는 것이었다.

묘지에 머무는 죽은 자

중세 후기부터 근세 초기에 걸쳐서 이 열도의 사상세계는 재차 거대한 변화를 체험한다. 중세 전기에 압도적인 리얼리티를 가지고 있던 타계정토의 관념이 축소하여 가는 것이다.

왕생의 대상으로서 먼 정토의 이미지 관념이 엷어져 현세야말로 유일한 실태(実態)라고 할 수 있는 견해가 퍼져 간다. 그 결과 죽은 자의 안온(安穩)은 먼 정토의 여정이 아니고 이 세계의 내부에 있는 묘지에 잠들어 후손의 정기적인 방문과 독경 소리를 듣는 것에 있다고 믿어지게 되었다. 그것은 역으로 말하면 자신도 또 사후에는 묘 안에서부터 그리운 사람들의 생활상을 계속해서 볼 수 있다고 하는 의식에 눈이 뜨인 것이라고 밖에 볼 수 없었다. 「초엽(草葉)의 그늘에서 잠든다」라고 하는 근대인이 공유하는 감각은 이러한 세계관의 전환을 거쳐 에도시대 이후에 서서히 형성된 관념이었다.

죽은 자는 그 유골과 함께 영원히 묘지에 계속해서 머물러 있다. 석탑(石塔)은 정화(浄化)를 마친 영혼의 상징이었다. 그것은 연고자에게 영혼의 소재를 나타내는 묘비(墓碑)이고 영혼의 의지처 그 자체로 간주되었다. 중세와는 역으로 죽은 자는 항상 묘지에 머물러 있어야 할 존재이고 제멋대로 묘를 벗어나는 것은 좋지 않고 불길한 것이라고 믿게 된 것이다. 우선 사후 얼마 되지 않아 영혼이 유해를 이탈하여 헤매는 것은 엄한 금기 대상이 되었다. 그것을 벗어나기 위하여 지금도 남아 있는 다양한 장치가 고안되었다. 그것은 얌전하게 묘지에 머무르는 대상으로서의 죽은 자는 계속되는 공양과 연고자의 방문을 약속받았다.

에도시대에 일반화하는 산자와 죽은 자가 이 세상을 공유한다고 하는 감각은 중세를 뛰어넘어 고대에 회귀한 것 같은 인상을 주었다. 그러나 죽은 자와 산자의 공간이 명확하게 분절화(分節化)되는 일 없이 인간계와 죽은 자·신이 거처하는 타계가 거의 겹쳐 있던 고대에 대하여 근세에서는 양자가 명확하게 분리되기에 이르렀다.

근세인은 평상시는 세속화된 생활을 보내고 위패를 통하여 고인을 상기하는 것은 있어도 이미 일상적으로 신불이나 죽은 자와 교류하고 그 소리를 듣는 것은 없었다. 근대에 걸쳐서는 산자의 세계와 죽은 자의 세계, 인간의 세계와 신불의 세계는 시간적으로도 공간적으로도 한층 더 엄밀하게 구분되어 더욱이 산자의 세계가 상대적으로 큰 비중을 차지하게 되어 가는 것이다.

3. 산 자와 죽은 자의 정신사

인류문화로부터 본 열도의 사생관

이 책에서 일본열도의 장례의식과 매장양식(埋葬樣式)의 변천을 개관(槪觀)함과 동시에 그 배후에 있는 죽음이나 영혼에 관한 관념을 고찰하였다.

여기에서 새로운 의문이 생긴다. 죽음은 누구나가 피할 수 없는 「죽어야 하는 존재」=인간이 짊어져야 할 보편적인 숙명이었다. 그렇다고 하면 우리들이 지금까지 보아온 것과 같은 일본열도의 죽음이나 영혼의 관념은 시야를 더 넓게 지구 전체로 넓혔을 때, 인류문화 전체 가운데 어떠한 특징을 가진 것으로 나타나는 것일까.

세계의 어딘가에서 오늘날에도 여전히 일본의 상식으로는 생각할 수 없는 장례 방법이 행하여진다. 반면 전혀 문화적 교섭이 없는

다른 나라의 장례의식이 현재 일본의 장례의식과 놀랄 정도의 유사성을 가지고 있는 사례도 종종 볼 수 있어 우리들의 지적 관심을 불러일으킨다[ボガトゥイリョーフ00].

그것은 「죽음」을 시작으로 한 여러 민족·여러 지역 간의 비교문화론적 연구의 가능성을 찾는 것밖에 되지 않는다. 말할 필요도 없는 것이지만 이러한 시점으로부터의 비교연구는 여러 분야의 학문에 지금까지도 반복해서 시도되어 왔다. 그 수는 방대할 것이다. 단지 일본열도에서 관찰되는 장례의례와 사생관에서 임의의 부분을 잘라내어 다른 지역의 그것과 함부로 비교하는 것만으로는(물론 그러한 비교연구 자체의 중요함을 否定하지 않지만), 결국 여기가 같고 여기가 다르다고 하는 지적이나 자의적인 대비에 시종(終始)하여 버릴 가능성이 크다.

우리들이 우선 하지 않으면 안 되는 것은 지금까지 논하여 온 일본열도의 사생관을 타 지역과 비교가 가능한 더 일반적인 포맷으로 변환하는 것이다. 그것은 일본에서만 통용되는 개념이나 술어를 사용하지 않는 형태의 서술로 번역하여 가는 작업밖에 없다.

본 서적의 끝 부분에 그것을 시도하는 것과 동시에 국외의 다른 지역과의 비교연구의 가능성에 관하여 약간의 시론(試論)을 제시해 보고 싶다.

죽은 자를 인식한 사람들

우리들은 누구나가 친한 사람의 죽음을 슬퍼하고 그 명복을 빈다. 그것은 오늘날 인류가 공유하는 가장 보편적인 감각의 하나라고 말할 수 있을 것이다. 그러나 당연한 것이지만 인간은 그 탄생으로부터 죽은 자를 애도한다고 하는 감정을 가지고 있었던 것은 아니었다.

그것은 인류의 진화과정의 어느 단계에서 발생하게 된 것이다. 사람들이 죽음이라고 하는 관념을 사회적으로 공유하게 된 것은 언제의 일이었던 것일까.

죽음의 관념이나 장례의식 방법을 어느 정도 체계적으로 엿보고 알 수 있는 것은 현 인류의 직접적인 조상인 신인류의 시대부터이다. 일본열도에서도 신석기 시대에 속하는 조몬인(繩文人)은 집락(集落) 내에 묘를 구축하고 있었다. 거기에서는 분명하게 「죽음(死)」이 인식되어 있다.

단지 인류가 죽음을 이해하였다고 하여도 거기서부터 아직 수많은 단계가 있었다. 죽음에 대한 최초의 반응은 그때까지 행동을 같이 하였던 동료(仲間)가 활동을 정지하여 버리는 것에 의한 상실감이었던 것이 틀림없다. 이어서 그 죽음이 언젠가는 자신에게도 찾아온다는 것, 나아가 주위의 누구나가 죽음이라고 하는 운명을 결코 피할 수 없다는 것을 자각하여 일반개념으로 「죽음」이 사회에 공유되는 것이다.

죽음의 개념을 수용한 사람들이 다음으로 안고 있는 의문은 죽은 자는 도대체 어디로 가버린 것인가라고 하는 물음이었다. 어느 단계까지 같은 공동체를 형성하는 자들에게 있어서 죽은 자는 활동을 멈춘 동료에 불과하였다. 죽은 자의 신체와는 별개로 사후에도 계속되는 인격이 상정(想定)되는 것은 없었다. 젊은이가 입문의례를 거쳐 공동체의 틀 속으로 들어가는 것같이 죽은 자도 또 성인의 공동체를 이탈하는 의식인 장례의식을 마치고 집락의 중심 광장 등 이전에 생활하고 있던 공간 내에 매장되었다. 산 자와 죽은 자는 완전히 같은 생활공간을 공유하고 있었다.

반복된 죽은 자를 보내는 의례는 사람들 사이에서 더욱 풍부한 사후 세계의 이미지를 길러갔다. 산 자가 집단을 형성하여 사회생활을 영위하는 것과 같이 죽은 자도 그들 나름대로의 공동체를 가지고 있음에 틀림없다. 죽은 자의 나라에도 왕이 있어야 질서를 유지할 수 있기 때문이다. 왕의 지배를 도운 인간도 필요할 것이다. 그 국토는 어떠한 경관(景觀)을 가지고 있었을 것일까. 이러한 물음에 대답하는 형식으로 점차로 명계(冥界)의 이미지가 팽창하여 가는 것이다.

죽은 자 세계의 자립

사후세계 의미의 확장은 지리적·공간적으로 자립한 죽은 자의 세계의 탄생을 재촉하였다. 그때까지 무질서하게 묻힌 유해·공동체의 생활공간 내부에 만들어져 있던 묘지가 산자의 생활권과는 일정한 거리를 유지하는 장소에 어떤 질서를 유지하면서 형성하게 된 것이다. 죽은 자는 산 자의 생활권과 별개의 공간에서 자율적인 생활을 영위하고 있다고 인식되었다. 묘지에서는 거기에서 생활하는 죽은 자들의 안온을 바란 정기적인 제사가 행하여지게 되었다.

죽은 자의 세계의 자립은 인류의 정신사에 또 다른 중요한 하나의 발견을 가져오게 하였다. 육체와는 별도로 사후도 계속되는 인격「영혼」의 발견이다. 육체가 썩어 없어져도 변함없는 존재인 영혼의 발견은 눈에 보이지 않는 것들이 구성하는 다른 하나의 세계가 실재하는 것을 사람들에게 의식시키게 되었다. 그것은 동시에 이 세상을 상대화하는 시점의 형성으로 연결되는 것이었다.

죽은 자의 인격이 영혼으로서 계속되는 것은 한편으로는 죽은 자가 유해라고 하는 가시적이고 구체적인 것으로부터 해방되어 가는 것을 의미하였다. 드디어 죽은 자의 나라는 그 유해가 있는 장소=묘지에 한정될 필요가 없었다. 산중에서도 땅 끝의 섬에서도 나아가 하늘 위에도 지하에도 자유롭게 죽은 자의 나라를 상상하는 것이 가능하게 되었다는 것이다. 일상의 공간을 넘어서 또 다른 세계의 탐구가 여기에서 시작된다. 초월적 존재=신이 발견된 신화가 형성되어 타계관이 성숙하는 것이다.

일본열도에서는 죽은 자의 세계의 자립-영혼의 발견-타계관의 형성이라고 하는 과정은 조몬시대부터 고분시대에 걸쳐서 서서히 진행된 것으로 추측된다. 조몬시대 중기에 광범위하게 보이는 묘지의 집락 밖으로의 이동, 거대분묘 조영의 이동이라고 하는 현상은 상기(上記)와 같은 흐름 가운데서 파악할 수가 있다고 생각할 수 있다. 고분시대에는 자연신에 유래하는 신(カミ, タマ)과 수장령(首長霊, タマ)이 습합하는 것에 의하여 격신(格神)의 관념이 성립하여 율령국가는 그것을 국가의 수호신으로서 천황령(天皇霊)의 관념으로 상승시켜 갔다. 8세기부터 자료에 나타나는 원령(怨霊)의 관념도 영혼관

념의 팽창에 대응한 현상이라고 해석하는 것이 가능할 것이다.

단지 이 단계에서 상정되는 죽은 자의 공간은 이 현실세계 외부에 상정(想定)되는 것은 아니었던 것은 유의할 필요가 있다. 그것은 어디까지나 차안세계(此岸世界) 내부에서의 산자의 세계와 죽은 자의 세계의 분절화(分節化)에 불과한 현상이고, 실제로는 그 경계조차 아주 애매하였다. 산 자와 죽은 자는 일정한 거리를 유지하면서도 변함없이 이 세계를 계속하여 공유하는 존재였던 것이다.

피안세계의 확장

인간이 신·죽은 자라고 하는 초월적 존재와 같은 공간을 공유한다고 하는 세계관은 점차로 변용되게 된다. 초월적 존재에 대한 사변(思弁)의 심화와 체계화 = 신학(神学)의 형성이 그것들 중의 어느 것을 절대적 존재인 구제자까지 승격시켜 인간의 세계로부터 신의 세계인 타계의 자립과 팽창을 가지고 오게 한 것이다.

이전에 같은 공간을 공유하고 있던 인간과 신 사이에 명확한 일직선이 그어져 그 주거는 피안(彼岸)과 차안(此岸)으로 나누어졌다. 그 이전에는 애매하였던 신과 죽은 자도 구제자(救済者) － 피구제자(被救済者)라고 하는 별도 차원의 존재로서 엄격히 구별되었다. 피안세계는 드디어 보통 인간이 손쉽게 바로 옮길 수 있는 장소에는 존재하지 않았다. 신학의 분야에서는 구제주가 있는 피안세계의 이미지가 어디까지나 팽창하여 그 모습이 상세하게 사실적으로 묘사되었다. 현세와 이상적인 정토가 긴장감을 가지고 대치하는 세계관이 구축되었다. 신이 사는 피안세계야말로 진실의 세계로 인식되어 이 세상이야말로 거기에 도달하기 위한 일시적인 세상이었다고 하는 인식이 사람들 사이에서 일반화 하였다. 피부의 색이나 언어의 차이를 초월하여 이 세상의 사람들을 포용하고 있는 보편적 세계가 현실세계의 배후에 실재한다고 널리 믿고 있었다.

이러한 세계관이 유포한 지역에서는 종교적 권위는 피안에 있는 특정의 초월자·절대자에 일원화되어 그 절대자 앞에 세속의 지배자인 왕이 가지는 신비적인 권위는 점차로 상대화 되어 가는 경향에 있었다. 왕이 신으로서의 즉자적(即自的)인 성성(聖性)을 잃어버리는 한편 피안의 초월자의 권위를 분별하여 주는 것에 의하여 왕답다고 하는 역사적 단계가 도래한다. 죽은 왕을 장사지내는 장대한 분묘는 그 의미를 잃어버리고 대신하여 피안의 신의 권위를 과시하는 종교건축이 사치스럽게 건립된다.

이리하여 피안과 차안이 혼재하고 있던 앞 시대의 세계관에 대하여 그 양자(兩者)의 세계를 이념적·공간적으로 명확하게 분리하는 새로운 세계관이 형성되었다. 이 세계관을 배경으로 하여 교리와 의례의 일반화와 추상화에 성공한 몇 개의 학문체계나 종교는 보편종교로서 민족을 초월하여 전파하여 가는 것이 된다.

신이 사는 진실의 세계와 현실세계 양자 간의 거리는 각각의 종교마다 다르게 되어 있지만 수직적인 상하관계에서 이미지 되는 경우가 많았다. 사람은 사후 신의 세계에 도달하는 것이 이상시 되어 그 수단이 다양하게 고안되었다. 피안은 인간이 용이하게 인지할 수 없는 요원(遙遠)의 세계이기 때문에 거기에 있는 초월자는 종종 인간을 구원하기 위해 성인(聖人)으로서 혹은 성유물(聖遺物) 등의 형태를 가지고 이 세계에 가시적인 모습을 나타낸다고 믿고 있다. 사람은 그것을 인연으로 하여 최종적으로는 피안세계를 지향하여야 한다고 논하고 있다. 지금은 이 세계에 남아 있는 죽은 자는 어떠한 이유로 구제받을 수 없는 불행한 자들뿐이었다.

일본에서의 피안표상(彼岸表象)의 확대는 불교의 전래와 10세기경부터 시작되는 정토신앙의 융성(隆盛)에 의하는 것으로 파악할 수 있다. 11세기에 들어오면 그것이 각지로 넓혀져 12세기에는 피안의 왕생을 원하는 신앙이 열도에 퍼지게 된다. 거기에서 왕생하여야 할 정토는 이 세상과는 다른 차원의 존재로서 상정되어 시종일관 좋게 왕생을 이룬 것은 이제는 더 이상 이 세상에 돌아오지 않는다고 생각하였다. 피안의 부처는 종종 수적(垂迹)으로서 이 세상에 화현(化現)하여 불쌍한 사람들을 정토에 인도하는 길안내자로서의 역할을 수행하였다. 수적의 소재지는 피안세계로 돌아가는 길이라고 믿고 다음생의 안락을 기원하는 참배자나 납골의 사람들을 모으게 된 것이다.

근대화 가운데의 명계(冥界)

이 세상과 저 세상을 엄격하게 구별하여 절대적 존재가 있는 피안으로의 도달을 이상으로 하는 중세적 세계관도 드디어 전환기를 맞이한다. 지금까지와는 전혀 거꾸로 사람들의 세계관에 피안이 가지는 의미가 상대적으로 저하되어 그것에 비례하여 현세의 생활이

클로즈업되어 가는 것이다.

이 변동은 사회의 세속화(근대화)라고 표현되는 현상과 밀접한 관계를 가지고 있다. 인간이 실제로는 체험할 수 없는 초월적 세계·피안세계를 추상적인 사변(思弁)만에 의하여 재구성하려고 하는 중세 신학은 자연계에 대한 사람들의 지견(知見)이 넓어져 그 조직을 실증적으로 해석하려고 하는 정신이 발흥(勃興)하는 것에 의하여 서서히 존재하는 발판을 좁혀갔다. 의학이나 농학·역학(曆学) 등을 중심으로 자연계나 인체의 메커니즘이 해명되어 신의 영역이라고 생각되었던 다양한 현상이 과학적·이론적으로 설명되었다. 사람은 점차로 많은 분야에서 신에게 비는 것보다 세속적인 기술을 사용하여 직면하는 과제를 개선하는 길을 선택하게 된 것이다. 농업기술을 예로 들면 그것은 신불(神仏)의 기원에 많은 것을 의존하는 「다 아소비의 시대(田遊びの時代)」로부터 농업생산 기술이 어느 정도 자립하는 「농서(農書)의 시대」로의 변환이라고 하는 형태를 취했다 [黒田85].

사회의 세속화와 신불의 지위 저하는 이 세상의 확대와 저 세상의 축소로서 현출(現出)하는 것으로 되었다. 일본열도에서도 10세기부터 12세기에 걸쳐서 사람들의 세계관에 차안(此岸, 이 세상)으로부터 피안(彼岸, 저세상)의 분리와 그 비대화(肥大化)가 진행하였지만, 14세기 후반부터 그것과 전혀 다른 정반대의 현상이 널리 보이게 된다. 피안세계가 축소하여 사람들이 먼 정토에 대하여 안고 있었던 리얼리티가 점차로 잊혀져가는 것이다. 사람은 드디어 후생에 먼 타계에 왕생하는 것을 이상으로 생각하지 않았다. 우선은 우키요

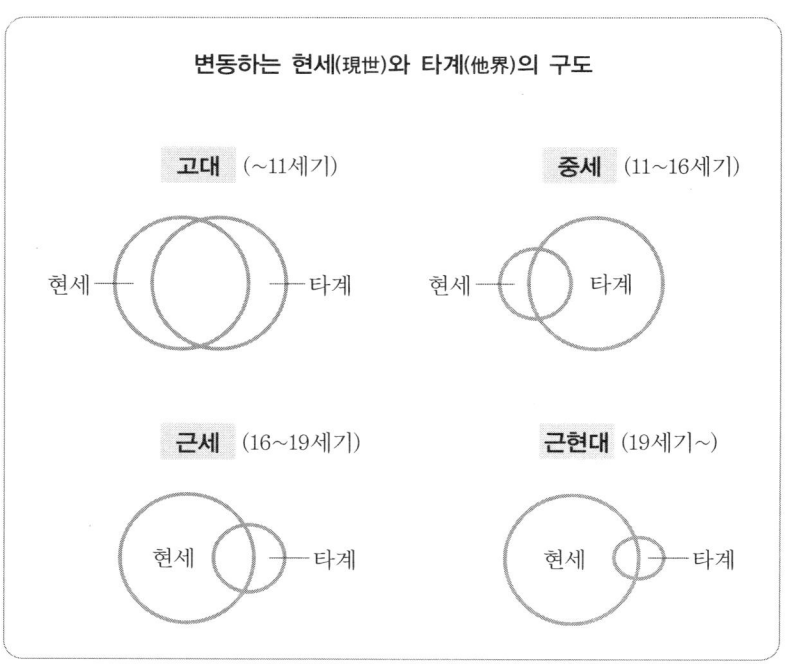

변동하는 현세와 타계(他界)의 구도

(浮世)의 생활을 마음껏 즐기고 사후도 이 세상의 일각에서 편안하게 잠들어 자손과 친하게 교섭을 계속하는 것이 이상적이라고 생각하게 된 것이다. 이러한 정신세계의 지각변동은 이에(イエ)의 광범위한 성립과 단나데라(檀那寺)의 보급으로 에도시대에 정착되었다.

근대 이후는 신이나 죽은 자가 사는 세계는 더욱 축소되고 한정되었다. 지금의 대부분의 사람들은 일상생활에 초월자와의 관계를 의식하는 것은 없다. 무신론을 공공연하게 표방하는 사람들도 적지 않게 되어, 타계는 묘장(墓場)이나 괴이(怪異) 스포트라고 하는 이 세상의 극히 한정된 장소나 어둠의 한편으로 밀어 넣어 버리는 것이다.

4. 죽음의 비교 문화론적 연구론

아리에스가 표현한 죽음의 문화사

내가 일본열도를 소재로 하여 지금까지 그려온 우주론의 전환과 사생관의 변모는 시야를 열도 밖까지 넓혔을 때, 어떠한 특징이 떠오르는 것일까. 여기에서는 그 문제를 추급(追及)하는 준비도 지면도 충분하지 않기 때문에 하나만 구체적인 선행연구를 모델로 들어 비교연구의 유효성의 옳고 그름에 관해서 검정해 보고자 한다.

여기에서 참조하고 싶은 것은 이 주제에 관하여 세계로 눈을 돌렸을 때에 가장 먼저 언급되는 저명한 업적, 라틴 유럽을 무대로 기원 전후부터 현대까지 2000년의 죽음의 표상을 개관한 프랑스의 역사학자 필립 아리에스(1914-1984)의 연구다. 우선은 일본어로 번역되어 있는 2권의 주요 저서『죽음을 앞 둔 인간(死を前にした人間)』『죽음의 문화사(死の文化史)』을 들어 후자(後者)를 중심으로 그 견해의 한 단면을 소개하는 것으로 시작하려고 한다. 『죽음의 문화사』에 아리에스의 서술은 기독교 시대가 막을 여는 고대 로마 세계부터 개시된다. 로마나 폼페이라고 하는 고대도시에서는 죽은 자의 묘지는 교외에 만들어지는 것이 일반적이었다. 그 공적을 기리는 기념비로서의 의미도 포함한 유력자의 묘지는 도시의 성문에 이르는 가도(街道)에 따라 그것은 인연을 취하도록 두 가지 선으로서 연장되어 있다. 한편 지위도 재산도 없는 이름 없는 인간의 경우는 의식도 없는 상태로 교외의 버려지는 장소에 매장된다.

2·3세기가 되면 묘지에 새로운 움직임이 생긴다. 선상(線狀)으로

늘어지는 기념비의 배후에서 새로운 묘지가 증식하여 수평으로 넓혀진 일정한 공간을 차지하게 된다. 최초는 무질서하게 줄지어 있던 묘가 점차로 질서정연하게 정렬되게 되어 드디어는 바둑판상(碁盤狀)의 토지 구분에 의해 질서 있고 가지런하게 구조화된 죽은 자들의 도시가 만들어진 것이다.

중세 시대를 맞이할 즈음, 유럽 세계의 묘지는 재차 큰 변동을 맞이하게 되었다. 고대에는 주도면밀하게 도시 내부로부터 배제되어 있던 묘지가 도시 중심부로 진입하여 가는 것이다. 죽은 자의 망해(亡骸)가 안치된 장소는 교회였다. 유해는 관(棺)에 넣지 않은 채로 다른 많은 사체와 함께 공동묘혈(共同墓穴)에 매장된다. 교회의 광장이나 지하에는 사체가 몇 층에 걸쳐서 무작위로 쌓아 올려졌다. 당시의 사람들에게 중요했던 것은 개인용의 정해진 장소에 영원히 머무는 것이 아니라 자신의 신체를 교회와 거기에 안치된 성인(聖人)에게 맡겨지는 것이었다. 이렇게 하여 중세 유럽 도시에서는 「산 자와 죽은 자의 혼재(生者との混在)」라고 하는 상황이 전개되는 것이다.

기억에 남는 죽은 자·잊혀가는 죽은 자

시정(市井)의 복잡한 가운데서 형성된 것에 더해서 아리에스가 지적하는 중세 묘지의 또 다른 하나의 특색은 장사 지낸 죽은 자의 익명성에 있었다.

고대문명을 특징짓는 것에 묘비명이 있다. 기원 전후의 수세기에 걸쳐서 방대한 수의 묘비가 건립되었다. 그것들은 모두 공통적으로 죽은 자의 이름, 죽은 시기, 연령 등을 기록하는 것에 의해 죽은 자가 어떤 자인가를 명시(明示)하는 역할을 하였다. 때로는 그기에 초상이 추가되었다. 이러한 다양한 궁리를 통해서 사람들은 죽은 자의 특징을 영원히 기록으로 남기려고 하였다.

5세기를 분수령으로 하여 사후 개인의 정체성에 대한 배려는 일변하여 약해져 간다. 비문이나 초상을 점차로 만들지 않게 되었다. 유해가 공동의 구덩이에 던져진 중세의 묘지에는 고대와는 전혀 다른 개인의 기억을 남기려는 시도는 한 번도 행해지지 않았다.

고대 로마에 개인별 묘지가 지배하고 있는 상태에서 중세 전기의 익명성의 지배 상태를 거쳐 11세기경에는 상급 성직자(聖職者)나 대영주를 중심으로 초상이 부활한다. 그것들 중 어떤 것은 성인의 후예를 눈앞에 두고 가까이서 접하기를 원하는 신도의 요망에 대답하는 듯 「죽지도 살아있지도 않은 지극히 행복한 상태로」[77] 있는 것으로 그려지게 되었다.

16세기가 되면 묘비명은 널리 사회에 보급되었다. 그때까지 묘를 가질 수 없었던 계층의 사람들이 묘지나 교회에서 익명 매장에 만족하지 못하고 이런 형식의 묘를 채용하게 되었다. 장례 방법의 변화에 따라서 묘지는 재차 교외(郊外)로 이전하게 되었다. 유해를 겹쳐쌓는 것과 같은 방법은 기피되어 유해와 묘가 일치하는 것이 타당하다고 생각하였다.

---

77) 死んでもいなければ生きてもいない、至福の状態にある

이렇게 하여 19세기경부터 「결정적으로 개인적인」묘가 일반화되었다. 도시교외의 풍부한 녹색 가운데서 각각의 인물의 생전 기록을 영위한 개인 묘가 점재하는 근대적인 묘지가 탄생했다. 「살아 있는 사람들은 죽음에 의해서 떨어져 나온 사람들의 묘지를 정기적으로 방문한다고 하는 이전에는 없었던 습관을 몸에 익히고」 있었다.

비교(比較)에 빠지는 함정(陷穽)

지금 소개한 아리에스 연구는 착안점과 자료의 배려에도 스케일 면에서도 연구사에서 돋보이는 위대한 업적인 것은 누구나 인정하는 것이다. 일본의 장례의식이나 사생관을 취급하는 연구에도 아리에스의 업적은 종종 참조되어 언급되고 있다. 단지 사견(私見)으로서는 아리에스의 연구를 통한 일본과 유럽의 장송(葬送)의 비교는 조금 잘못하면 엉뚱한 방향으로 향하게 될 것 같은 생각이 든다.

예를 들면 아리에스는 묘지 입지의 변천에 관해서 교외→도시→교외라고 하는 도식을 제시하여 교외형(郊外型) 묘지에서부터 시가지의 교회(敎會)로의 이행을, 매장형식에 고대로부터 중세로의 변동으로 위치 지우고 있다. 이에 대해 일본에서는 교외(郊外)의 묘지가 도시 안의 경내묘지(境內墓地)로 이행하는 것은 중세후기에 보이는 현상이고, 그것은 중세적인 묘제(墓制)로부터 근세적인 것으로의 변동으로 간주하여야 하는 것이다. 그 때문에 「교외로부터 시내에」라고 하는 일본·유럽 두 지역의 동향의 유사성에 착목하면서 시기적

교회의 제단(오스트리아)

종이돈을 태워 죽은 자를 공양하는 사람들(중국 상해)

인 틈이 생긴 각각의 역사적 배경을 논하는 것이 지금까지 실제로 시도되어 왔다.

그러나 과연 이것은 적절한 대비인 것일까. 공통성에 착목하는 것이라면 매장 장소는 역으로 보여도 나는 오히려 일본중세의 납골신앙과 유럽 중세 교회의 매장의 유사점에 착목해야 한다고 본다.

헤이안시대 후기부터 일본열도에서는 피안표상(彼岸表象)이 확대하여 다른 차원의 이상세계를 희구(希求)하는 기운이 고조되었다. 거기에 이르는 스텝으로서 피안 부처의 수적(垂迹) 소재지인 영장(靈場)에 참배·납골하여 사후의 구제를 원하였던 것이다. 유럽의 경우 피안세계(彼岸世界)의 비대화에 대응하는 장법(葬法)은 교외형 묘지가 아니고 성인(聖人)이 있는 교회로의 매장이었다. 성인이나 십자가, 제단(祭壇)은 먼 천국에 다다르는 길이라고 인식하였다. 거기에 육체를 맡기는 것에 의해서 영혼은 천국에 다다를 수가 있다고 생각했다. 시종일관 좋게 영혼이 승천한 후의 육체는 결국 사물에 불과하였다. 사후의 부활을 믿으면서도 실제로는 사체에 대한 무관심이 사회에 널리 퍼진 원인은 당시 공유되어 있던 피안의 강한 동경과 현세를 경시하는 세계관에서 유래하는 것으로 추정된다. 일본중세에 한 차례 영장에 수용된 유해나 유골에 대한 유족의 무관심=죽은 자의 익명성을 낳는 상황과 매우 닮은 정신적 광경을 거기에서 발견할 수가 있다.

이 이외에도 죽음을 둘러싼 비교 연구에서는 장송의례(葬送儀礼)나 습관 등에 관해서 종종 지역과 시간을 초월한 대비(対比)가 시도되고 있다. 그러나 아베 킨야(阿部謹) 등 소수의 연구를 제외하고 그

대부분은 단순한 유사점(類似点)·상위점(相違点)의 지적에 머물고 그것들이 축적되고 심화되어 정신사나 문화사의 틀 그 자체가 변경을 서두르게 된 예는 최근에는 거의 볼 수가 없다.

그 원인의 하나에 의례·제도·습관의 근저에 있는 죽음을 둘러싼 관념과 그것을 규정하는 시대의 우주론을 충분하게 대상화하지 못한 것이 그 원인인 것처럼 생각된다. 유럽과 일본의 장송의례의 유사점으로서 죽은 자의 시가지의 매장이라고 하는 표층적(表層的)인 현상(現象)에 착목하여 버리는 것은 양자(両者)의 배경을 이루는 세계관까지 관심이 집중되지 못한 것에 있다. 눈에 보이는 의례와 그것을 지탱하는 눈에 보이지 않는 정신문화가 일체로서 파악되어 처음으로 죽음의 관념을 그 전체성(全体性)에 두고 이해할 수가 있다. 그 단계를 거쳐 우리들은 처음으로 시공(時空)을 초월한 죽음을 둘러싼 본격적인 비교 문화론적 연구로 발을 옮길 수 있는 것이 아닌가 한다.

묘지는 어떻게 되는 것일까

지금까지 보편적으로 민족 고유의 감각으로 간주되기 쉬운 유골 중시가 실은 이 열도에서 전개된 긴 역사 가운데 점차로 형성된 것임을 논하였다. 그것이 역사적으로 형성되었다고 한다면 그것은 당연히 금후 변용(変容)해 갈 가능성을 가지고 있다. 실제로 그 변용의 징조는 보이기 시작하고 있다. 최근에 주목되고 있는 자연장이나 수목장은 그 대표적인 것이라고 할 수 있다.

자연장은 유골을 잘게 부순 후에 바다나 산들에 뿌리는 장례법이다. 묘를 만들지 않고 유골을 자연에 돌려보내는 형식을 취하기 때문에「자연장(自然葬)」이라고 불리고 있다. 한편 수목장은 묘지로서 인정된 마을 산에 유골을 매장하는 것으로, 표식으로서 잡목을 심는 것만으로 영속적인 묘표(墓標)는 일체 세우지 않는다. 고도성장 중에 문제시 된 대규모적인 묘원개발(墓苑開発)에 의한 자연파괴나 전통적인 가정 해체는 전통적인 장례법과 묘지경영에 근본적인 재고를 요구하게 되었다. 자연장이나 수목장은 그러한 반성으로부터 생겨난 것이다. 대자연 가운데의 산골(散骨)은 이미『만요슈(万葉集)』에도 보이는 형식으로 최근의 방법은 일종의 조상 때로 되돌아간다고 하는 의미를 가지고 있는 것같이도 보인다.

죽은 자는 어디로 향하는 것일까(立石寺)

현대는 재차 묘지와 고인과의 관계가 희박하게 되어가고 있는 것 같이 보인다. 젊은 세대 사람들은 이전만큼 묘지 참배의 습관이 중시되지 않게 되었다. 진행하고 있는 핵가족화·소자화(小子化)가 오래된 묘지의 황폐를 초래하는 것이 염려되고 있다. 묘지는 죽은 자와 생자(生者)를 연결시키는 중심적 위치로부터 소외되기 시작했다. 그것을 대신하여 사진이 고인을 그리워하는 실마리로서 가까운 생활의 장에 놓이게 되었다[鈴木 04].

많은 사람들에게 이제는 죽은 자의 영혼은 유골이나 묘표에 의지하여 묘지에 머문다는 관념은 없는 것 같이 보인다. 죽은 자를 그리워하며 맞이하는 무대장치로서 오본(盆)에 보이는 호들갑스러운 의례도 불필요하게 생각되고 있다. 고인의 유골의 작은 조각을 펜던트에 넣거나 그 뼈를 고열처리해서 만든 세라믹 소재의 장식품을 가까이 두는 「수원공양(手元供養, 데모토 구요. 고인의 상징물을 가까이 두고 기억하는 공양방법)」[78]이 유행하기 시작하고 있다[井上 06]. 그것은 영혼의 의지처라고 하기보다는 죽은 자를 기억에 남겨두기 위한 실마리와 같은 것이다.

나카무라 이쿠오(中村生雄)는 이러한 공양에서는 유골이나 유회(遺灰)의 영적인 의미를 소거(消去)하고 「산 자가 죽은 자를 기억하고 상상하는 메모리즘(Memoriam)이라고 하는 목적을 위해 응용된 새로운 아이템」이라고 논한다[中村 06]. 이노우에 치요(井上治代)가 말하

---

78) 가장 좋아한 사람이나 상냥한 부모님을 항상 곁에 두고 싶다는 소망으로부터 자신의 신변 주위에서 공양이 가능한 부처를 만들어 그 속에 고인의 가공된 유해를 넣어 공양하는 공양불(供養仏)을 말한다.

는 종래의 「집안의 선조제사(家的先祖祭祀)」에서 묘지나 승려를 통하지 않는 「근친 추억적 제사(近親追憶的祭祀)」로의 전환이다[井上 03].

지금은 죽은 자가 남긴 조촐한 유품을 접한 산 자의 마음속에 고인의 흔적이 남아 있다. 죽은 자는 산 자의 기억 속에만 존재하는 것이다. 중세에서 근세로의 전환기에 거주지를 먼 피안세계(彼岸世界)로부터 현세의 일부분을 차지하는 묘지로 거주를 옮긴 영혼은 지금 이 현실세계 내부에서의 안정된 장소를 잃어버리고 있다는 생각이 들어 견딜 수가 없다.

기억(記憶)에 남는 죽은 자

오늘날 묘지의 주류를 차지하는 집안 묘는 근대라고 하는 한정된 시대의 우주론과 사회제도를 배경으로 하는 묘지제도(墓制)여서 일본열도에서 보편적으로 영위된 묘지의 타입은 아니었다. 넓게 세계로 눈을 돌려봐도 극히 특수한 형태였다. 인도에서 일반적으로 행해지는 유해를 강에 흘려보내고 묘지를 만들지 않는 방법도 흔하지는 않다. 그러나 묘지를 만들지 않는 것은 죽은 자를 경시하는 의미가 있는 것인가라고 생각하면 결코 그렇지는 않다. 장례의식 방법은 시대와 지역에 따라서 천차만별이고, 항상 변화하여 가는 것이어서 이것이 아니면 안 되고 하는 것은 없다. 시대가 흘러 무대가 바뀌어도 변하지 않는 것은 단지 하나, 연고자의 죽음을 슬퍼하며 고인을 그리워하는 마음이다.

도호쿠(東北)에서는 아직 맞이하는 불 즉 보내는 불의 습관이 남아 있는 지역이 많다. 해가 지고 시원한 바람이 불기 시작할 때쯤, 저녁놀과 함께 대문마다 지피는 작은 불이 계속되는 광경은 내가 일본의 풍경에서 가장 아름답게 생각하는 것 중의 하나이다.

다른 많은 민족 의례도 동일하게, 맞이하는 불을 시작으로 하는 오본(盆)의 다양한 습관도 그렇게 멀지 않는 시기에 완전히 잃어버리게 될 것이다. 각지에서 정령을 떠나보내는 세이레이 나가시(精霊流し) 의식의 부활도 볼 수 있지만, 그 실태는 종교성이 엷어 단지 관광 사업에 불과하다. 오늘날 보급하고 있는 묘지나 장례의례도 시시각각 변모하고 있다. 금후 사람들의 사생관이나 영혼관이 어떠한 방향으로 변하여 갈 것인가라고 하는 그 방향성을 예측하기란 매우 어렵다. 그러나 죽은 자는 금후 점점 생생한 유해나 뼈로부터 동떨어져 추상화된 기억의 공간 속에서 살게 될 것은 틀림없다.

이 조그마한 횃불의 불빛이 꺼졌을 때 죽은 사람을 생각하는 마음은 어떠한 형태를 가지고 미래 사람들의 마음속에 이어져 가는 것일까.

인용·참고문헌 일람

【ア行】

青山吉信『聖遺物の世界』山川出版社, 1999年
赤田光男「葬送儀礼と他界」『講座 日本の民俗宗教』3, 弘文堂, 1979年
秋山聡「彼岸への回路としての祭壇衝立」『死生学研究』2006年秋号
網野善彦·石井進編『中世の都市と墳墓』日本エディタースクール出版部, 1988年
アリエス, フィリップ『死を前にした人間』成瀬駒男訳, みすず書房, 1990年
同　　『図説 死の文化史』福井憲彦訳, 日本エディタースクール出版部, 1990年
家永三郎『日本思想史に於ける否定の論理の発達』弘文堂, 1940年
池上良正『の救済史』角川選書, 2003年
石井 進「都市鎌倉における「地獄」の風景」『御家人制の研究』吉川弘文館, 1981年
同　　「中世墓研究の課題」『中世社会と墳墓』名著出版, 1993年
石田一良「日本古代国家の形成と空間意識の展開」『東北大学日本文化研究所研
　　　　究報告』2, 1974年
同　　『カミと日本文化』ぺりかん社, 1983年
石田茂作「中尊寺の文化」『中尊寺』朝日新聞社, 1950年
伊藤清司『の棲む楽園』角川選書, 1998年
伊藤久嗣「中世墓の理解をめぐる一視点」『中世社会と墳墓』名著出版, 1993年
伊藤 信「霊場·青葉山」『仙台市史』特別編五「板碑」, 1998年
伊藤唯真　「『師守記』にみる中世葬祭仏教」『葬送墓制研究集成』五, 名著出版,
　　　　1979年(初出1977年)
井上治代『墓と家族の変容』岩波書店, 2003年
井上治代「変貌する生者との接点」『思想の身体 死』春秋社, 2006年
井之口章次『日本の葬式』ちくま学芸文庫, 2002年
今尾文昭「考古学からみた律令期陵墓の実像」『日本史研究』521, 2006年

入間田宣夫「中世の松島寺」『宮城の研究』3，清文堂，1983年
同　　「中尊寺金色堂の視線」『中世の地域社会と交流』吉川弘文館，1994年
岩城隆利『元興寺の歴史』吉川弘文館，1999年
岩崎敏夫監修『会津八葉寺木製五輪塔の研究』万葉堂，1973年
岩田重則『「お墓」の誕生』岩波新書，2006年
岩松宏典「平田篤胤の他界観」『日本思想史研究』35，2003年
上島　享「〈王〉の死と葬送」『中世寺院 暴力と景観』高志書院，2007年
막스웨브(ウェーバー，マックス)『アジア宗教の基本的性格』山田昭 외 訳，勁草書房，1970年
上田正昭「人神の思想」『古代学とその周辺』人文書院，1991年
牛山佳幸『〈小さき社〉の列島史』平凡社選書，2000年
梅沢伊勢三『記紀批判』創文社，1962年
밀쳐 에리데(エリアーデ，ミルチャ)『聖と俗』風間敏夫訳，法政大学出版局，1969年
遠藤　潤「平田篤胤の他界論再考」『宗教研究』1995年
遠藤　潤「日本社会における神と先祖」『死生学研究』2003年春号
大石直正「中尊寺領骨寺村の成立」『東北学院大学東北文化研究所紀要』15，1984
大石直正「板碑の史料学のために」『古文書研究』50，1999年
大石直正「板碑にみる中世奥羽の世界」『中世奥羽と板碑の世界』高志書院，2001年
大石雅章「顕密体制内における禅・律・念仏の位置」『日本中世社会と寺院』清文堂，2004年
大石雅章「葬礼にみる仏教儀礼化の発生と展開」『日本中世社会と寺院』清文堂，2004年
大岡頼光「스웨덴(スウェーデン)の海難事故における慰霊と追悼」『現代宗教』2006年号，東京堂出版
大形　徹『魂のありか 中国古代の霊魂観』角川選書，2000年
大久保徹也「カミ観念と前方後円墳祭祀」『日本古代王権の成立』青木書店，2002年
大林太良『葬制の起源』角川書店，1977年
大林太良「神話論」『岩波講座 日本歴史』1，1993年
大町篤三「両墓制について」『宗教研究』127，1951年
岡田精司『古代祭祀の史的研究』塙書房，1992年
奥　健夫「生身仏像論」『講座日本美術史』4，東京大学出版会，2005年

小野一之「聖徳太子墓の展開と叡福寺の成立」『日本史研究』342, 1991年
놀벨트 올라(オーラー, ノルベルト)『中世の死』一条麻美子訳, 法政大学出版局, 2005年
折口信夫「大嘗祭の本義」『折口信夫全集』3, 中央公論社, 1995年a(初出1928年)
折口信夫「霊魂の話」同上b(初出1929年)
折口信夫「「ほ」・「うら」から「ほがひ」へ」同四, 1995年c
折口信夫「原始信仰」同19, 1996年a(初出1931年)
折口信夫「上代葬儀の精神」同上b(初出1934年)
折口信夫「民族史観における他界観念」同20, 1996年c(初出1952年)

【カ行】

笠松宏至『日本中世法史論』東京大学出版会, 1979年
加地伸行『沈黙の宗教－儒教』ちくまライブラリー, 1994年
勝田 至「中世の屋敷墓」『史林』71-13, 1988年
勝田 至『たちの中世』吉川弘文館, 2003年
勝田 至『日本中世の墓と葬送』吉川弘文館, 2006年
金関 恕「呪術と祭」『岩波講座 日本考古学』4, 岩波書店, 1986年
苅米一志「宗教と寺社にみる中世の地域社会」『歴史学研究』820, 2006年
川崎利夫「中世の墓地と板碑」『山形史学研究』25, 1992年
川崎利夫「中世墓地とその周辺」『山形史学研究』27・28・29合併号, 1996年
カントーロヴィチ, エルンスト 『王の二つの身体』 小林公訳, ちくま学芸文庫, 2003年
菅野成寛「都市平泉の宗教構造」『奥州藤原氏と柳之御所跡』吉川弘文館, 1992年
北 康宏「律令国家陵墓制度の基礎的研究」『史林』79－4, 1996年
北 康宏「律令陵墓祭祀の研究」『史学雑誌』108-1, 1999年
菊池大樹「中世「文献」史料にみるココロのあり方」『モノとココロの資料学』高志書院, 2005年
熊谷公男「古代王権とタマ(霊)」『日本史研究』308, 1998年
熊谷公男「持統の即位儀と「治天下大王」の即位儀礼」同, 2002年
黒田日出男「戦国・織豊期の技術と経済発展」『講座日本歴史』中世2, 東京大学出

版会, 1985年
黒田日出男『増補姿としぐさの中世史』平凡社ライブラリー, 2002年
小林敏男「天皇霊と即位儀礼」『古代天皇制の基礎的研究』校倉書房, 1994年a
同   「「神」観念と祖霊・祖先神」同, 1994年b
小林義孝「墓塔の成立過程」『中世の系譜』高志書院, 2004年
고프, J. 르(ゴッフ, J. ル)『煉獄の誕生』内田洋・渡辺香根夫訳, 法政大学出版局, 1988年
五来 重『元興寺極楽坊 中世庶民信仰資料の研究』法蔵館, 1964年
五来 重『日本人の地獄と極楽』人文書院, 1991年
五来 重『日本人の死生観』角川書店, 1994年
近藤義郎『前方後円墳の時代』岩波書店, 1983年
近藤義郎『前方後円墳の起源を考える』青木書店, 2005年

【サ行】
桜井徳太郎『神仏交渉史研究』吉川弘文館, 1968年
桜井徳太郎「柳田国男の祖先観」『霊魂観の系譜』筑摩書房, 1977年
同   桜井徳太郎「カミの成立と祖霊信仰」『講座日本の古代信仰一 神々の思想』学生社, 1980年
桜木 潤「嵯峨・淳和朝の「御霊」慰撫」『仏教史学研究』47-2, 2005年
佐々木徹「陸奥黒石寺における「往古」の宗教的コスモロジー」『암수사학연구』84, 2001年
笹生 衛『神仏と村景観の考古学』弘文堂, 2005年
佐藤仁彦「中世鎌倉における遺骸の扱われ方」『中世都市鎌倉と死の世界』高志書院, 2002年
佐藤弘夫『日本中世の国家と仏教』吉川弘文館, 1987年
同   『霊場の思想』歴史文化ライブラリー, 吉川弘文館, 2003年
同   「神仏習合と神祇不拝」『日本史研究』511, 2005年a
同   「板碑の造立とその思想」『東北中世史の研究』下, 高志書院, 2005年b
同   「霊場―その成立と変貌」高志書院, 2005年
佐藤正人「東光寺墓所・町場の板碑」『よみがえる中世』7, 平凡社, 1992年a

同　「墓の蓋石に使われた板碑」同b
同　「陸奥国府中における板碑造立と信仰の世界」『中世奥羽と板碑の世界』高志書院，2001年a
同　「中世霊場高清水善光寺」『六軒丁中世史研究』8，2001年b
柴田実編『御霊信仰』民衆宗教史叢書五，雄山閣，1984年
同　『祖霊信仰』同26，1991年
渋沢敬三編著『絵巻物による日本常民生活絵引』全五巻，角川書店，1964～1966年
島薗　進「死生学試論」(1)(2)『死生学研究』2003年春号，秋号
清水　拡「死後の建築としての法華堂」『平安時代仏教建築史の研究』中央公論美術出版，1992a
同　「タマドノの性格と形態」同，1992b
白石昭臣「山中他界観」『講座　日本の民俗宗教』3，弘文堂，1979年
白石太一郎「弥生・古墳文化論」『岩波講座日本通史　古代一』岩波書店，1993年
同　「墓と他界観」列島の古代史『信仰と世界観』岩波書店，2006年
白井優子『院政期高野山と空海入定伝説』同成社，2002年
新谷尚紀『生と死の民俗史』木耳社，1986年
同　『両墓制と他界観』吉川弘文館，1991年
水藤　真『中世の葬送・墓制』吉川弘文館，1991年
鈴木岩弓「墓碑銘からみた現代人の死生観と仏教」『日本仏教学界年報』63，1998年
同　「民俗仏教にみる「」への祈り—遺影を手がかりに」『日本仏教学会年報』70，2004年
同　「霊園化する「霊場恐山」—近年の動向から」『東北民俗』41，2007年
スペンサー，A.J『死の考古学—古代エジプトの神と墓』酒井伝六・鈴木順子訳，法政大学出版局，1984年
諏訪春雄『日本王権神話と中国南方神話』角川選書，2005年

【夕行】

高木　豊「日蓮の思想の継承と変容」日本思想大系『日蓮』岩波書店，1970年
高田陽介「境内墓地の経営と触穢思想」『日本歴史』四五六，1986年

高取正男『神道の成立』平凡社選書, 1979年
高橋文博『近世の死生観』ぺりかん社, 2006年
竹田聴洲『祖先崇拝』平楽寺書店, 1957年
同　　「近世社会と仏教」『岩波講座日本歴史 近世一』岩波書店, 1975年
同　　『民俗仏教と祖先信仰』東京大学出版会, 1971年
田代郁夫「鎌倉における寺院境内墓の発生」『湘南考古学同好会会報』67, 1997年
同　　「鎌倉の「やぐら」」『中世社会と墳墓』名著出版, 1993年
田中 元『古代日本人の世界』吉川弘文館, 1972年
田中 聡「「陵墓」にみる「天皇」の形成と変質」『「陵墓」からみた日本史』青木書店, 1995年
田中則和「鎌倉・南北朝期における仙台平野の墓域とその周辺」『六軒丁中世史研究』8, 2001年
同　　「岩切東光寺周辺と青葉山の「霊場」」『中世の聖地・霊場』高志書院, 2006年
田中久夫「高野山奥の院納骨の風習の成立過程」『祖先祭祀の研究』弘文堂, 1978年
同　　「平安時代の貴族の葬制」『葬送墓制研究集成』五, 名著出版, 1979年（初出1967年）
同　「祖先祭祀と氏神祭祀」仏教民俗学大系四『祖先祭祀と葬墓』名著出版, 1988年
田中文英「11・12世紀における浄土教の展開」『ヒストリア』54, 1969年
同　「荘園制支配の形成と僧団組織」『中世社会の成立と展開』吉川弘文館, 1976年
谷川健一『古代人のコスモロジー』作品社, 2003年
谷口美樹「平安貴族の疾病認識と治療法」『日本史研究』364, 1992年
圭室諦成『葬式仏教』大法輪閣, 1979年
圭室文雄「幕藩体制における保護と統制」『日本宗教史』Ⅱ, 山川出版社, 1977年
千々和到『板碑とその時代』平凡社選書, 1988年
千々和到「板碑・石塔の立つ風景」帝京大学山梨文化財研究所シンポジウム報告書『考古学と中世史研究』名著出版, 1991年
千々和到「石巻の板碑と「東北型」板碑の再検討」『六軒丁中世史研究』3, 1995年
津田左右吉『日本上代史の研究』1947年
津田左右吉「神代史のカミについて」『津田左右吉全集』9, 岩波書店, 1964年
都出比呂志「墳墓」『岩波講座 日本考古学』4, 岩波書店, 1986年

同　　「日本古代の国家形成論序説」『日本史研究』343, 1991年
外池 昇『幕末・明治期の陵墓』吉川弘文館, 1997年
土井卓治『石塔の民俗』岩崎美術社, 1972年
同　　「石塔と墓塔」『葬送墓制研究集成』4, 名著出版, 1979年(初出1972年)
同　　『王陵の考古学』岩波新書, 2000年
時枝 務「考古資料と心性史」『モノとココロの資料学』2005年
鴇崎哲也「名取熊野の板碑と霊場」『中世奥羽と板碑の世界』高志書院, 2001年

【ナ行】

内藤正敏『日本のミイラ信仰』法蔵館, 1999年
長岡竜作 「みちのくの仏像」『東北－その歴史と文化を探る』 東北大学出版会, 2006年
同　　「悔過と仏像」『鹿苑雑集』8, 2006年
中野豈任『忘れられた霊場』平凡社選書, 1988年
中村生雄「日本の神の発生」『日本の神と王権』法蔵館, 1994年
同　　『祭祀と供犠』法蔵館, 2001年
同編　『思想の身体 死』春秋社, 2006年
七海雅人「宮城県岩出山町天王寺西板碑ノート」『六軒丁中世史研究』7, 2000年
同　　「鎌倉・南北朝時代の松島」『東北中世史の研究』下, 2005年
同　　「霊場・松島の様相」『中世奥羽と板碑の世界』高志書院, 2001年
新野一浩「瑞巌寺境内遺跡とその周辺」『中世奥羽と板碑の世界』高志書院, 2001年
同　　「雄島西側海底表採板碑について」東北中世考古学会第一二回研究大会資料集『遺跡研究の方法』2006年
西岡芳文「城ケ島の薬師如来と十二神将の伝承」『説話文学研究』40, 2003年
西口順子『女の力』平凡社選書, 1978年
西宮秀紀「神祇祭祀」列島の古代史『信仰と世界観』岩波書店, 2006年
西村正衛「埋葬」『日本の考古学Ⅱ 縄文時代』河出書房, 1965年
西山 克『聖地の想像力』法蔵館, 1998年
西山良平「御霊信仰論」『岩波講座日本通史』5, 1995年
同　　「〈陵寺〉の誕生」『日本国家の史的特質 古代・中世』思文閣出版, 1997年

【ハ行】

橋本初子『中世東寺と弘法大師信仰』思文閣出版, 1990年
華蘭聡麿「日本における霊地と霊場」岩波講座『日本文学と仏教』7, 1995年
速水　侑『平安貴族社会と仏教』吉川弘文館, 1975年
同　　「『今昔物語集』における霊場参詣勧進説話の形成」『日本古代の祭祀と仏教』吉川弘文館, 1995年
原田敏明「両墓制の問題」『民族と宗教』東海大学出版会, 1970年
平田信夫「中世墳墓堂(やぐら)発生史考」『日本歴史』275, 1971年
広瀬和雄「前方後円墳と大和政権」『日本古代王権の成立』青木書店, 2002年
同　　『前方後円墳国家』角川選書, 2005年
深沢七郎『楢山節考』新潮文庫, 1989年
服藤早苗『家成立史の研究』校倉書房, 1991年
藤井正雄「葬制からみた霊魂観・死後観」大系日本人と仏教九『民俗と儀礼』春秋社, 1986年
同　　「祖先祭祀と葬墓」仏教民俗学大系四『祖先祭祀と葬墓』名著出版, 1988年
同　　『骨のフォークロア』弘文堂, 1988年
藤沢典彦「日本の納骨信仰」仏教民俗学大系四『祖先祭祀と葬墓』名著出版, 1988年
同　　「中世の墓地ノート」『仏教芸術』182, 1989年
同　　「墓地景観の変遷とその背景」『日本史研究』330, 1990年
フルニエ, ミシェル「中世における死後の世界図」『死とその向こう側』Ⅱ, 東京大学大学院人文社会系研究科, 2007年
フレイザー, J・G『金枝篇』上・下, 吉川信訳, ちくま学芸文庫, 2003年
ホイジンガ, ヨーハン『中世の秋』堀越孝一訳, 中央公論社, 1971年
ホカート, A・M『王権』橋本和也訳, 人文書院, 1986年
ボガトゥイリョーフ, P.G『呪術・儀礼・俗信』千葉栄一・松田州二訳, 岩波書店, 2000年
ボクホベン, ヨルン『葬儀と仏壇』岩田書院, 2005年
細川涼一「六浦上行寺東やぐら群遺跡」『東洋学術研究』24-2, 1985年
同　　『中世の律宗寺院と民衆』吉川弘文館, 1987年
堀田啓一『日本古代の陵墓』吉川弘文館, 2001年

堀 一郎「山岳信仰の原初形態に関する一仮説」『我が国民間信仰史の研究』創元社，1953年
同　「万葉集にあらわれた葬制と，他界観，霊魂観について」『宗教・習俗の生活規制』未来社，1963年
堀 裕「天皇の死の歴史的位置」『史林』81-1，1998年
同　「死へのまなざし」『日本史研究』439，1999年

【マ行】

前田 勉『近世神道と国学』ぺりかん社，2002年
正木 晃「浄土変容」『講座仏教の受容と変容 日本編』佼正出版，1991年
同　「他界地理学事始」『共同研究 日本人の他界観』国際日本文化研究センター，1994年
益田勝実「古代人の心情」講座日本思想一『自然』，東大出版会，1983年
松尾剛次『救済の思想』角川選書，1996年
同　「中世における死と仏教」『死生学研究』2004年春号
松涛弘道『世界の葬式』新潮社，1991年
松前 健「序説」『講座日本の古代信仰一 神々の思想』学生社，1980年
同　「古代の霊魂観念」『日本民俗研究大系』2，1982年
松本 勝「千葉県富津市湊川下流域の中世磨崖仏・やぐらについて」『六浦文化研究』11，2002年
政次 浩「東北地方の熊野信仰と出羽三山信仰についての覚書」『熊野信仰と東北』「熊野信仰と東北展」図録，東北歴史博物館，2006年
三島由紀夫「柳田国男「遠野物語」」『三島由紀夫評論全集』1，新潮社，1989年
水野正好「信州飯田文永寺骨寺考」『文化財学報』15，1997年
三橋 正「浄土信仰の系譜」『平安時代の信仰と宗教儀礼』続群書類従完成会，2000年
三宅宗議「石巻市の板碑の銘文」『中世奥羽と板碑の世界』高志書院，2001年
三宅敏之『経塚論攷』雄山閣出版，1983年
宮崎ふみ子「霊場恐山の形成」『環』8，2002年
宮田登・新谷尚紀編『往生考 日本人の生・老・死』小学館，2000年

村武精一「海上他界観」『講座 日本の民俗宗教』3, 弘文堂, 1979年
村木二郎「東日本の経塚の地域性」『国立歴史民族博物館研究報告』2003年
同　　　「経塚の拡散と浸透」『中世の系譜』高志書院, 2004年
村山修一『神仏習合思潮』平楽寺書店, 1957年
同　　　『本地垂迹』吉川弘文館, 1974年
最上孝敬『詣り墓』古今書院, 1956年
百瀬正恒「都市京都における死, 浄土とかわら」『中世都市鎌倉と死の世界』高志書院, 2002年
森 謙二『墓と葬送の社会史』講談社新書, 1993年

【ヤ・ラ・ワ行】

八重樫忠郎「平泉の葬送」『中世都市鎌倉と死の世界』高志書院, 2002年.
八重樫直比古「空と勝義の孝－古代仏教における怨霊救済の論理」『日本精神史』ぺりかん社, 1988年
同　　　「『日本霊異記』における「聖霊」」『古代の仏教と天皇』翰林書房, 1994年
八木久美子「生をはさむ二つの死－イスラム教徒の死生観」『現代宗教』2004年号
山折哲雄『日本人の霊魂観』河出書房新社, 1976年
同　　　『死の民俗学』岩波書店, 1990年
同　　　『日本人と浄土』講談社学術文庫, 1995年
柳田国男「遠野物語」岩波文庫『遠野物語 山の人生』1976年(初出 1910年)
同　　　「遠野物語拾遺」角川ソフィア文庫『新版遠野物語 遠野物語拾遺』2004年(初出 1935年)
同　　　「先祖の話」『柳田国男全集』13, ちくま文庫, 1990年(初出 1946年)
山本陽子『絵巻における神と天皇の表現』中央公論美術出版社, 2006年
同　　　「中世の宗教美術」『日本の宗教文化(下)』高文堂出版社, 2002年
湯浅泰雄「人格神の成立」『神々の誕生』1972年
吉井敏幸「大和地方における惣墓」『中世社会と墳墓』名著出版, 1993年
山口博之「陸奥の中世墓」『鎌倉・室町時代の奥州』高志書院, 2002年
山田邦和「京都の都市空間と墓地」『日本史研究』409, 1996年
同　　　「平安時代天皇陵研究の展望」『日本史研究』521, 2006年

山田雄司『崇徳院怨霊の研究』思文閣出版，2001年
同　　『跋扈する怨霊』歴史文化ライブラリー，吉川弘文館，2007年
吉江　崇「荷前別貢幣の成立」『史林』84－1，2001年
吉原浩人編『東洋における死の思想』春秋社，2006年
和田　萃「古代における礼と身分意識」『日本の社会史』7，岩波書店，1987年
同　　「殯の基礎的考察」『日本古代の儀礼と祭祀・信仰』上，塙書房，1995年
渡邊昌美『中世の奇蹟と幻想』岩波新書，1989年

【特集】
『よみがえる中世』七「みちのくの都　多賀城・松島」平凡社，1992年
岩波講座　日本文学と仏教七『霊地』1995年
日本史研究会編『「陵墓」からみた日本史』青木書店，1995年
『日本の美学』二五「霊場」1997年
別冊歴史読本『歴史検証　天皇陵』新人物往来社，2001年
江戸遺跡研究会編『墓と埋葬と江戸時代』吉川弘文館，2004年
国立歴史民俗博物館編『王の墓と奉仕する人々』山川出版社，2004年
『国文学　解釈と鑑賞』888「特集　聖地と巡礼」2005年

【市町村史・調査報告書・パンフレット】
『小牛田町史』上，1970年
『矢本町史』一，1973年
『河北町誌』上「河北町の板碑」，1975年
「糠山遺跡」『東北新幹線関連遺跡発掘調査報告書Ⅱ』福島県教育委員会，1980年
『近畿における中世葬送墓制の研究調査概報』元興寺文化財研究所，1984年
『松島町史』資料編一，1989年
『石巻の歴史』八，板碑編，1992年
『仙台市史』通史編二「古代中世」，1994年
『千葉県やぐら分布調査報告書』千葉県史料研究財団，1996年
『仙台市史』特別編五「板碑」，1998年

宮城県文化財調査報告書『海蔵庵板碑群』宮城県教育委員会他，1999年
『高清水町史』板碑編，2001年
『岩出山町史』資料集二「岩出山の板碑」(Ⅰ)，2001年
『岩富城跡発掘調査報告書』君津郡市文化財センター，2005年
『河南町史』上，2005年
『会津高野山八葉寺 冬木沢詣り』八葉寺，2007年

【使用テキスト一覧】

「熱田講式」真福寺善本叢刊『中世日本紀集』臨川書店
「伊勢物語」日本古典文学大系『伊勢物語』岩波書店
「一言芳談」日本古典文学大系『仮名法語集』岩波書店
「一遍聖絵」日本絵巻物全集，角川書店
「因縁処」真福寺善本叢刊『説経才学抄』臨川書店
「宇佐八幡宮弥勒寺建立縁起」『神道大系』神社編 47
「宇治拾遺集」日本古典文学大系『宇治拾遺集』岩波書店
「栄花物語」日本古典文学大系『栄花物語』岩波書店
「延喜式」新訂増補国史大系『延喜式』吉川弘文館
「往生要集」日本思想大系『源信』岩波書店
「餓鬼草紙」日本の絵巻七『餓鬼草紙ほか』中央公論社
「春日権現験記」『群書類従』2
「閑居友」新日本古典文学大系『宝物集 閑居友 比良山古人霊託』岩波書店
「魏志倭人伝」岩波文庫『魏志倭人伝ほか』
「玉葉」名著刊行会
「九条道家惣処分状」『鎌倉遺文』10
「源氏物語」日本古典文学大系『源氏物語』岩波書店
「高野山沙門覚鑁申文」『平安遺文』5
「粉川寺縁起」日本思想大系『寺社縁起』
「国学弁疑」東北大学狩野文庫本
「古今著聞集」日本古典文学大系『古今著聞集』岩波書店
「古事記」日本古典文学体系『古事記 祝詞』岩波書店

「古事談」新日本古典文学大系『古事談 続古事談』岩波書店
「後拾遺往生伝」日本思想大系『往生伝 法華験記』岩波書店
「後拾遺和歌集」新日本古典文学大系『後拾遺和歌集』岩波書店
「五輪九字明秘密釈」『興教大師全集』
「今昔物語集」日本古典文学大系『今昔物語集』岩波書店
「慈円遺言状」『鎌倉遺文』5
「四種願文」『伝教大師全集』
「釈門秘鑰」国文学研究資料館文献資料部『調査研究報告』17
「沙石集」日本古典文学大系『沙石集』岩波書店
「修善講式」赤松俊秀『続鎌倉仏教の研究』平楽寺書店
「聖徳太子廟窟偈」『定本親鸞聖人全集』5
「小右記」増補史料大成『小右記』
「続古事談」新日本古典文学大系『古事談 続古事談』岩波書店
「続日本紀」新日本古典文学大系『続日本紀』岩波書店
「続日本後紀」新訂増補国史大系『続日本後紀』吉川弘文館
「親鸞上人絵伝」『日本の美術』415, 至文堂
「隅田川」日本古典文学大系『謡曲集』上, 岩波書店
「仙境異聞」『新修平田篤胤全集』9, 名著出版
「善光寺縁起」『続群書類従』28上
「撰集抄」岩波文庫『撰集抄』
「選択本願念仏集」日本思想体系『法然 一遍』岩波書店
「葬喪記」『日本教育文庫』宗教篇, 同文館
「葬送令」日本思想大系『律令』岩波書店
「太平記」日本古典文学大系『太平記』岩波書店
「多田荘政所沙弥某禁制状」『鎌倉遺文』15
「霊の真柱」日本思想大系『平田篤胤他』岩波書店
「中外抄」新日本古典文学大系『江談抄 中外抄 富家語』岩波書店
「中右記」増補史料大成『中右記』
「澄憲作文集」『中世文学の研究』東京大学出版会
「徒然草」岩波文庫『徒然草』
「天狗草紙」続日本の絵巻『土蜘蛛草紙 天狗草紙他』中央公論社

「道賢上人冥土記」新訂増補国史大系『扶桑略記』吉川弘文館
「梨本書」日本思想大系『前期国学』岩波書店
「日本往生極楽記」日本思想大系『往生伝 法華験記』岩波書店
「日本紀略」新訂増補国史大系『日本紀略』吉川弘文館
「日本後紀」新訂増補国史大系『日本後紀』吉川弘文館
「日本三代実録」新訂増補国史大系『日本三代実録』吉川弘文館
「日本書紀」日本古典文学大系『日本書紀』岩波書店
「日本霊異記」新日本古典文学大系『日本霊異記』岩波書店
「日吉山王利生記」『続群書類従』二下
「風土記」角川文庫
「平家物語」新日本古典文学大系『平家物語』岩波書店
「法華経」岩波文庫
「法華験記」日本思想大系『往生伝 法華験記』岩波書店
「発心集」日本古典集成『方丈記 発心集』新潮社
「本朝月令」『群書類従』6
「万葉集」新日本古典文学体系『万葉集』岩波書店
「文徳天皇実録」新訂増補国史大系『文徳天皇実録』吉川弘文館
「弥彦神社古縁起」『神道大系』神社編 34
「横川首楞厳院二十五三昧会起請」『大日本史料』2-1
「立正安国論」『昭和定本日蓮聖人遺文』立正大学日蓮教学研究所
「良源僧正遺状」『大日本史料』1-13
「梁塵秘抄」日本古典全書『梁塵秘抄』朝日新聞社
「令義解」新訂増補国史大系『令義解』吉川弘文館
「類聚国史」新訂増補国史大系『類聚国史』吉川弘文館

찾아보기

ㄱ

가난초(河南町) 216
가로오트 37
가마쿠라막부(鎌倉幕府) 146
가마쿠라시대(鎌倉時代) 43
가모(賀茂) 155
가모가와(賀茂川) 224
가사마쓰 히로시(笠松宏至) 181
가스가(春日) 155
가쓰조(勝如) 55
가와치(河内) 213
가지기도(加持祈祷) 258
가쿠반(覚鑁) 152
가키(餓鬼) 46
가키노모토 히토마로(柿本人麻呂) 72
가키소시(餓鬼草紙) 46, 214
가타히로세(片瀬川) 224
간무천황(桓武天皇) 81
간코지(元興寺) 146
간쿄노토모(閑居友) 44
갓빠(河童) 19
게가레(穢れ) 108
게송(偈頌) 198
게쇼자카(化粧坂) 224

게이세이(京成) 258
겐메이천황(元明天皇) 70
겐신(源信) 200
겐지모노가타리(源氏物語) 54
결연(結縁) 163
경내묘지(境内墓地) 37
경통(経筒) 218
고라이 시게요시(五来重義) 32
고슈이 오조덴(後拾遺往生伝) 184
고승(高僧) 159
고야산(高野山) 37, 146
고지키(古事記) 31
고켄천황(孝謙天皇) 130
고하타묘소(木幡墓所) 54
고호다이시(弘法大師) 146, 148, 152
골사촌(骨寺村) 208, 209
골장기(骨蔵器) 216
공동묘지 45
관(棺) 172
관세음보살(観世音菩薩) 120
관심본존초(観心本尊抄) 258
관음보살(観音菩薩) 152
관홍사(寛弘寺) 216
괴기현상(怪異現象) 103

교신(教信) 56
교즈카(経塚) 163
교카이(景戒) 58
교키(行基) 213
구릉(丘陵) 213
구마노 참배(熊野参詣) 170
구스모토 마사나리(楠木正成) 179
구원실성(久遠実成) 80
구인류(旧人類) 83
구제(救済) 156, 220
구카이(空海) 152
구품정토(九品浄土) 158
국학 33
군기 모노가타리(軍記物語) 179
궁만다라(宮曼茶羅) 155
귀자모신(鬼子母神) 258
귀족 36, 50
극락 34
극락왕생 155
금당(金堂) 158
기기신화(記紀神話) 32, 117
기센신사(貴船神社) 63
기요노리(澄憲) 220
기원문(願文) 198
기이국 로코잔(紀伊国宍背山) 170
기타카미가와(北上川) 209
기타카미산지(北上山地) 17
긴뿌산(金峰山) 60
긴테쓰(近鉄) 88
길상천(吉祥天) 80

ㄴ

나가야노 오키미(長屋王) 131
나라마로(奈良麻呂) 131
나라시대(奈良時代) 50
나토리시(名取市) 147, 202
남북조시대(南北朝時代) 211
납골 37, 219
납골신앙 37
납골용기(納骨容器) 143
납골유구(納骨遺構) 163
납골탑파 143
납골혈(納骨穴) 218
네안데르탈인 83
넨부쓰사(念仏寺) 49
노치노 가리노 고토바노키(後狩詞記) 24
능묘(陵墓) 54
능묘제(陵墓制) 115
능호(陵戸) 116
니나메(大嘗) 67
니나메사이(大嘗祭) 67, 116
니이가타현(新潟県) 147, 166
니치렌(日蓮) 146
니치렌종(日蓮宗) 258
니혼료이키(日本霊異記) 58
니혼산다이지쓰로쿠(日本三代実録) 134
니혼쇼키(日本書紀) 31, 62
니혼오조 고쿠라쿠키(日本往生極楽記) 55

닌쇼(忍性)　213

ㄷ

다가조시(多賀城市)　191
다나카 노리카즈(田中則和)　219
다마키 마사히데(玉木正英)　265
다복원(多福院)　199
다이고(醍醐)천황　60
다이니치보(大日坊)　268
다이묘가(大名家)　255
다이쇼(大正)　143
다이조사이론(大嘗祭論)　118
다이헤이키(太平記)　179, 181
다자이후(太宰府)　156
다치바나나라마로(橘奈良麻呂)　130
다치바나노 하야나리(橘逸勢)　134
다카마하라(高天原)　31
다테야마(立山)　277
다테야마렌보(立山連峰)　277
다히라노 시게모리(平重衡)　146
단가제도(檀家制度)　286
단나데라(檀那寺)　37
단노하나(ダンノハナ)　20
단자와산계(丹沢山系)　205
당마사(当麻寺)　146
대궁대권현(大宮大權現)　166
대문산(大門山)　147, 202
대은석존(大恩釈尊)　153
대일여래(大日如來)　152
대일편조(大日遍照)　197

대전당(大殿堂)　158
대형판비(大型板碑)　202
대황행당(大荒行堂)　259
데가이초(出開帳)　263
데와산잔(出羽三山)　268
덴구(天狗)　19
덴데라들판(デンデラ野)　19
덴리역(天理駅)　88
덴무천황(天武天皇)　69
도노모노가타리(遠野物語)　19
도노시(遠野市)　19
도다 모스이(戸田茂睡)　263
도리베노(鳥部野)　46
도솔(兜率)　170
도현상인명토기(道賢上人冥土記)　60
도호쿠센(東北線)　226
동대사(東大寺)　165

ㄹ

렌다이노(蓮台野)　214
로사나여래(盧舎那如來)　120
로코잔(宍背山)　170
로쿠조 미야스도코로(六条御息所)　63
롯코우시산(六角牛山)　22
류탑파(柳塔婆)　108
리쿠오니시센(陸羽西線)　226
릿샤쿠지(立石寺)　208
릿쇼안코쿠론(立正安国論)　258

ㅁ

마쓰리(祭) 105
마쓰모토(松本) 205
마쓰시마(松島) 147, 202, 226
만요슈(万葉集) 50
만원사지산(満願寺池山) 163
매납(埋納) 216, 219
매장지(埋葬地) 216
멸죄(滅罪) 80
멸죄생선 왕생극악(滅罪生善 往生極楽) 200
명일법요(命日法要) 286
모가미가와(最上川) 209, 211
모가미가와 해운(最上川海運) 210
모리 아쓰시(森敦) 269
모토오리 노리나가(本居宣長) 33
몽고(蒙古) 146
묘견당(妙見堂) 259
묘당(廟堂) 153, 163, 218
묘체(妙体) 197
묘표(墓標) 255
무라사키노우에(紫上) 63
무라야마(村山)분지 209
무로마치시대(室町時代) 37
무불세계(無仏世界) 153
무사시국(武蔵国) 192
무상세존(無上世尊) 153
무쓰국(陸奥国) 117
무쓰국부(陸奥国府) 224
무형문화재(無形文化財) 139

문무천황(文武天皇) 70
문영사(文永寺) 218
문자 만다라(文字曼荼羅) 258
물괴(物怪) 136
미시마 유키오(三島由紀夫) 19
미야기현(宮城県) 192
미와잔(三輪山) 91, 119
미우라반도(三浦半島) 205, 218
미치나가(道長) 54
미타(弥陀) 152
미타라시가와(御手洗川) 63
민속학 33
밀교(密教) 136

ㅂ

반딧불 63
반카(挽歌) 51, 72
백산신사(白山神社) 210
백산신앙(白山信仰) 208
범왕(梵王) 120
법계중생(法界衆生) 220
법륭사(法隆寺) 146
법상종(法相宗) 210
법신(法身) 163, 219
법신불(法身仏) 163
법요(法要) 69
법화경(法華経) 80, 163
법화경전독(法華経転読) 170
법화험기(法華験記) 170
보살 199

보소반도(房総半島) 205, 218
보제(菩提) 191
보통사원(通常寺院) 157
보협인탑(宝篋印塔) 214
복인(福因) 153
본로(盆路) 27
본불(本仏) 153, 156
본존(本尊) 80
본존불(本尊仏) 158
본지수적(本地垂迹) 154
봉폐(奉幣) 159
부동명왕 191
부정관(不浄観) 45
부처 154
분묘(古墓) 218
분천사연기(粉川寺縁起) 155
불과(仏果) 131
불도(仏道) 211
불보살(仏菩薩) 199
불사리(仏舎利) 153
불상작성(仏像作成) 199

ㅅ

사가라신노(早良親王) 132
사가라친왕(早良親王) 81
사가에시(寒河江市) 209
사각사경제(四角四境祭) 224
사기(邪気) 136
사단정토(社壇浄土) 165
사당(寺堂) 153

사대천황(四大天皇) 120
사도(佐渡) 147
사령관념(死霊観念) 134
사리(舎利) 163
사리전(舎利殿) 143
사사연기(寺社縁起) 154
사사키 도루(佐々木徹) 209
사생관 33
사원(寺社) 157
사원군(寺院群) 286
사이교(西行) 172
사이메이천황기(斉明天皇紀) 103
사이초(最澄) 131
사찰 157
사천왕사(四天王寺) 158
사카모토(坂本) 45
사쿠라이(桜井) 88
사크 198
사해(死骸) 170
산골(散骨) 219
산괴(山塊) 268
산노(山王) 155
산리쿠해안(三陸海岸) 17
산악신앙 277
산왕굴(山王窟) 208
산왕당(山王堂) 210
산왕산(山王山) 208
산왕석옥(山王石屋) 208
산왕신도(山王神道) 165
산중타계(山中他界) 34

살생금단(殺生禁断) 163
삼존(三尊) 199
삼지살(三地薩) 158
삼탑파(杉塔婆) 108
상민(常民) 26
상투구(常套句) 115
생국혼사(生国魂社) 103
생신관음(生身観音) 155
샤세키슈(沙石集) 150
서대사(西大寺) 146
서방정토(西方浄二) 156
석가불(釈迦仏) 154
석불군(石仏群) 49
석비(石碑) 191
석조물(石造物) 49
석탑파(石塔婆) 219
선인(善因) 153
선인(先人) 84
선조 37
선조 이야기 24
선조제사(先祖祭祀) 286
설화집 172
섭관가(摂関家) 159
성덕태자 152
성덕태자묘(聖徳太子廟) 156
성령원(聖霊院) 158
성유물(聖遺物) 154
성인신앙(聖人信仰) 157
성지(聖地) 37
성지화(聖地化) 219

세즈국(摂津国) 163
세토가와(瀬戸川) 43
센다이시(仙台市) 191
센묘(宣命) 115
센코쿠시대(戦国時代) 37
소골(焼骨) 218
소부센(総武線) 258
소생담(蘇生譚) 59
소우바카(惣墓) 88
쇼무천황(聖武天皇) 130
쇼유키(小右記) 61, 62
쇼토쿠천황(称徳天皇) 119
수법(修法) 80
수법사(修法師) 259
수적(垂迹) 152
수적만다라(垂迹曼荼羅) 154
슌칸(俊寛) 146
스가와라 미치자네(菅原道真) 156
스도천황(崇道天皇) 132
스마(須磨) 54
스와호반(諏訪湖畔) 105
스이카신도 265
승니(僧尼) 159
승려 36
승형팔번신상(僧形八幡神像) 165
시오가마(塩釜) 226
시체 36
신공황후(神功皇后) 117
신국학(新国学) 33
신기(神祇) 103

신기관(神祇官) 64
신도(神道) 32
신도사상 165
신란(親鸞) 259
신무릉(神武陵) 118
신산묘지(神山墓地) 216
신석기시대 84
신손(神孫) 116
신흥주택지(新興住宅地) 226
십나찰(十羅刹) 259
십방제불(十方諸仏) 152
십일면관음(十一面観音) 156
쓰레즈레구사(徒然草) 43

ㅇ

아다시노(化野) 44
아라마시노 야코(新益京) 115
아마테라스오미카미(天照大神) 117
아미타당내(阿弥陀堂内) 143
아미타불(阿弥陀仏) 166, 200
아미타삼존(阿弥陀三尊) 198
아미타여래상(阿弥陀如来像) 143
아스카시대(飛鳥時代) 158
아오바야마(青葉山) 191, 220
아와지(淡路) 81
아와지마(粟島) 147
아이즈(会津) 211
아이코잔(愛宕山) 172
아키쓰카미(現御神) 115
악령양극(悪霊両極) 131

악업(悪業) 154
암부사(岩富寺) 205
야나기타 구니오(柳田国男) 19, 66
야마가타현(山形県) 209
야마구치(山口) 19
야마자키 안사이(山崎闇斎) 265
야스쿠니신사(靖国神社) 93
야시마국(大八洲国) 115
야쓰바데라(八葉寺) 143, 211
야히코 신사(弥彦神社) 166
약사당(薬師堂) 209
약사불(薬師仏) 80, 209
약사상(薬師像) 80
약사여래상(薬師如来像) 80
약사회과(薬師悔過) 80
약쿠시다케(薬師岳) 18
양묘제(両墓制) 39
양진비초(梁塵秘抄) 165
어령(御霊) 120
어령신사(御霊神社) 135
에도시대(江戸時代) 37, 277
에이가 모노가타리(栄花物語) 54
에치젠국(越前国) 181
엔젠(円善) 170
여인금제(女人禁制) 277
연공감면(年貢減免) 216
연기(年忌) 286
연좌(蓮座) 199
연화곡(蓮華谷) 146
연희식(延喜式) 103

열전신사(熱田神社) 166
염라대왕 175
영기(霊気) 136
영락(瓔珞) 199
영산신앙(霊山信仰) 34
영산정토(霊山浄土) 166
영장(霊場) 37
영장화(霊場化) 219
영험(霊験) 154
영험설화(霊験説話) 175
영험소(霊験所) 156
영혼관 33
예토(穢土) 166
오규다역(小牛田駅) 226
오기 마치(小木町) 147
오륜탑(五輪塔) 47, 143, 219
오리구치 시노부(折口信夫) 118
오본(盆) 27
오사카(逢坂) 224
오소레잔(恐山) 255
오와산괴(奧羽山塊) 210
오조요슈(往生要集) 200
오쿠노인(奧の院) 143
오키나스테 20
오타마야(御霊屋) 256
오토모 야카모치(大友家持) 50
오후나토(大船渡) 17
와카바야시 교사이(若林強斎) 265
왕생극락(往生極楽) 220
왕생전(往生伝) 155

외래혼(外来魂) 66
요리토모(頼朝) 179
요망관(遥望館) 277
요시노(吉野) 60
요시다 겐코(吉田兼好) 43
요시미 유키카즈(吉見幸和) 265
요시시게노 야스타네(慶滋保胤) 55
요코가와(横川) 211
요코하마시(横浜市) 146
우라가 수도(浦賀水道) 205
우라가 스이도(浦賀水道) 218
우위문위유효(右衛門尉惟孝) 61
우지슈이슈(宇治拾遺集) 172
우하신당(宇賀神堂) 259
원령(怨霊) 118, 181
원령조복(怨霊調伏) 136
원시신앙(原始信仰) 66
원정기(院政期) 159
월륜(月輪) 199
위령(慰霊) 220
위패(位牌) 286
유골 36
유기(遺棄) 46
유리혼(遊離魂) 63
유키온나(雪女) 19
율승(律僧) 216
음양도(陰陽道) 136
음양사항성(陰陽師恒盛) 61
응회암제(凝灰岩製) 213
의례(儀礼) 286

찾아보기 347

의민현창(義民顯彰) 135	자비(慈悲) 153, 166
의사재생(擬死再生) 277	자은사(慈恩寺) 210, 211
이노우에 나이신노(井上内親王) 132	자혜승정(慈慧僧正) 184
이세신(伊勢神) 105	장례의식 36
이세진구(伊勢神宮) 105	장방형(長方形) 202
이시가미산(石上山) 22	장상기(葬喪記) 108
이시노마키(石巻) 192	장송지(葬送地) 44
이시노마키센(石巻線) 226	장엄구(荘厳具) 199
이오지마(雄島) 147, 202	장왕보살(蔵王菩薩) 60
이와키리국부(岩切国府) 224	장의(葬儀) 216
이와타시(磐田市) 146	장제(葬祭) 286
이자나기(イザナギ) 32	재지영주(在地領主) 220
이자나미(イザナミ) 32	전교대사(伝教大師) 152
이즈모대사(出雲大社) 105	전국시대(戦国時代) 255
이즈미시키부(和泉式部) 63	전독회과(転読悔過) 81
이키고마시(生駒市) 213	전부동존(澱不動尊) 198
이키고마야마(生駒山) 214	전원풍경(田園風景) 270
인덕기(仁徳紀) 62	전화(轉化) 81
인세이키(院政期) 55	정령단(精霊棚) 36
인연처(因縁処) 163	정토 34
인왕문(仁王門) 270	정토신앙(浄土信仰) 158
일본기략(日本紀略) 81	정화(浄化) 136
일본열도 32	제법실상(諸法実相) 80
일언방담(一言芳談) 158	제사(마쓰리) 28
일예(壱睿) 170	제석(帝釈) 120
임종정념(臨終正念) 155	젠코지여래(善光寺如来) 263
	젠코지연기(善光寺縁起) 155
ㅈ	조몬시대(縄文時代) 82
자각대사(慈覚大師) 208, 210	조몬집락(縄文集落) 82
자각전설(慈覚伝説) 210	조부야(鳥部野) 214

조사(祖師)　153
조사당(祖師堂)　259
조상관(祖先観)　119
조칙(詔)　119
종교학　33
죄장소멸(罪証消滅)　259
주련사(注連寺)　268
주손지(中尊寺)　207
주천(湊川)　218
죽림사(竹林寺)　213
준니(淳仁)천황　132
중산 법화경사(中山法華経寺)　258
중생(衆生)　153
중핵시설(中核施設)　159
즉신불(即身仏)　269, 270
지연공동체(地縁共同体)　216
지옥　34, 175
지진제(地鎮祭)　105
지토(持統)천황　115
지토조(持統朝)　116
진신노란(壬申의 乱)　118
진여해상인(真如海上人)　268
진혼(鎮魂)　64
집락(集落)　22
집석묘(集石墓)　202

ㅊ
차안(此岸)　86
차안세계(此岸世界)　86
찬집초(撰集抄)　172

참배　36
참배도(参道)　214
천개(天蓋)　199
천수타라니(千手陀羅尼)　172
천신지기(天神地祇)　117, 120
천정공양(千灯供養)　49
천태(天台)사상　165
천태불법(天台仏法)　131
천태사원(天台寺院)　205
천태승(天台僧)　209
천태종(天台宗)　166
천태풍(天台風)　210
천황가(天皇家)　36
천황령(天皇霊)　67, 118
천황릉(天皇陵)　116
철문해상인(鉄門海上人)　269
청덕(清徳)　172
청정(清浄)　80
청정실현(清浄実現)　80
청징사(清澄寺)　205
초부탑파(梢附塔婆)　108
총공양탑(総供養塔)　213
최승왕경(最勝王経)　120
추렌지(注連寺)　269
추선공양(追善供養)　47, 69
추유키(中右記)　54

ㅋ
코부쿠로자카(小袋坂)　224
크로마뇽인　84

키릭크 198

ㅌ

타계(他界) 156
타계관(他界観) 72, 265
타계정토(他界浄土) 150
타계표상(他界表象) 32
탁세말대(濁世末代) 153
탄립(炭粒) 218
탑파(塔婆) 47
탕전산(湯殿山) 268
태상천궁(太上天宮) 60
토중입정(土中入定) 268

ㅍ

판테온(Pantheon) 31
팔엽연화(八葉蓮華) 158
패총 82
포교관정(布橋灌頂) 277
피안(彼岸) 86, 153

ㅎ

하리마국 56
하세데라(長谷寺) 146
하쓰세(初瀬) 51
하쓰세가와(初瀬川) 119
하야이케 미네야마(早池峰山) 18, 22
항만(港湾) 224
해골(骸骨) 170
행자(行者) 155

헤이안시대(平安時代) 36
헤이안쿄(平安京) 43
헤이케이 모노가타리(平家物語) 146
현견양자녀(県犬養姉女) 120
현세(現世) 34
현세이익(現世利益) 259
혈육(血肉) 154
호넨(法然) 259
호류지(法隆寺) 158
호법선신(護法善神) 120
훗신슈(発心集) 165
화기왕(和気王) 119
화병(花瓶) 199
화장(火葬) 58
화장골(火葬骨) 202
화주(化主) 154
화현(化現) 163, 219
환상집락(環状集落) 82
환호집락(環濠集落) 88
황조(皇祖) 118
황족(皇族) 50
황천(黄泉) 86, 175
효험(効験) 153
후나오카야마(船岡山) 43
후소략기(扶桑略記) 60, 156
후즈시(富津市) 218
후지와라 나카마로(藤原仲麻呂) 132
후지와라 무네타다(藤原宗忠) 54
후지와라 미치나가(藤原道長) 61
후지와라 사네스케(藤原実資) 62

훈야노 미야타마로(文室宮田麻呂) 134
흑석사(黒石寺) 209
흔구정토(欣求浄土) 159
히나단(ひな壇) 143
히닌(非人) 47
히라타 아쓰타네(平田篤胤) 33

히로세가와(広瀬川) 198
히에이잔(比叡山) 37, 44
히에잔 동탑(比叡山東塔) 170
히요시(日吉) 166
히요시산노신(日吉山王神) 208
히지리(聖) 209
히카루겐지(光源) 54

저자 후기

　본 서적 집필은 전공분야의 틀을 넘어 많은 사람들의 학은(学恩)과 격려에 힘입은 바가 크다. 이 장을 빌려 그분들께 감사의 말씀을 전하고 싶다.

　본 서적의 테마인「죽음」의 문제는 21세기로 들어설 때부터 내가 관심을 가지고 연구해온 테마다. 최근 몇 년간 도호쿠대학(東北大学) 문학연구과의 특론(特論)·각론(各論) 강의에서 여러 학생들에게 이야기하면서 구상을 짜내었다. 다른 여러 연구실에서 학부생·대학원생이 강의에 출석하여 수업을 마친 후에는 강의내용에 관하여 종종 뜨거운 논의가 이어졌다. 2006년 여름에는 나라(奈良)여자대학교 집중강의(集中講義)에서 본 서적의 최종적인 뼈대를 말할 기회가 있었다. 열심히 수업을 경청하면서 유익한 정보를 제공해 준 나라여자대학 학생들과 대화를 통해서 귀중한 아이디어나 영감을 얻을 수 있었다. 그 밖에도 각 지역의 강연 등에서 관련이야기를 하였을 때, 예리하고 자극적인 의견을 들을 수가 있었다.

　본 서적은 이전에 내가 사용한 적이 없었던 석탑이나 금석문이라고 하는 자료를 적극적으로 활용하였다. 이러한 방향으로 발걸음을 내디딘 배경에는 연구실 안에만 틀어박혀 문헌을 읽는 일을 해 온

나를 연구실 밖 필드로 나가게 하여 살아 있는 자료를 보는 즐거움을 가르쳐 준 역사, 고고학이나 미술사 등을 전문적으로 연구하는 여러 연구자들의 권유가 있었다. 유적발굴의 최신 현장이나 옛 사적(史跡)을 찾아 오랜 기간 축적한 확실한 지식과 경험을 되살려 정중한 설명을 경청하는 시간은 무엇과도 바꿀 수 없는 귀중한 시간이었다. 고생을 거듭하면서 조사와 발굴을 거듭하여 진품을 찾아 온 프로로서의 역량과 목표 설정의 확실함에 놀라면서 방문할 때는 언제나 풍부한 지식을 얻었다.

본 서적은 2006년 연말에 집필을 시작하여 2007년 여름 탈고까지 거의 반년이 걸렸다. 이 시기 한편 프로젝트 리더로서 글로벌 COE에 응모할 준비를 진행하였다. 변함없이 다망한 학사업무 속에서 이 기간에는 정신적 육체적으로도 거의 한계에 가까운 상황이 이어졌다. 그러나 동료교수들과 젊고 우수한 신임교원들과 팀을 짜서 논의를 거듭하면서 진행한 거대한 프로젝트는 지금까지 경험한 적이 없는 지적인 쾌감을 안겨주었다. 유감스럽게도 프로젝트는 결국 빛을 볼 수가 없었지만, 우리가 진행한 연구는 더욱 돈독하게 되었다. 그리하여 세계 인문과학의 패러다임을 새로 쓰는 것과 같은 모델을 만들려고 하는 뜨거운 논의의 여운이 아침 일찍부터 밤 늦게까지 본 서적 집필을 지탱하는 에너지가 되었다.

중요한 것은 본문 중에 명시(明示)한 것처럼 본 서적의 집필에 수많은 선행연구를 참조하였다. 본 서적은 지금 논한 것처럼 많은 분들과 관련 여러 분야에 걸쳐서 풍부한 연구 축적에 힘입어 완성된 것이다. 본 서적이 제시한 것은 아주 작은 성과에 불과하지만 그것조차도 선행연구자들이 밝혀 놓은 연구업적에 힘입은 바가 크다는 것을 이번에 깊이 실감을 하였다.

　지금까지의 경험으로서 「후기」를 쓰는 단계에서 그 책이 어떠한 평가를 받을 것인가에 대해 어느 정도 예측이 가능했고, 그 예측이 크게 벗어난 적은 없었다. 그러나 이 서적의 전도는 예측이 불가능하다. 학계로부터 전혀 관심을 받지 못한 채로 버림받는 것이 아닌가 하는 불안감이 머릿속에서 떠나지 않았다. 어쨌든 지금은 여러분들의 기탄(忌憚) 없는 비판을 기다릴 수밖에 없다.

　본 서적은 이전부터 서적 간행 작업에 공감하고 있던 이와타 서원(岩田書院)의 이와타 히로시(岩田博)에게 부탁한 것이다. 학술서적의 출판사정이 해마다 어려움을 더해 가는 가운데에서도 저렴하고 질이 좋은 책 만들기에 여념이 없는 이와타 서원은 견실(堅実)하고 양심적인 연구를 진행하는 연구자들에게 큰 희망을 안겨주고 있다. 끝으로 이와타(岩田)에게 깊은 감사의 말씀을 드리면서 아울러 이와타 서점(岩田書店)의 무궁한 발전을 진심으로 기원한다.

　　　　　　　　　　　　　　　　　　2008年 2月 20日
　　　　　　　　　　　　　　　　　　사토 히로오(佐藤 弘夫)

역자 후기

　2011년 3월 11일 동일본 대지진으로 피해를 당한 사람들에게 깊은 위로와 함께 희생된 영령들의 명복을 빈다. 죽음은 자연계에서 어느 생명체가 다른 생명체에게 희생당하거나, 사고나 질병·노화 등으로 그 생명이 다하는 것을 말한다. 죽음이 확정된 후에는 전통·습속·신앙 등에 따라 화장·매장·조장·풍장·자연장 등 장례의식 절차가 있다. 그 의식 내면에는 죽음과 동시에 모든 것이 끝이라는 관념도 있다. 그러나 대부분의 신앙형태에는 인간이 사후에도 생존해 있을 때와 비슷한 환경의 세상을 바라고 거대한 분묘 조성으로 사후 거주공간을 만들거나 불교나 기독교처럼 생전에 죄를 짓지 않고 선하고 착하게 살면 극락이나 천국으로 간다고 하는 사후관이 있다.

　죽음 관념도 시대 변천에 따른 환경과 역사 문화적인 측면에서 차이가 있지만 그 중에서도 특히 동아시아에서는 전통적으로 효도를 중요한 윤리적 가치로 여기며 유교는 집에서, 불교는 사찰에서 제사를 지내고, 무덤이나 납골묘에 묘비를 세워 명절이나 기일(忌日)에 죽은 자의 명복을 비는 기념 의식이 발달하였다. 이러한 문화 양상에 따른 죽음 의식과 사후 세계가 어떻게 생성되었는가에 관한 종교·철학·사상·민속·문학 등의 다양한 학문분야에서 괄목할만한 연구가 진행되고 있다.

이러한 죽음에 관한 다양한 해석을 모색하는 도호쿠대학 대학원 문학연구과 일본사상사 연구실의 주임교수인 사토 히로오(佐藤弘夫) 교수는 수년간 일본사상사 특론(特論) 강의와 강연 등을 요약 정리한 『일본열도의 사생관(死者のふくえ)』을 출간하였다. 사토 교수의 이 서적은 연구실 안에서 문헌만을 취급한 것이 아니라, 생생한 역사 현장에 직접 나가 자료의 내용을 확인하면서 조사하고 구상을 짜내어 유교·불교적 요소가 혼합되어 있는 사생관과 죽음 의식을 일본 전통의 민간신앙과 불교의 관점에서 전개하였다. 일본의 고대사회부터 현대에 이르기까지 일본인들의 죽음의 근원에 대해 역사학·미술학·고고학 등의 유적 발굴 현장에서 관련연구자들과 학문적인 교류를 하면서 일본열도의 사생관 역사의 주된 내용을 추려서 정리한 것이다. 그러한 노력의 결과 2008년 3월 발행 이후 일본 매스컴에 주목을 받으면서 5쇄의 인쇄에 들어가는 등 학술서적으로서는 드물게 일반 독자들로부터도 큰 관심과 주목을 받고 있다.

역자가 본 서적을 접한 것은 2009년 12월 일한교류기금의 지원으로 도호쿠대학 대학원 일본사상사 연구실 객원연구원으로 방문하였을 때 일본사상사 연구실 도서실에서이다. 일본 유학시절부터 존경하던 사토 교수의 서적이라 관심을 가지고 읽기 시작하였다. 사토 교수의 꼼꼼하고 치밀한 성격이 오롯이 담겨있는 주옥같은 소중한 글들의 개략을 흥미롭게 일독하고 조심스럽게 사토 교수에게 한국어로 번역하겠다는 말을 꺼냈다. 처음 한국어 번역 이야기에 사토 교수는 연구차 오랜만에 모교를 방문하여 당면한 자신의 연구를 더욱더 돈독히 해야지 난해한 번역작업에 귀중한 시간낭비를 하지 말라고 하였다. 그러나 나에게 있어서 사생관은 학부 졸업논문과의 연관성은 물론 대학원 때의 연구와 현재의 동아시아 사상사에 대한 관심과 연구에 직접적인 관련이 있다는 점을 거듭 강조하였다. 동시에 좋은 책을 혼자만 읽을 것이 아니라 한국의 독자들에게도 알리고 싶다며 번역 허락을 재촉하자 몇 권의 서적을 주면서 번역 작업에 모든 것을 협조하겠다고 하였다.

돌이켜 보면 책 내용의 흥미뿐만 아니라 평소 덕망 높은 사토 히로오라는 개인의 인격에 감복한 면도 있다. 나의 유학 당시 주임교수였던 엄한 다마카케 히로유키(玉懸博之) 교수의 지도에 직접 관여하지 못하였지만 먼발치에서 항상 격려와 응원을 하여 주었다. 그때 직접 챙겨줄 수 없었던 환경 때문인지 지난해 방문 때 제일 반가워하면서 집을 구할 때까지 약 2주간 자신의 아파트를 임시 거처지로 제공해 주었다. 또 새로운 곳으로 이사를 할 때는 보증인이 되어 이불 등 필요한 가재도구를 마련하고 손수 운전을 하여 이삿짐을 옮겨주었다.

이러한 사토 교수의 인품에 더하여 일본열도의 사생관과 관련된 글들이 나에게는 과거의 졸업논문을 연상시킨 것 같다. 이전 졸업논문의 『겐지모노가타리(源氏物語)』의 속편 우지주죠(宇治十帖)에서 주인공인 가오루(薫)의 일생에서 보이는 선악관, 숙명관, 사생관이 떠올라 사토 교수의 책이 마치 소설처럼 흥미로웠다. 나는 저녁 늦게까지 혹은 이른 새벽을 마다 않고 본 서적을 정독하고 마치 신들린 것처럼 기호지세(騎虎之勢)의 위력으로 약 2개월 만에 곧바로 초벌 번역을 완료하였다. 그 후 약 1년 6개월의 교정 작업을 거쳐 출판에 이르게 된 것이다.

출판사에 책을 넘기고 번역 교정의 마무리 단계인 3월 11일 강력한 동일본 대지진이 발생하였다. 진원지인 미야기현(宮城縣)을 중심으로 건물 붕괴 및 화재와 해일로 인한 수만 명의 인명 피해와 방사능 유출로 일본이 재난의 큰 피해를 입었을 때 수십 번의 전화와 메일을 보냈으나 오랫동안 연락이 두절되어 생사를 알 수 없었다. 오랜 시간이 지나 전화연락이 되었을 때는 마치 아무 일이 없었던 것처럼 반갑게 대해 주었다. 지진 후유증인 지진멀미로 불안정한 시기인데도 불구하고 한국어 서문을 비롯하여 번역서에 들어갈 원본 사진을 CD파일과 함께 별도로 인화하여 친절하게 앨범을 만들어 보내어 주었다. 지진의 상흔(傷痕) 속에서 또 다른 인간미와 감동을 느낄 수 있었다.

본 역서는 개인적으로 사토 교수의 은혜에 조금이라도 보답하면서 평소에 관심을 가지고 있던 불교연구에 본격적으로 착수하는 계기가 될 것이다. 사토 교수님 외에 본 역서가 출판될 수 있게 도움을 주신 다마카케 히로유키(玉懸博之), 니헤이 미치아키(仁平道明),

사토 세키코(佐藤勢氣子) 교수께도 감사한다. 아울러 사단법인 일한교류기금(社團法人 日韓交流基金)을 비롯하여 도호쿠(東北)대 일본사상사 연구실 선후배들과 동명대학교 불교문화학과의 후원에도 감사드린다.

끝으로 이 책의 출판에 도움을 준 고려대학교 일본연구센터와 편집을 위해 애써준 도서출판 문의 황효은 씨의 노고에도 깊은 위로와 감사의 마음을 전한다.

2011년 8월 30일
성해준

저자·역자 약력

저자

사토 히로오(佐藤弘夫)

현재 東北大学 大学院 文学研究科 教授
일본 도호쿠(東北, 국립)대학 일본사상사학과 주임교수
　　　일본사상사학회 회장

일본 도호쿠(東北, 국립)대학 문학부 졸업
일본 도호쿠대학 대학원 문학연구과 박사과정졸업
　　　(일본사상사학 전공, 문학박사)
東北大学文学部助手
盛岡大学文学部講師
東北大学文学部助教授 등을 역임하였다.
메일 주소 : hiroo@sal.tohoku.ac.jp

지은 책으로는 『起請文の精神史』(講談社選書メチ, 2006), 『神国日本』(ちくま新書, 2006), 『死者のゆくえ』(岩田書院, 2008), 『立正安国論 全訳注』(講談社学術文庫, 2008), 『日本文化論キーワード』(共編 有斐閣, 2009), 『死の機能 前方後円墳とは何か』(共著 岩田書院, 2009), 『日本中世の国家と仏教』(吉川弘文館, 2010) 등이 있다.

논문으로는 「神仏習合論の形成の史的背景」(2007), 「日本宗教の多面的・多角的解明に向けて」(2007), 「平家物語における死と救済」(2008), 「天皇の宗教的権威・再考」(2008), 「平家物語における死と救済」(2008), 「網野史学における神と天皇」(2008), 「死者は山に棲むか―「日本人」の霊魂観・再考」(2009), 「近代の歴史学と立正安国論」(2010), 「霊場と巡礼」(2010), 「変貌する日本仏教観」(2010), 「彼岸に通う音―神仏の声がノイズになるとき」(2010), 「中世における神観念の変容」(2011), 「Changes in the Concept of Mountains in Japan」(*Cahiers d'Extrême-Asie* 18, 2011) 등이 있다.

역자

성해준(成海俊)

현재 동명대학교 불교문화학과 교수
　　　동아시아 일본학회 회장

일본 시즈오카(静岡, 국립)대학 인문학부 졸업
일본 도호쿠(東北, 국립)대학 대학원 문학연구과 석·박사과정졸업
　　　(일본사상사학 전공, 문학박사)
일본 미야기현 경찰청본부 교양부(한국어·한국문화) 상근강사
일본 센다이 지방재판소 및 후쿠시마 지방재판소 법정통역원
일본 도호쿠대학 대학원 문학연구과 객원연구원 교수
경북대학교 퇴계연구소 전임연구원 등을 역임하였다.
메일 주소 : sunghj@tu.ac.kr

지은 책으로는 『日本思想史』(공저, 1997), 『새로운 일본의 이해』(공저, 2002), 『일본은 우리에게 무엇인가』(공저, 2002), 『동아시아 유교문화의 새로운 지향』(2004), 『Easy Campus Japaness』(2007), 『동아시아 명심보감 연구』(2011) 등이 있다.

옮긴 책으로는 『일본사상사의 이해』(공역, 2004), 『성서 신림속의 여인들』(공역, 2004), 『일본 여성사』(공역, 2004), 『근대일본의 조선인식』(2005), 『일본사상사』(공역, 2010) 등이 있다.

논문으로는 「『源氏物語』-宇治と薫」(1993), 「貝原益軒の勸善思想」(2000), 「근세 일본인들의 조선관」(2005), 「일본속의 한국문화」(2006), 「아나키스트 오스기 사카에의 생애를 통한 사상고찰」(2008), 「『明心寶鑑』과 佛敎와의 關係」(2009), 「동아시아 佛者들의 『明心寶鑑』 수용 양상」(2010), 「퇴계학의 국제적 연구동향 고찰」(2010) 등 다수가 있다.

SISHANO YUKUE

by SATO Hiroo

Copyright ⓒ 2008 by SATO Hiroo.

Korean Translation Copyright ⓒ 2011 Moon Publishing

■ 일본학총서 19

일본열도의 사생관

2011년 10월 28일 초판 1쇄 발행

지은이 사토 히로오
엮은이 성해준
발행자 최명선
펴낸곳 도서출판 **문** (등록 제209-90-82210)

주 소 서울특별시 성북구 보문동7가 11번지
전 화 929-0804(편집부), 922-2246(영업부)
팩 스 922-6990
ISBN 978-89-94427-24-9 (93830)
정 가 16,000원

ⓒ 성해준, 2011

* 이 책의 판권은 지은이에게 있습니다.
　지은이의 서면 동의가 없는 무단 전재 및 복제를 금합니다.
* 잘못된 책은 바꾸어 드립니다.